거지저 정류장에 핫슨태는 미츨탄일렁

머리말

캐리지 공무원 시험에 합격하기 위해서는 「컴퓨터일반」 과목을 소홀히 해서는 절대로 합격을 할 수 없기 때문에, 처음 공부를 시작하는 초보수험생이나, 이미 오래 전부터 수험 준비를 마치고, 내일이라도 바로 시험장에 갈 수 있는 수험생 모두 독같이 필요한 것은 전체적인 해심적인 내용을 빠르게 독파하여 주요 내용을 자기 것으로 소유하는 것은 필연적이라 할 수 있습니다.

때문에 이 책을 집필하게 된 동기도 수험생활의 처음과 마지막을 함께할 수 있는 단권화시킨 최후의 1권을 각자의 수험생들에게 전해주기 위해서입니다. 물론 이 책에 기술되지 못한 기타의 테마의 시험에 출제되는 것이 사실입니다. 하지만, 이번 시험에 반드시 나올 것 같은 것이 무엇이냐고 묻는다면 이 책 「캐리지 핵심 테마(필다니)」에 모두 있다고 자신있게 말할 수 있을 것입니다.

이 책의 주요 특징을 설명하자면 이러합니다.

❶ 컴퓨터일반과 캐리지 시험에 출제되는 '정보보호론' 영역을 같이 구성하였습니다.

컴퓨터일반, 정보보호론 두 과목의 주요 테마를 합하여 약 140개 정도의 테마로 구성하였습니다.

❷ 테마의 구성은 철저하게 기출문제의 분석을 통해 엄선하였습니다.

기출문제에도 또 다시 출제된다는 수험적언이 있습니다. 때문에 기출문제 중에서도 빈출문제의 해심사항을 이 책의 테마로 선정하여 설명하였습니다.

❸ 1개의 테마는 해심적인 주제어입니다.

이 주제어를 통해 문제의 해심을 파악함과 동시에 출제의도까지 파악할 수 있는 능력이 가능하도록 명료하게 구성하였습니다.

머리말

PREFACE

❹ 테마의 목차는 기본이론서의 목차와 거의 같게 순서를 정했습니다.

우리가 공부해야 하는 것은 원래부터 기본서입니다. 기본이 잘 갖추어져야 응용은 물론 꼭지도 행운이 따릅니다. 때문에 기본서의 목차 순서를 기본으로 테마를 선정하고 기술하였습니다.

❺ 도표와 그림으로 설명하고 파악할 수 있게 하였습니다.

목차와 내용을 기술하는 이론서와는 차별화시키기 위해 모든 내용을 도표화 시켜 각 테마의 작은 숲을 감상할 수 있도록 하였습니다.

이 책을 통해 전반적인 수험생활에 큰 활력과 더불어 공부가 한결 용이하게 되기를 바랍니다. 이 책의 테마에서 출제되지 않았다면 그것은 선별력을 높이기 위한 난이도 문제라 생각하여도 좋습니다. 그만큼 시험장에는 반드시 갖고 가야하는 내용이므로, 다듬고 선별하고 익혀서 누구보다 맘 빠르게 합격할 수 있는 좋은 아이템학습서로 활용되어지길 바랍니다.

박미진

차례

컴퓨터일반

THEMA 01	컴퓨터	11
THEMA 02	컴퓨터의 성능 단위	15
THEMA 03	정보처리 시스템 분류	18
THEMA 04	수의 진법 변환	20
THEMA 05	코드(code)	22
THEMA 06	고정소수점 표현방식	26
THEMA 07	부동소수점 표현방식	30
THEMA 08	연산자 우선순위/비트단위 연산	32
THEMA 09	디지털 논리	35
THEMA 10	논리식의 간소화	38
THEMA 11	논리 회로	41
THEMA 12	중앙처리장치(CPU) 구성 요소	45
THEMA 13	제어장치	47
THEMA 14	연산장치(ALU)	50
THEMA 15	인터럽트(Interrupt)	51
THEMA 16	마이크로 오퍼레이션	54
THEMA 17	마이크로 프로세서 분류	57
THEMA 18	주기억장치	58
THEMA 19	캐시 기억장치	63
THEMA 20	RAID(Redundant Array Of Inexpensive/Independent Disks)	68
THEMA 21	입출력 장치	69
THEMA 22	플린(Flynn)의 분류	71
THEMA 23	파이프라인(pipeline)	72
THEMA 24	그래픽 방식	76
THEMA 25	운영체제 개요	77
THEMA 26	프로세스와 스레드	80
THEMA 27	병행 프로세스	85
THEMA 28	교착상태(deadlock)	87
THEMA 29	단일 프로세서 스케줄링	88
THEMA 30	메모리 관리	91
THEMA 31	가상 기억장치	93
THEMA 32	디스크 스케줄링	98
THEMA 33	파일 관리	100
THEMA 34	보호	103
THEMA 35	유닉스(UNIX)	105
THEMA 36	데이터통신 개요	108
THEMA 37	데이터 전송 기술	110
THEMA 38	다중화(Multiplexing)	114
THEMA 39	프로토콜	116

차례

THEMA 40	OSI 참조 모델	118
THEMA 41	TCP/IP 인터넷 4계층 구조	122
THEMA 42	전송계층 프로토콜	123
THEMA 43	IP	126
THEMA 44	ICMP 메시지	132
THEMA 45	제어 방식	133
THEMA 46	네트워크 분류	135
THEMA 47	네트워크 연결 장비	137
THEMA 48	근거리 통신망(LAN)	138
THEMA 49	유비쿼터스 컴퓨팅	141
THEMA 50	4차산업혁명 기술	143
THEMA 51	자료구조론 개요	146
THEMA 52	알고리즘	147
THEMA 53	배열	148
THEMA 54	구조체	150
THEMA 55	연결리스트(linked list)	151
THEMA 56	스택(stack)	154
THEMA 57	큐(queue)	155
THEMA 58	트리(tree)	157
THEMA 59	이진트리 순회(traversal)	159
THEMA 60	그래프(graph)	160
THEMA 61	최소 신장트리(MST ; Minimum Spanning Tree)	162
THEMA 62	AOE(Activity On Edge) 네트워크	163
THEMA 63	정렬	164
THEMA 64	퀵 정렬	165
THEMA 65	힙 정렬 / 2-way 합병 정렬/ 기수 정렬	166
THEMA 66	탐색	169
THEMA 67	이진탐색트리 / AVL 트리	170
THEMA 68	m차 B-트리(m=3)	172
THEMA 69	해싱(hashing)	173
THEMA 70	데이터베이스 개요	176
THEMA 71	파일 시스템 / DBMS	177
THEMA 72	데이터베이스 시스템	179
THEMA 73	데이터 모델링	181
THEMA 74	관계 데이터 모델	184
THEMA 75	관계 데이터 연산	186
THEMA 76	구조적 질의어(SQL)	188
THEMA 77	뷰(View)	192
THEMA 78	데이터베이스 설계	193
THEMA 79	정규화 체계	194
THEMA 80	질의어 최적화	196
THEMA 81	트랜잭션	198

차례

THEMA 82	회복 / 동시성 제어	199
THEMA 83	분산 데이터베이스	201
THEMA 84	데이터 웨어하우스(Data Warehouse)	203
THEMA 85	소프트웨어 개발 생명주기(SDLC)	205
THEMA 86	소프트웨어 개발 방법론	206
THEMA 87	프로젝트 관리	208
THEMA 88	계획	209
THEMA 89	위험 관리 프로세스	211
THEMA 90	요구분석	212
THEMA 91	설계	215
THEMA 92	UML(Unified Modeling Language)	216
THEMA 93	디자인 패턴	217
THEMA 94	모듈 설계	219
THEMA 95	객체지향 기본 개념	220
THEMA 96	테스트	221
THEMA 97	유지보수/형상관리	223
THEMA 98	프로세스 품질 평가 모델	224
THEMA 99	프로그래밍 언어	225
THEMA 100	언어 번역	227
THEMA 101	문법	229
THEMA 102	C언어	230
THEMA 103	JAVA	238
THEMA 104	스프레드시트 주요 함수	244

정보보호론

THEMA 01	정보보호 목표	249
THEMA 02	정보보호 침해 유형	250
THEMA 03	암호 시스템	251
THEMA 04	대칭키 암호	252
THEMA 05	공개키 암호	254
THEMA 06	하이브리드 암호 시스템	256
THEMA 07	대표공격	257
THEMA 08	일방향 해시함수	258
THEMA 09	메시지 인증 코드(MAC)	260
THEMA 10	전자 서명(Digital Signature)	261
THEMA 11	인증서(Certificate)	262
THEMA 12	공개키 기반구조(PKI : Public Key Infrastructure)	265
THEMA 13	사용자 인증	266
THEMA 14	OTP(One-Time Password)	268
THEMA 15	접근 제어(Access Control) / 보안 모델	269
THEMA 16	OSI 7계층과 TCP/IP 인터넷 구조 비교	270
THEMA 17	스니핑(sniffing)	271

차례

THEMA 18	스푸핑(spoofing)	272
THEMA 19	서비스 거부 공격(DoS)	273
THEMA 20	세션 하이재킹(session hijacking)	274
THEMA 21	악성 소프트웨어	275
THEMA 22	사회공학적 공격 / APT 공격	277
THEMA 23	방화벽(Firewall) – 침입차단 시스템	278
THEMA 24	침입 탐지 시스템(IDS : Intrusion Detection System)	280
THEMA 25	가상 사설망(VPN : Virtual Private Network)	282
THEMA 26	IP보안 – IPSec	283
THEMA 27	이메일 보안	286
THEMA 28	SSL/TLS(웹 보안)	288
THEMA 29	주요 웹 취약점 종류	290
THEMA 30	전자상거래 보안	291
THEMA 31	무선 보안	293
THEMA 32	유닉스/리눅스 보안	295
THEMA 33	재난 복구 시스템	299
THEMA 34	포렌식(Forensic)	300
THEMA 35	DRM(디지털 저작권 관리, Digital Rights Management)	301
THEMA 36	ISMS-P	303
THEMA 37	정보시스템 평가 기준	305
THEMA 38	법의 목적	307

계리직 핵심 테마 뽀다나

01 컴퓨터일반

THEMA 1 컴퓨터

- 컴퓨터는 하드웨어(H/W)와 소프트웨어(S/W)로 구성된다.
- 하드웨어는 컴퓨터의 기계적인 장치를 의미한다.
- 소프트웨어는 하드웨어의 동작을 제어하고 지시하는 모든 종류의 프로그램과 그에 관련된 문서를 의미한다.

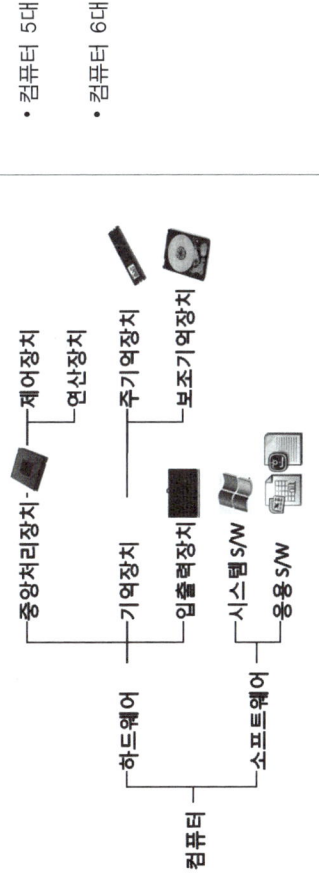

- 컴퓨터 5대 장치 : 중앙처리장치(1. 제어장치, 2. 연산장치), 3. 기억장치, 4. 입력장치, 5. 출력장치
- 컴퓨터 6대 장치 : 6. 보조기억장치를 포함

1 하드웨어(H/W)

(1) 중앙처리장치(CPU : Central Processing Unit)

명령어를 인출·해독하고(제어장치) 데이터를 인출하여 실행하는(연산장치) 장치이다.

제어장치(control device)	주기억장치에 저장된 명령어를 순서대로 인출하여 해석하고, 그 결과에 따라 각 장치들에 동작을 지시한다.
산술논리연산장치(ALU)	제어장치의 신호에 따라 산술 연산($+$, $-$, $\times$, $\div$)과 논리 연산(AND, OR, NOT) 등을 수행한다.
레지스터	명령이나 데이터, 연산 결과, 연산 상태, 주기억장치의 번지 등을 저장하는 임시 기억장소이다.

(2) 기억장치(memory)

① **주기억장치**는 CPU가 필요로 하는 정보(명령어, 데이터)를 기억한다.
② **캐시기억장치**는 CPU가 자주 사용하는 명령어와 데이터를 기억하여 주기억장치 접근 횟수를 줄이는 특수 기억장치이다.
③ **보조기억장치**는 CPU가 직접 접근하지 않으며 필요로 하는 정보를 주기억장치에 적재(load)한 후 처리될 수 있다.

주기억장치	RAM (Random Access Memory)	기억된 자료를 읽고 쓸 수 있으며 사용자의 프로그램이나 데이터를 기억한다.
	ROM (Read Only Memory)	기억된 자료를 읽을 수만 있으며 하드웨어를 운영하고 관리하는 중요한 프로그램을 기억시킨다.
캐시 기억장치 (Cache Memory)		중앙처리장치의 처리 속도와 주기억장치의 입출/저장 속도의 차이를 줄이기 위해 자주 사용하는 명령어와 데이터를 저장해 놓은 고속의 기억장치이다.
보조기억장치 (secondary memory)		주기억장치의 단점인 용량 한계와 휘발성을 보완하기 위해 반영구적으로 많은 데이터를 저장할 수 있는 장치이다.

(3) 입출력장치

① **입력장치**는 사용자가 컴퓨터 내부로 정보를 입력시켜 주기억장치에 저장한다.
② **출력장치**는 주기억장치의 정보를 사용자가 볼 수 있도록 컴퓨터 외부로 전달한다.

입력장치(input device)	외부로부터 자료를 받아들일 때 사용하는 장치이다. (키보드, 마우스 등)
출력장치(output device)	기억장치의 내용을 사람이 알아볼 수 있도록 문자, 숫자, 도형, 소리 등의 형태로 바꾸어 표현해주는 장치이다. (모니터, 프린터 등)

2 소프트웨어(S/W)

① 컴퓨터 하드웨어에 어떤 작업을 수행하도록 지시하는 일련의 명령 집합이다.
② 넓은 의미에서는 명령 집합인 프로그램과 그 프로그램에 관련된 모든 문서를 포함한다.

(1) 시스템 소프트웨어

운영체제 (OS : Operating System)	• 컴퓨터를 동작시키고, 모든 장치를 관리하여 사용하기 편리한 환경을 제공한다. • Windows, UNIX, LINUX, iOS, 안드로이드 등
언어번역 프로그램	• 언어로 만들어진 프로그램을 번역하는 프로그램이다. • 컴파일러(compiler), 인터프리터(interpreter), 어셈블러(assemble)가 있다.
범용 유틸리티 소프트웨어	• 압축 프로그램, 디스크 도구, 백신 프로그램, 문서 편집기 등이 있다.

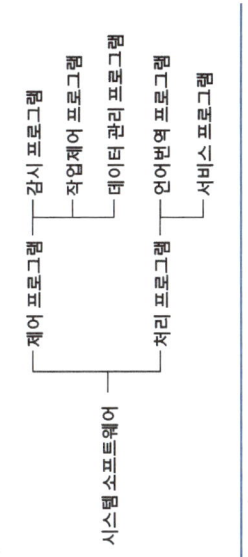

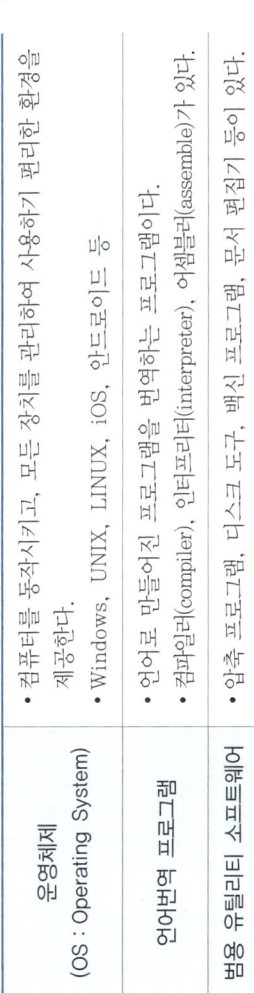

1) 운영체제

운영체제는 사용자가 응용 프로그램을 실행할 수 있는 기반 환경을 제공하여 컴퓨터를 편리하게 사용할 수 있도록 도와주고, 하드웨어를 효율적으로 사용할 수 있도록 다양한 기능을 제공하는 소프트웨어이다.

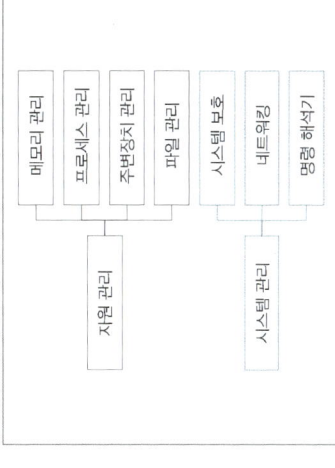

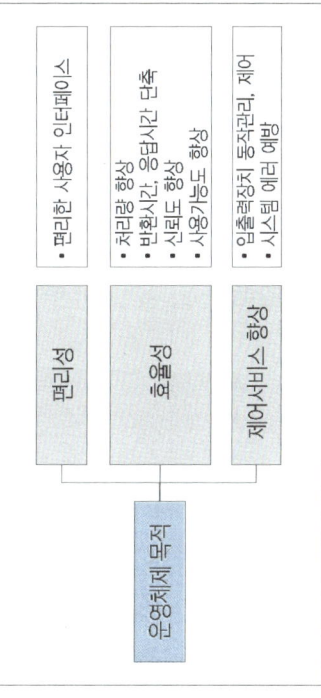

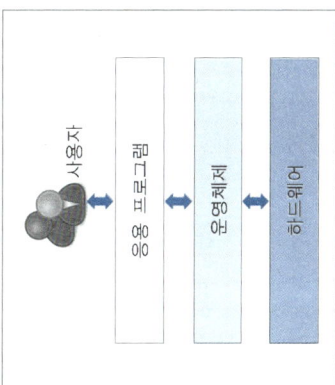

2) 언어번역 프로그램

	컴파일러(compiler)	인터프리터(interpreter)
번역 단위	파일	문장
번역 속도	상대적으로 느리다.	상대적으로 빠르다.
실행 속도	상대적으로 빠르다.	상대적으로 느리다.
목적프로그램	생성한다.	생성하지 않는다.
메모리 할당	할당 받는다.	사용하지 않는다.

〈하이브리드 기법〉
- 컴파일 기법과 인터프리터 기법을 혼합한 형태
- 고급언어로 작성된 프로그램을 중간 코드 형태로 번역하고, 이 번역된 중간 코드를 해석하여 실행한다.
- Java가 대표적이다.

〈어셈블러〉
- 어셈블리어(assembly language)로 구성된 프로그램을 기계어로 번역한다.

(2) 응용 소프트웨어

① 시스템 소프트웨어를 기반으로 특정한 응용 분야에서 특수 목적을 위해 사용할 수 있는 프로그램이다.
② 워드프로세서, 스프레드시트, 프레젠테이션, 웹브라우저 등

〈펌웨어〉
① 펌웨어는 소프트웨어를 하드웨어화한 것으로 소프트웨어와 하드웨어의 중간 단계에 해당되어 미들웨어(middleware)라고도 한다.
② 펌웨어는 시스템의 효율을 높이기 위해 ROM에 저장된 하드웨어를 제어하는 마이크로프로그램으로 PC의 바이오스(BIOS: Basic Input/Output System)는 대표적인 펌웨어이다.

〈컴퓨터의 부팅 과정〉
① POST 실행 : 메인보드에 연결된 하드웨어 장치를 점검한다.
② BIOS 복사 : 각 장치에서 읽은 바이오스 정보를 읽어 RAM에 복사한다.
③ 부팅 : 부트스트랩 로더 프로그램을 찾아 운영체제를 메모리에 적재한다.

THEMA ② 컴퓨터의 생등 단위

1 컴퓨터 정보 표현 단위

비트(bit)	정보의 최소 단위로 2진수로 한자리로 0이나 1을 기억하는 단위이다. n개의 비트로 2^n개의 데이터를 표시할 수 있다.
니블(nibble)	2진수 4자리, 즉 4비트의 단위이며 16진수 1자리를 의미한다.
바이트(Byte)	8개의 비트가 연속적으로 모인 단위로 문자 표현의 최소 단위이며, 기억 용량의 단위이다.
워드(Word)	컴퓨터 종류에 따라 half word(2바이트), full word(4바이트), double word(8바이트) 등으로 구성된다. 중앙처리장치가 주기억장치에 접근할 때 한 번에 읽을 수 있는 단위이다.
필드(Field)	자료 처리의 논리적 최소 단위로 의미를 갖는다.
레코드(Record)	하나 이상의 필드들이 모여 구성된다. 논리적 레코드(Logical Record)와 물리적 레코드(Physical Record : block)로 구분된다.
파일(File)	레코드의 모임, 즉 논리적 레코드의 집합이다.
데이터베이스(DataBase)	파일들의 집합이다.

2 컴퓨터 기억용량 단위

- 바이트(B, Byte) : 1B
- 메가 바이트(MB) : 2^{20}B
- 기가 바이트(GB) : 2^{30}B
- 테라 바이트(TB) : 2^{40}B
- 페타 바이트(PB) : 2^{50}B
- 엑사 바이트(EB) : 2^{60}B
- 제타 바이트(ZB) : 2^{70}B
- 요타 바이트(YB) : 2^{80}B
- 킬로 바이트(KB) : 2^{10}B

3 컴퓨터 처리속도 단위

- 밀리 초(ms : milli second) : 10^{-3}s
- 나노 초(ns : nano second) : 10^{-9}s
- 펨토 초(fs : femto second) : 10^{-15}s
- 마이크로 초(μs : micro second) : 10^{-6}s
- 피코 초(ps : pico second) : 10^{-12}s
- 아토 초(as : atto second) : 10^{-18}s

4 컴퓨터 성능 측정 단위

CPU 클럭(clock)	클럭 주파수	① 클럭 주파수는 1초에 실행된 클럭의 개수로 단위는 Hz이다. ② 클럭 주파수가 높을수록 컴퓨터의 처리속도가 빠르다.
	클럭 사이클(주기)	하나의 클럭이 실행되는 시간으로 단위는 초(sec)이다. 클럭 주파수와 클럭 사이클은 역수의 관계를 갖는다. $$클럭주파수 = \frac{1}{클럭주기}, \quad 클럭주기 = \frac{1}{클럭주파수}$$

CPI (Clockcycle Per Instruction)	① 명령어 한 개당 사용되는 클럭주기의 개수이다. ② CPI가 클수록 명령어 한 개당 많은 클럭주기를 필요로 한다는 것이므로 명령어 한 개의 처리속도는 느려진다.

MIPS (Million Instruction Per Second)	① 초당 수행하는 백만개 단위의 명령어 개수이다. ② MIPS가 클수록 초당 수행되는 명령어 개수가 많아지므로 컴퓨터의 처리량이 많아진다.

FLOPS (FLoating Point Operations Per Second)	① 초당 처리하는 부동소수점 연산의 개수이다. ② 부동소수점 연산은 컴퓨터 내 산술연산 중 실수를 다루는 연산으로 정수 연산보다 느리다. ③ FLOPS가 클수록 초당 처리되는 실수의 연산이 많아지므로 컴퓨터의 성능이 좋아진다.

- 50 MIPS보다 500 MIPS가 더 성능이 좋다.
- 50 FLOPS보다 500 FLOPS가 더 성능이 좋다.
- 50 CPI보다 5CPI가 더 명령어 한 개의 처리 속도가 빠르다.
- 50 Hz보다 500Hz가 더 CPU 처리속도가 빠르다.
- 클럭주기 50ms보다 5ms가 더 CPU 처리속도가 빠르다.

5 세대별 컴퓨터 분류

구분	논리회로	계산속도	적용분야	특징	⟨운영체제 발전 과정⟩	
제1세대 (1946~59)	진공관	ms (10^{-3} sec)	통계 군사용 과학 기술용	많은 비용 짧은 수명 부피가 크다. 많은 전력소모	1940년대	운영체제 없음
					1950년대	일괄처리 시스템
제2세대 (1960~64)	트랜지스터	μs (10^{-6} sec)	생산관리 원가계산	신뢰성 증대 전력 소모 감소 기억용량 증대 운영체제	1960년대	다중프로그래밍 시스템 시분할 시스템 다중처리 시스템 실시간 처리 시스템
제3세대 (1965~69)	집적회로	ns (10^{-9} sec)	MIS 도입 시분할 처리	주변장치 고속화 각 장치의 호환성	1970년대 초반	다중모드 시스템 범용 시스템
					1970년대 중반	분산처리 시스템
제4세대 (1970~90)	고밀도 집적회로	ps (10^{-12} sec)	경영 정보 사무자동화 공장자동화 PC등장	데이터베이스 활용 PC 대중화 마이크로프로세서	1990년대	WWW(웹) 등장으로 분산 컴퓨팅 증가
제5세대 (1990년 이후)	초고밀도 집적회로 인공지능 퍼지이론	fs (10^{-15} sec)	추론처리 음성인식 전문가 시스템	최소형화 고도능력의 단말기 개발 대규모 컴퓨터 네트워크	2000년대 이후	모바일 및 임베디드 컴퓨팅 가상화 및 클라우드 컴퓨팅

THEMA ③ 정보처리 시스템 분류

일괄처리 시스템 (Batch Processing System)

- 입력되는 자료를 일정기간 또는 일정량을 모아 두었다가 한꺼번에 처리하는 방식이다.
- CPU와 I/O장치의 속도차이 때문에 CPU의 유휴시간이 많이 발생한다.

다중프로그래밍 시스템 (Multi-Programming System)

- CPU의 효율을 극대화하기 위한 방법이다.
- 하나의 CPU로 여러 개의 사용자 프로그램을 마치 동시에 실행되는 것처럼 처리하는 방식이다.
- 한 사용자 프로그램이 입출력 장치 등 CPU를 필요로 하지 않는 동안, 다른 사용자 프로그램이 그 시간에 CPU를 사용하여 효율을 극대화한다.

실시간 시스템 (Real Time System)

- 자료가 발생할 때마다 즉시 처리하여 결과를 출력한다.

시분할 시스템 (Time Sharing System)

- 각 사용자들에게 CPU에 대한 일정시간(Time Slice)을 할당하여 주어진 시간동안 컴퓨터와 대화형식으로 수행할 수 있도록 개발된 시스템이다.
- 다수의 단말 사용자가 마치 자기 혼자서만 주컴퓨터를 사용하는 것과 같이 처리하는 방식이다.

다중처리 시스템 (Multi-Processing System)

- CPU가 여러 개, 1개의 기억장치에 여러 개의 프로그램이 존재하여 다중작업을 구현한다.
- 주기억장치를 공유하여 사용한다. – 강결합 시스템이라고 한다.

분산처리 시스템 (Distributed Processing System)

- 하나의 대형 컴퓨터에서 수행하던 기능을 지역적으로 분산된 여러 개의 컴퓨터에 분산시킨 후, 통신망을 통해 상호간 교환, 처리하는 방식이다.
- 각 CPU는 자신의 지역 기억장치를 가진다. – 약결합 시스템이라고 한다.

종류 \ 구분	CPU	주기억장치	프로그램	사용자
일괄 처리	1개	1개	1개	1명
다중 프로그래밍	1개	1개	n개	1명
시분할	1개	1개	n개	n명
다중 처리 (강결합)	n개	1개(공유 메모리)	n개	n명
분산 처리 (약결합)	n개	n개(네트워크·통신)	n개	n명

THEMA ④ 수의 진법 변환

1 10진수의 x진수로의 변환

① 정수부분은 x로 나눠 각 수행과정의 나머지를 취한다.
② 소수부분은 x를 곱하여 각 수행과정의 정수부분으로 올려진 값을 취한다.
③ 정수부분은 역방향으로, 소수부분은 정방향으로 값을 얻는다.

10진수 13.75를 2진수로 변환하면 1101.11$_{(2)}$를 얻는다.	10진수 163.75를 16진수로 변환하면 A3.C$_{(16)}$를 얻는다.

2) 13
2) 6 ··· 1 ↑
2) 3 ··· 0 ｜
    1 ··· 1 ｜
 	
      0.   0.75
          × 2
    1   ①.5
            0.5
          × 2
↓ 1   ①.0
	16) 163
	      10 ··· 3 ↑
	       A ｜
	
	      0. 0.75
	          × 16
	↓ C ⑫.00

2 x진수의 10진수로의 변환

2진수를 10진수로 변환	$1011_{(2)}$	$= 1 \times 2^3 + 0 \times 2^2 + 1 \times 2^1 + 1 \times 2^0$ $= 11_{(10)}$
8진수를 10진수로 변환	$47_{(8)}$	$= 4 \times 8^1 + 7 \times 8^0$ $= 39_{(10)}$
16진수를 10진수로 변환	$AB_{(16)}$	$= 10 \times 16^1 + 11 \times 16^0$ $= 171_{(10)}$

3 2진수의 2^n진수로의 변환

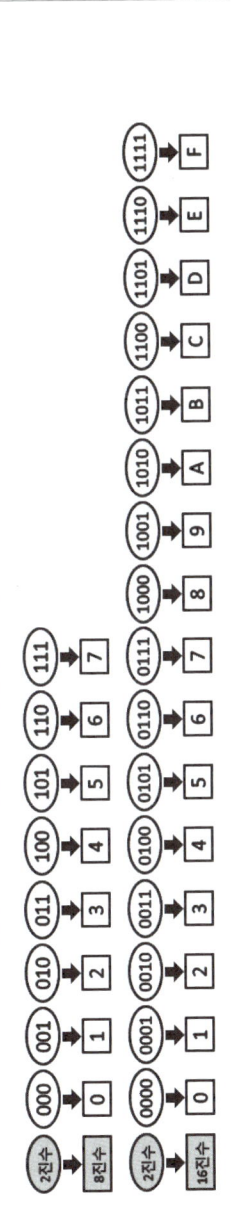

2진수 10110.10101을 8진수로 변환

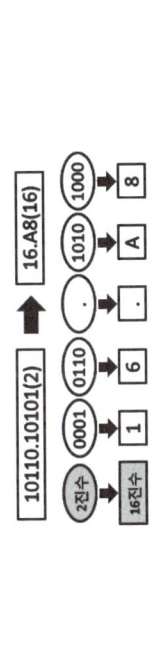

2진수 10110.10101을 16진수로 변환

THEMA 5 코드(code)

1 문자 코드

BCD 코드(2진화 10진 코드)	문자 당 6bit	$2^6 (=64)$개의 문자를 표현	zone digit
ASCII 코드(아스키 코드)	문자 당 7bit	$2^7 (=128)$개의 문자를 표현	zone digit
EBCDIC(코드확장된 2진화 10진 코드)	문자 당 8bit	$2^8 (=256)$개의 문자를 표현	zone digit
Uni-Code(유니코드)	문자 당 16bit	국제 표준 코드 / 2바이트 또는 4바이트의 크기 세계 모든 언어의 문자와 기호를 표현한 코드이다.	

2 기타코드(가중치 코드/비가중치 코드)

	8421 코드		2421코드		3초과 코드		Gray 코드
0	0000	0	0000	0	0011	0	0000
1	0001	1	0001	1	0100	1	0001
2	0010	2	0010	2	0101	2	0011
3	0011	3	0011	3	0110	3	0010
4	0100	4	0100	4	0111	4	0110
5	0101	5	1011	5	1000	5	0111
6	0110	6	1100	6	1001	6	0101
7	0111	7	1101	7	1010	7	0100
8	1000	8	1110	8	1011	8	1100
9	1001	9	1111	9	1100	9	1101

8421코드	• 4비트 BCD 코드라 하며, 10진수 한자리를 4Bit로 나타낸다.
2421코드	• 가중치 코드로 대표적인 자기보수 코드이다.
3초과 코드 (Excess-3)	• 8421코드에 3을 더한 값을 표현한다. • 비가중치 코드로 대표적인 자기보수 코드이다.
Gray 코드	• 연산에는 부적당하지만 A/D변환기나 입출력장치 코드로 사용한다. • 기계적인 동작을 제어하는데 적당하다.
해밍코드	• 에러 검출 및 수정이 가능하다. • 데이터 비트가 증가하면 패리티 비트도 함께 증가한다.

3 Gray 코드 변환

〈2진수를 Gray 코드로 변환〉

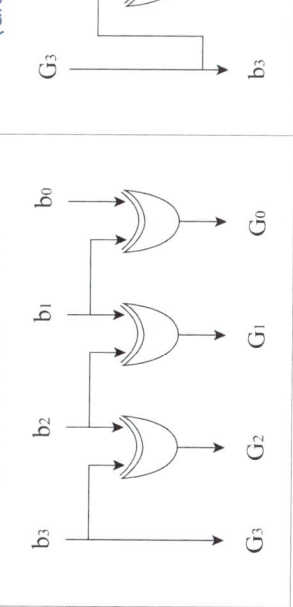

〈Gray 코드를 2진수로 변환〉

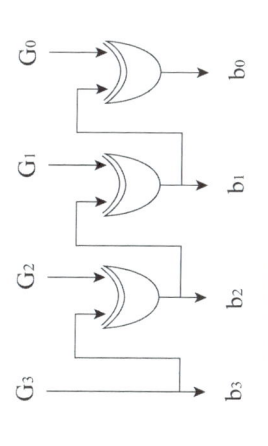

4 패리티 비트(parity bit)

⟨홀수 패리티 방식⟩

| 1 | 1 | 1 | 0 | 0 | 0 | 1 | ← parity bit |
| 1 | 1 | 1 | 1 | 0 | 0 | 0 | |

⟨짝수 패리티 방식⟩

| 1 | 1 | 1 | 0 | 0 | 0 | 0 | ← parity bit |
| 1 | 1 | 1 | 1 | 0 | 0 | 1 | |

① 문자마다 패리티 비트를 하나씩 추가해 '1'의 개수의 짝수 또는 홀수 여부를 검사한다.
② 홀수 패리티 방식은 패리티 비트를 포함해서 '1'비트의 개수가 항상 홀수 개가 되도록 유지한다.
③ 짝수 패리티 방식은 패리티 비트를 포함해서 '1'비트의 개수가 항상 짝수 개가 되도록 유지한다.
④ 송신측과 수신측은 미리 어떤 패리티 방식을 사용할지 결정하여야 한다.
⑤ 에러가 발생한 비트가 1개, 3개 등 홀수 개 발생하면 에러 여부를 확인할 수 있으나, 짝수개의 비트에서 에러가 발생하면 검출이 어렵다.

5 해밍코드

송신측에서의 해밍코드 생성과정

4비트의 정보(1011)을 홀수 패리티비트 방식을 사용하는 해밍코드로 변환한다.

[1]	[2]	[3]	[4]	[5]	[6]	[7]
		1		0	1	1

	0	1	1	3		
	1	1	0	6		
	1	1	1	7		
XNOR	1	0	1			
	[4]	[2]	[1]			

① 1의 값을 갖는 비트의 인덱스를 모두 골라 2진수 3자리로 표현한다.
② XNOR 연산을 한다(홀수 패리티 방식을 사용할 경우 XNOR을 수행한다).
③ 첫 번째 1은 4번째 위치로, 0은 2번째 위치로, 마지막 1은 1번째 위치로 삽입된다.

1	0	1	1	0	1	1
[1]	[2]	[3]	[4]	[5]	[6]	[7]

수신측 해밍코드의 에러 검출 과정

짝수 패리티를 갖는 7비트의 데이터 「0011111」이 수신되었다. 해밍코드를 이용하여 전송 중 발생한 오류를 찾아 정정한다.

0	0	1	1	1	1	1
[1]	[2]	[3]	[4]	[5]	[6]	[7]

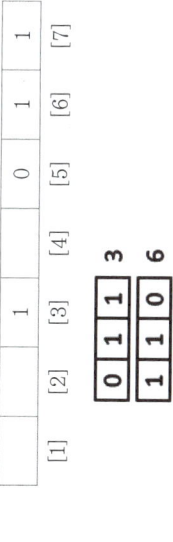

① 1의 값을 갖는 비트의 인덱스를 모두 골라 2진수 3자리로 표현한다.
② XOR 연산을 한다(짝수 패리티 방식을 사용할 경우 XOR을 수행한다).
③ 결과를 10진수로 변환하여 얻은 3은 에러가 발생한 위치이다.

0	0	1	1	1	1	1
1	2	3	4	5	6	7

THEMA 6 고정소수점 표현방식

〈언팩(Unpacked) 연산〉

① 10진수 한 자리를 8개의 비트로 표현
② 입출력만 가능하고 연산은 불가능하다.
③ 8비트 중 왼쪽 네 비트는 존(zone) 비트이며 F(1111)로 표시한다.
④ 8비트 중 오른쪽 네 비트는 디지트(digit) 비트이며 값을 표시한다.
⑤ 부호 : 가장 오른쪽 마지막 존 비트에 표시
　양수인 경우 : C(1100)
　음수인 경우 : D(1101)
　부호를 표시하지 않을 경우 : F(1111)

※ -524의 언팩형식 표현

1111	0101	1111	0010	1101	0100
F	5	F	2	D	4

〈팩(Packed) 연산〉

① 10진수 한 자리를 4개의 디지트 비트로 표현
② 연산만 가능하고 입출력은 불가능하다.
③ 부호 : 가장 오른쪽 네 비트에 표시
　양수인 경우 : C(1100), 음수인 경우 : D(1101)

※ +524의 팩형식 표현

0101	0010	0100	1100
5	2	4	C

1 고정소수점(Fixed Point) 표현

① 2진수의 정수를 표현할 때 사용한다.
② 정수를 표현하는 방식에 따라 단정도 방식(16비트)과 배정도 방식(32비트)이 있다.

양수일 경우

부호부에 0을 표시하고, 정수부에 수치의 절댓값을 2진수로 표시한다.

+21

부호부	정수부
0	000000000010101

음수일 경우

부호부에 1을 표시하고, 정수부에 표시하는 방식은 다음 그림과 같이 세 가지 방법이 있다.

-21

	부호부	정수부
부호와 절댓값	1	000000000010101
부호화 1의보수	1	111111111101010
부호화 2의보수	1	111111111101011

2 표현 방식에 따른 범위

	부호와 절댓값	부호와 1의 보수	부호와 2의 보수
0 표현	+0, -0	+0, -0	+0
표현 범위	$-(2^{(n-1)}-1) \sim +(2^{(n-1)}-1)$	$-(2^{(n-1)}-1) \sim +(2^{(n-1)}-1)$	$-2^{(n-1)} \sim +(2^{(n-1)}-1)$

※ 4비트로 표현된 1011을 읽는 방법은 각각 다음과 같다.
- 부호를 사용하지 않는 정수 : 11
- 부호를 사용하는 절댓값 : -3
- 부호를 사용하는 1의보수 : -4
- 부호를 사용하는 2의보수 : -5

모두 8비트로 정수를 표현한다고 가정한다.
- 부호를 사용하지 않는 정수 : 0 ~ 255
- 부호를 사용하는 절댓값 : -127 ~ +127
- 부호를 사용하는 1의보수 : -127 ~ +127
- 부호를 사용하는 2의보수 : -128 ~ +127

3 2진수의 연산(덧셈)

(1) 오버플로가 발생하지 않는 덧셈 연산

양수와 양수의 덧셈	$(+2)_{10} + (+3)_{10} = (+5)_{10}$
	
	        0 1 0 각 자리 carry
	        0 0 1 0
	+ 0 0 1 1
	―――――――――
	    0 0 1 0 1
	  carry sign
	
	최상위 비트에서 자리 올림이 발생하지 않으므로 계산 결과에서 오류가 발생하지 않고 정확한 답을 출력한다.

최상위 비트에서 자리 올림이 발생하지 않는 음수와 양수의 덧셈	$(-6)_{10} + (+3)_{10} = (-3)_{10}$
	
	        0 1 0 각 자리 carry
	        1 0 1 0
	+ 0 0 1 1
	―――――――――
	    0 1 1 0 1
	  carry sign
	
	최상위 비트에서 자리 올림이 발생하지 않으므로 결과는 2의보수로 표현된 음수이다.

최상위 비트에서 자리 올림이 발생하는 음수와 양수의 덧셈	$(-3)_{10} + (+5)_{10} = (+2)_{10}$
	
	        1 0 1 각 자리 carry
	        1 1 0 1
	+ 0 1 0 1
	―――――――――
	    1 0 0 1 0
	  carry sign
	
	최상위비트에서 자리 올림이 발생하므로 결과는 양수이고 그 자리올림은 버린다.

음수와 음수의 덧셈	$(-2)_{10} + (-4)_{10} = (-6)_{10}$
	
	        1 0 0 각 자리 carry
	        1 1 1 0
	+ 1 1 0 0
	―――――――――
	    1 1 0 1 0
	  carry sign
	
	최상위비트에서 자리올림이 발생하나 결과는 무조건 음수이므로 그 자리올림은 버린다.

(2) 오버플로가 발생하는 덧셈 연산

양수와 양수의 덧셈

$(+4)_{10} + (+5)_{10} = (+9)_{10}$

		각 자리 carry		
	1	0	0	
	0	1	0	0
+	0	1	0	1
	0	1	0	0	1
carry	sign			

덧셈 오버플로가 발생해서 결과가 원하지 않는 값이 나오는 오류가 발생한다.

음수와 음수의 덧셈

$(-7)_{10} + (-6)_{10} = (-13)_{10}$

		각 자리 carry		
	0	0	1	0
	1	0	0	1
+	1	0	1	0
1	0	0	1	1
carry	sign			

덧셈 오버플로가 발생해서 결과가 원하지 않는 값이 나오는 오류가 발생한다.

THEMA 7 부동소수점 표현방식

1 부동 소수점 표현 특징

① 2진수의 실수를 표현할 때 사용한다.
② 실수를 표현하는 방식에 따라 단정도 방식(32비트)과 배정도 방식(64비트)이 있다.
③ 부호부, 지수부(소수점의 위치표현)와 가수부(유효숫자)로 구성된다.
④ 부호 비트는 최상위 비트로 양수는 0, 음수는 1로 표현한다.
⑤ 소수점은 지수부와 가수부 사이에 있는 것으로 묵시적으로 간주한다.
⑥ 정규화된 소수점 왼쪽에 하나의 '1' 다음에 오도록 이동시키고, 이동시킨 만큼 지수 형태로 표현한다.
⑦ 지수부의 부호를 표현하지 않기 위해 바이어스(단일 정밀도 : 127, 이중정밀도 : 1023)를 더하여 사용한다.

〈IEEE 754 표준 부동소수점 표현 규칙〉

$\pm 1.bbb...b \times 2^{\pm E}$

• 단일 정밀도 형식(32비트)

부호	지수(E)	가수(M)
1	8	23

• 이중 정밀도 형식(64비트)

부호	지수(E)	가수(M)
1	11	52

2 IEEE 754 표준 부동소수점 정규화 과정

$-13.625_{(10)}$에 대한 IEEE 754 표준 정규화 과정 [단일 정밀도 형식(32bit) 기준 bias=127]

$-1101.101_{(2)}$

$-1.101101_{(2)} \times 2^3$

1bit	8bit	23bit
1	1 0 0 0 0 0 1 0	1011010000………………
부호	지수	가수(소수)부
	(1.)은 저장되지 않는다.	

① 2진수로 변환한다.
② IEEE754 표준 형식으로 정규화한다.
③ 지수부에는 지수+bias값을 저장한다.
  → 3+127=130이므로 130을 2진수로 변환.
④ 부호/지수/가수부 값을 삽입한다.
⑤ (1.)은 잠복비트(hidden bit)로 저장되지 않는다.

3 부동소수점 덧셈(뺄셈) 연산 순서

부동소수점 연산 : 부호 판단 ▶ 지수 맞추기 ▶ 가수 조정 ▶ 연산결과 정규화

$$1.11001 \times 2^2 + 1.111011 \times 2^3$$
$$= 0.111001 \times 2^3 + 1.111011 \times 2^3$$
$$= (0.111001 + 1.111011) \times 2^3$$
$$= 10.1101 \times 2^3$$
$$= 1.01101 \times 2^4$$

① 정규화된 첫 비트로 부호(모두 양수)를 확인한다.
② 지수가 큰 쪽을 기준으로 가수부를 조정한다.
③ 가수부를 덧셈한다.
④ 계산 후 결과 값을 정규화한다.

〈부동소수점 곱셈 연산 순서〉
① 피연산자가 0인지 조사한다.
② 피연산자가 0이 아니면 지수를 더하고 가수를 곱한다.
③ 결과를 정규화 시킨다.

〈부동소수점 나눗셈 연산 순서〉
① 피연산자가 0인지 조사한다.
② 베지스터를 초기화시키고 부호를 결정한다.
③ 피젯수의 위치를 조정한다.
④ 지수를 빼고 가수를 나눈다.
⑤ 결과를 정규화 시킨다.

THEMA 8 연산자 우선순위/비트단위 연산

1 연산자 우선순위

괄호 ( )	산술연산			관계	비트논리	논리연산		대입, 축약
	산술	이동		관계	비트논리	논리		대입, 축약
	+	<< n (*2ⁿ)		>	&(AND)	NOT		=
	−	>> n (/2ⁿ)		>=	|(OR)	AND(&&)		+=
	*			<	^(XOR)	OR(||)		
	/			<=	~(1의보수)	NAND		
	%(나머지)			==		NOR		
				!=		XOR		
						XNOR		

우선순위   우선순위
가장 높다   가장 낮다

2 비트단위 논리연산

삭제(mask) 연산
2진수의 특정 비트를 선택적으로 clear(0) 한다.

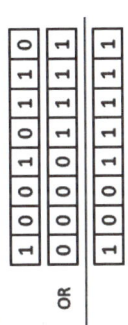

```
  1 0 0 1 0 1 1 0
AND 0 0 0 0 1 1 1 1
  ─────────────────
  0 0 0 0 0 1 1 0
```

선택적-세트(selective-set) 연산
2진수의 특정 비트를 선택하여 1로 세트한다.

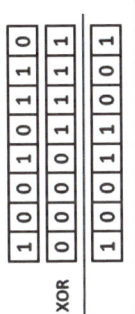

```
  1 0 0 1 0 1 1 0
OR  0 0 0 0 1 1 1 1
  ─────────────────
  1 0 0 1 1 1 1 1
```

선택적-보수(selective-complement) 연산
2진수의 특정 비트를 1의 보수로 변경한다.

```
   1 0 0 1 0 1 1 0
XOR 0 0 0 0 1 1 1 1
   ─────────────────
   1 0 0 1 1 0 0 1
```

논리적 이동(shift)
정해진 방향으로 비트가 이동하고 빈 자리에는 0을 삽입한다.

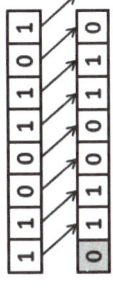

① left shift ② right shift

논리적 회전(rotate)
정해진 방향으로 비트가 이동하고 빈 자리에는 이동한 값이 다시 삽입된다.

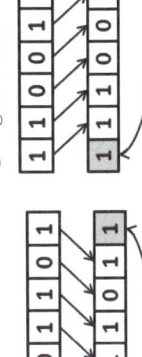

① left rotate ② right rotate

33

3 산술적 이동(shift)

① 이동 과정에서 부호 비트는 유지하고, 값을 표현하는 비트들만 이동한다.
② 이동 비트수가 n개라면 왼쪽 이동은 × 2^n, 오른쪽 이동은 / 2^n을 의미한다.

〈이동시 삽입되는 새로운 비트의 값〉

	부호와 절대치	부호와 1의 보수	부호와 2의 보수
Left Shift	0	Sign	0
Right Shift	0	Sign	Sign

1. 부호와 절대치 15(00001111)
   왼쪽으로 1비트 산술 시프트한 결과 : 30(00011110)
   오른쪽으로 1비트 산술 시프트한 결과 : 7(00000111)

2. 부호와 1의보수 −15(11110000)
   왼쪽으로 1비트 산술 시프트한 결과 : −30(11100001)
   오른쪽으로 1비트 산술 시프트한 결과 : −7(11111000)

3. 부호와 2의보수 −15(11110001)
   왼쪽으로 1비트 산술 시프트한 결과 : −30(11100010)
   오른쪽으로 1비트 산술 시프트한 결과 : −8(11111000)

THEMA 9 디지털 논리

1 논리게이트

게이트	진리표	기호	설명
AND	A B X 0 0 0 0 1 0 1 0 0 1 1 1	(AND 기호) A, B → X	① $X = A \cdot B$ ② 논리곱 연산을 수행한다. ③ 모든 입력이 1인 경우에만 1을 출력하고 나머지는 0을 출력한다.
OR	A B X 0 0 0 0 1 1 1 0 1 1 1 1	(OR 기호) A, B → X	① $X = A + B$ ② 논리합 연산을 수행한다. ③ 여러 개의 입력 중 최소한 하나 이상의 입력이 1일 경우 출력은 1이다.
NOT	A X 0 1 1 0	(NOT 기호) A → X	① $X = \overline{A} = A'$ ② 입력 한 개와 출력 한 개인 게이트로 논리 부정을 나타낸다.
NAND	A B X 0 0 1 0 1 1 1 0 1 1 1 0	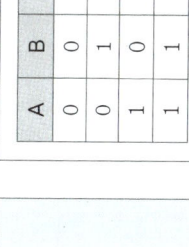	① $X = \overline{A \cdot B} = (AB)'$ ② AND 게이트와 NOT 게이트의 결합 형태이다.

게이트	기호	진리표	설명
NOR		A B X 0 0 1 0 1 0 1 0 0 1 1 0	① $X = \overline{A+B} = (A+B)'$ ② 논리합 연산을 수행하는 OR게이트의 출력에 NOT게이트를 연결했다. ③ 다수의 입력 중 최소한 하나 이상의 입력이 1인 경우 0이 출력된다.
XOR	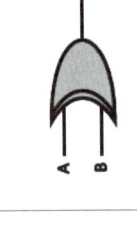	A B X 0 0 0 0 1 1 1 0 1 1 1 0	① $X = A'B + AB' = A \oplus B$ ② Exclusive OR, 배타적 OR라 한다. ③ 여러 개의 입력 중 1의 개수가 홀수이면 1을 출력한다. ④ 입력이 두 개인 경우에 두 입력 중 하나만 1로 입력되면 1을 출력하고 두 입력이 00이거나 11이면 0을 출력한다.
XNOR	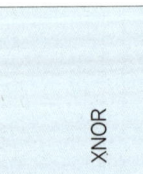	A B X 0 0 1 0 1 0 1 0 0 1 1 1	① $X = AB + A'B' = (A \oplus B)' = A \odot B$ ② Exclusive NOR, 배타적 NOR라 한다. ③ 여러 개의 입력 중 1의 개수가 짝수이면 1을 출력한다. ④ 입력이 두 개인 경우 두 입력 모두 1 또는 모두 0으로 입력되면 1을 출력하고, 두 입력이 다르면 0을 출력한다.

〈유니버셜 게이트(universal gate)〉

- NAND와 NOR 게이트만으로 모든 회로를 구성할 수 있다.
- 이들을 유니버셜 게이트 또는 범용 게이트라고 한다.

2 부울대수 법칙

교환 법칙	$A+B=B+A$	$A \cdot B = B \cdot A$
결합 법칙	$(A+B)+C=A+(B+C)$	$(A \cdot B) \cdot C = A \cdot (B \cdot C)$
배분 법칙	$A \cdot (B+C) = A \cdot B + A \cdot C$	$A+(B \cdot C)=(A+B) \cdot (A+C)$
부정의 법칙	$A'' = A$	
누승 법칙	$A+A=A$	$A \cdot A = A$
흡수 법칙	$A+A \cdot B = A$	$A \cdot (A+B) = A$
항등 법칙	$A+0=A$ $A+1=1$	$A \cdot 1 = A$ $A \cdot 0 = 0$
보간 법칙	$A+A'=1$	$A \cdot A' = 0$
드 모르간(De-Morgan)의 법칙	$(A+B)' = A' \cdot B'$	$(A \cdot B)' = A' + B'$

THEMA 10 논리식의 간소화

1 최소항과 최대항

(1) 최소항(minterm)
① 입력 변수를 모두 포함하는 AND 항이다.
② 최소항은 입력이 0이면 입력 변수의 부정을 쓰고, 입력이 1이면 입력 변수를 그대로 쓴 후 AND로 결합한다.

(2) 최대항(maxterm)
① 입력 변수를 모두 포함하는 OR 항이다.
② 최대항은 입력이 0이면 입력 변수를 그대로 쓰고, 입력이 1이면 입력 변수의 부정을 쓴 후 OR로 결합한다.

A	B	C	최소항 표현	최대항 표현
0	0	0	A'·B'·C'	A+B+C
0	0	1	A'·B'·C	A+B+C'
0	1	0	A'·B·C'	A+B'+C
0	1	1	A'·B·C	A+B'+C'
1	0	0	A·B'·C'	A'+B+C
1	0	1	A·B'·C	A'+B+C'
1	1	0	A·B·C'	A'+B'+C
1	1	1	A·B·C	A'+B'+C'

2 부울대수 법칙을 이용한 간소화

식이 단순하다면 간소화할 수 있지만, 식이 복잡해지면 이용하기 어렵다.

F(A, B, C)
= ∑m(1, 2, 3, 4, 5)
= A'B'C + A'BC' + A'BC + AB'C' + AB'C
= A'B'C + AB'C + A'BC' + A'BC + AB'C' + AB'C
= (A'+A)B'C + A'B(C'+C) + AB'(C'+C)
= B'C + A'B + AB'

※ AB'C를 더 추가하여 사용하여도 A+A = A이므로 논리적으로 문제가 되지 않는다.

3 카르노 맵(Karnaugh Map)을 이용한 간소화

카르노 맵을 이용할 때는 출력이 1인 최소항만 카르노 맵에 1로 넣고, 나머지는 0으로 채우거나 비운 후 1을 묶을 묶는 것부터 시작한다. 그룹화하여 각 간소화 결과를 연고 이들끼리 OR 연산을 한다.

※ 그룹화 규칙
① 카르노 맵에서 1로 표시된 이웃들을 1, 2, 4, 8, 16개 단위(2의 지수승개)로 그룹화한다.
② 가능한 큰 개수로 그룹화한다.
③ 반드시 사각형으로 묶어야 하며, 대각선으로는 묶을 수 없다.
④ 상하좌우 끝은 연결되어 있는 것으로 그룹화 가능하다.
⑤ 각각 다른 그룹에 여러 번 중복하여 그룹화할 수 있다.
⑥ 그룹화할 이웃이 없을 경우 단독으로 처리하며 이것은 간략화되지 않는다.
⑦ 무관항(don't care)이 있을 경우 간소화될 수 있으면 묶어주고, 그렇지 않으면 묶지 않는다.

⟨B'+A'D+AC'D'의 카르노 맵 표현⟩

AB\CD	00	01	11	10
00	1	1	1	
01		1	1	
11	1			
10	1	1	1	1

⟨무관항있는 카르노 맵 간소화 – A'+B'⟩

AB\CD	00	01	11	10
00	1	X	1	1
01	1	X	X	X
11	X	1	1	
10	1	1	1	X

THEMA 11 논리 회로

1 조합 논리회로(combinational logic circuit)

현재 입력값으로 출력이 결정되는 회로이다.

반가산기 (Half Adder)

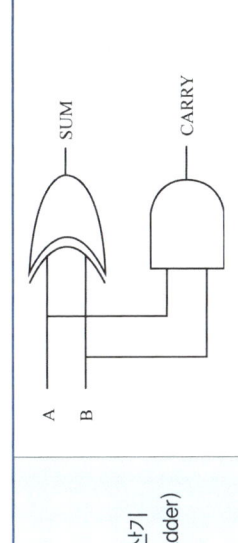

$$\text{Sum} = A'B + AB' = A \oplus B$$

$$\text{Carry} = AB$$

1비트를 사용하는 두 개의 입력과 두 개의 출력으로 합(sum)과 자리올림(carry)을 얻는다.

전가산기 (Full Adder)

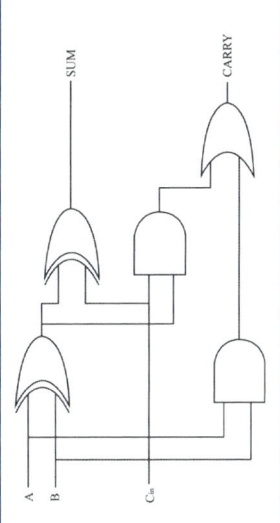

$$\text{Sum} = A'B'C + A'BC' + AB'C' + ABC = A \oplus B \oplus C$$

$$\begin{aligned}\text{Carry} &= A'BC + AB'C + ABC' + ABC \\ &= C \cdot (A \oplus B) + A \cdot B \\ &= AB + BC + CA\end{aligned}$$

$AB(C+C') + BC(A+A') + CA(B+B') = ABC+ABC'+ABC+A'BC+ABC+AB'C$
$= AB(C+C') + (A'B+AB')C = AB+C(A \oplus B)$

- 아랫 자리에서 올라온 Carry를 포함하여 입력변수가 3개가 되고 출력은 Sum과 Carry 2개가 나타난다.
- 2개의 반가산기와 1개의 OR회로로 구성되어 있다.

병렬 2진 가감산기

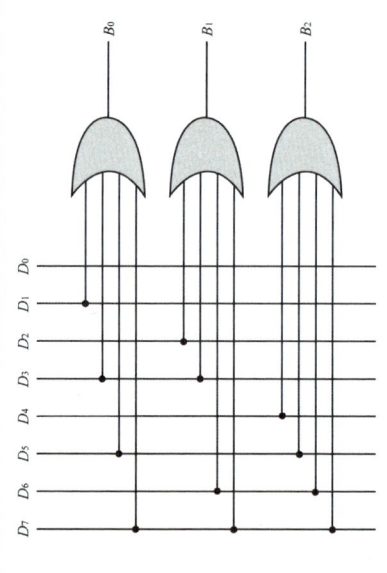

M
0 : add
1 : Sub

① n비트로 구성된 2개의 정보를 더하는 가산기에서 각 비트를 더할 때 전가산기를 사용한다.
② n 비트를 더하기 위해서는 n개의 전가산기가 필요하다.
③ 디지털 장치에서는 별도의 감산기를 사용하지 않고, 가산기에 게이트를 추가해 부호 선택 신호로 뺄셈 연산을 수행한다.
④ 4비트의 병렬 가산기 입력 B에 XOR 게이트를 추가하여 만든 병렬 가감산기이다.

해독기 (Decoder)

① n비트의 2진 코드를 최대 2^n개의 정보로 바꿔주는 조합 논리회로이다.
② 2^n개의 출력 중 한 개만 1이고 나머지는 0이다.

부호기 (Encoder)

① 외부에서 들어오는 임의의 신호를 부호화된 신호로 변환하여 컴퓨터 내부로 들여보낸다.
② 2^n개를 입력받아 n개(n비트 2진정보)를 출력한다.

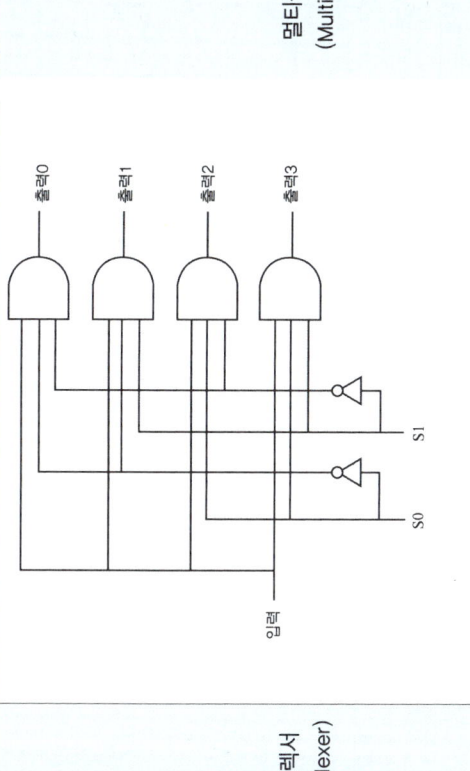

디멀티플렉서 (Demultiplexer)	하나의 입력선에 데이터를 입력하면 선택선 n개로 조합된 2^n개 중 대응되는 출력선으로 전달한다.
멀티플렉서 (Multiplexer)	① 입력선 2^n개와 선택선 n개로 구성된다. ② 선택선 n개의 비트 조합에 따라 입력선을 하나 선택하여 이 입력선의 2진정보를 출력선에 전달한다.

2 순서 논리회로(sequential logic circuit)

〈순서논리회로의 특징〉
- 순서 논리회로의 출력은 외부에서 들어온 입력과 이전 출력 상태에 따라 결정된다.
- 이전 동작은 클록 펄스가 들어올 때마다 반복적으로 일어난다.
- 순서 논리회로는 기억 기능(플립플롭 : 1비트 기억소자)이 있다.
  플립플롭, 카운터, 레지스터 등이 해당된다.

RS 플립플롭

Set 상태와 Reset 상태라는 2개의 논리 값을 갖게 되며 출력은 Q(정상출력)과 Q'(보수출력)이 나타난다.

S	R	Q	Q'
0	0	Q(불변)	Q'
0	1	0(Reset)	1
1	0	1(Set)	0
1	1	×	×

JK 플립플롭

JK 플립플롭은 RS 플립플롭을 개량하여 S와 R이 동시에 입력되더라도 현재 상태의 반대인 출력으로 바꾸어 안정된 상태를 유지할 수 있도록 한 것이다.

J	K	Q	Q'
0	0	Q(불변)	Q'
0	1	0(Reset)	1
1	0	1(Set)	0
1	1	Q'	Q

D 플립플롭

동기 입력을 가진 RS-FF를 변경시킨 것으로 입력신호 D가 클록 펄스에 의해 변하지 않고 그대로 출력되는 특성이 있다.
입력단자 R과 S가 동시에 1이 입력되는 것을 회로적으로 차단한 플립플롭이다.

D	Q	Q'
0	0	1
1	1	0

T 플립플롭

JK-FF를 변경시킨 것으로 하나의 입력신호 T가 들어올 때마다 출력 신호의 상태가 바뀌는 플립플롭이다.
T가 0일 때는 변화가 없고, T가 1이면 현상태의 보수를 출력한다.

T	Q	Q'
0	Q	Q'
1	Q'	Q

THEMA 12 중앙처리장치(CPU) 구성 요소

1 폰 노이만 컴퓨터의 기본 구조

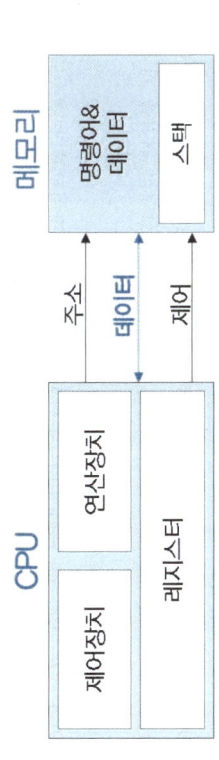

제어장치	명령어(instruction)의 인출·해독·제어신호 발생 : 메모리에서 명령어를 가져와 해독하여 그 명령 실행에 필요한 장치들에게 제어신호를 발생시킨다.
연산장치	ALU (Arithmetic Logical Unit), 데이터(operand) 인출 산술 및 논리 연산 등 기본 연산을 수행한다.
레지스터	PC(주소), IR(명령어), AC(데이터), MAR(주소), MBR(명령어/데이터), 범용 레지스터 (R1, R2, …) 상태 레지스터(O·C·Z·S·I : Overflow, Carry, Zero, Sign, Interrupt 정보 등)
시스템 버스	데이터·주소·제어 버스

〈프로세서 명령 실행〉
1단계 : 다음에 실행할 명령어를 메모리에서 읽어 명령 레지스터(IR)로 가져온다.
2단계 : 프로그램 카운터(PC)는 다음 명령어의 주소로 변경된다.
3단계 : 방금 인출한 명령어를 해독(decode)하고 종류를 파악한다.
4단계 : 메모리에 있는 데이터를 사용해야 하는 경우 그 위치를 결정한다.
5단계 : 데이터를 인출하여 명령어를 실행한다.

2 명령어 실행을 위해 기본적으로 필요한 레지스터

프로그램 카운터 (Program Counter : PC)	다음에 인출할 명령어의 주소를 갖는다. 명령어가 인출되면 명령 크기(단위 길이)만큼 증가한다.
명령어 레지스터 (Instruction Register : IR)	가장 최근에 인출된 명령어가 저장되어 있다.
누산기 (Accumulator : AC)	ALU의 산술 연산과 논리 연산 과정에 사용한다. 연산할 조건 데이터, 중간 결과 및 최종 연산 결과를 저장한다.
기억장치 주소 레지스터 (Memory Address Register : MAR)	메모리 접근 시 사용할 주소를 기억한다.
기억장치 버퍼 레지스터 (Memory Buffer Register : MBR)	기억장치에 쓰여질 데이터 혹은 기억장치로부터 읽혀진 데이터/명령어를 일시적으로 저장한다.

〈주소 계산에 사용되는 레지스터〉
• 베이스 레지스터(Base Register) : 명령이 시작되는 최초의 번지를 기억한다.
• 인덱스 레지스터(Index Register) : 배열의 첨자와 같이 상대적 위치를 기억한다.

〈연산에 사용되는 레지스터〉
• 데이터 레지스터(Data Register) : 주변장치로 또는 주변장치로부터 전송되는 데이터를 기억한다.
• 시프트 레지스터(Shift Register) : 클록 펄스에 의해서 기억 내용을 한 자리씩 이동하는 레지스터

THEMA 13 제어장치

1 명령어

명령어(Instruction)

Op-code	Operand

Op-code : 수행할 연산을 지정하는 코드이다.
- 함수 연산 기능
- 자료 전달 기능
- 제어 기능
- 입출력 기능

Operand : 연산시 필요한 데이터를 얻을 수 있는 정보
- 데이터
- 메모리 주소
- 레지스터 번호

함수 연산 기능	산술 연산 : ADD, SUB, MUL, DIV, 산술 Shift 등 논리 연산 : AND, OR, XOR, NOT, 논리적 Shift, Rotate 등
자료 전달 기능	CPU와 기억장치 사이에서 정보를 교환하는 기능 Load : 기억장치의 내용을 CPU에 전달하는 명령 Store : CPU의 정보를 기억장치에 기억시키는 명령 Move : 특정 레지스터의 내용을 다른 레지스터로 옮기는 명령 Push/Pop : 스택에 자료를 저장/인출하는 명령
제어 기능	명령의 실행 순서를 변경할 때 사용하는 기능 무조건 분기 명령 : GOTO, JMP(Jump) 조건 분기 명령 : IF, SPA, SNA, SZA 부프로그램 호출 및 복귀 : Call, Return
입출력 기능	CPU와 입출력장치 또는 기억장치와 입출력장치 사이에서 자료를 전달하는 기능 INPUT : 입출력장치의 자료를 주기억장치로 입력하는 명령 OUTPUT : 주기억장치의 자료를 입출력장치로 출력하는 명령

2 오퍼랜드(operand) 개수에 따른 명령어 분류

0-주소 명령어	IR [OP-code]	스택구조의 컴퓨터	PUSH A; PUSH B; ADD; POP;
1-주소 명령어	IR [OP-code][Operand1]	누산기(AC) 사용 (LOAD: 메모리→AC, STORE: AC→메모리)	LOAD A; ADD B; STORE;
2-주소 명령어	IR [OP-code][Operand1][Operand2]	범용 레지스터 사용 가장 많이 사용하는 방식 (MOVE)	MOV R1 A; ADD R1 B;
3-주소 명령어	IR [OP-code][Operand1][Operand2][Operand3]	범용 레지스터 구조 프로그램의 길이 짧아진다.	ADD A B C;

3 주소 지정 방식

방식	구조	동작
즉시주소	오퍼랜드 = 실제 데이터 | Op-code | 실제 데이터 |	AC ← IR[addr]
직접주소	오퍼랜드 = 유효주소 | Op-code | 유효주소 | 메모리: … 데이터 …	AC ← M[addr] 메모리 1번 접근
간접주소	오퍼랜드 = 유효주소가 저장된 주소 | Op-code | 유효주소가 저장된 주소 | 메모리: … 유효주소 … 데이터 …	AC ← M[M[addr]] 메모리 2번 이상
레지스터 주소	오퍼랜드 = 데이터가 저장된 레지스터 번호 | Op-code | 데이터가 저장된 레지스터 번호 | 레지스터 셋 R1: … 데이터 …	AC ← R1 내용
레지스터 간접 주소	오퍼랜드 = 유효주소가 저장된 레지스터 번호 | Op-code | 유효주소가 저장된 레지스터 번호 | 레지스터 셋 R1: … 유효주소 … 메모리: … 데이터 …	AC ← M[R1 내용]
상대주소	유효주소 = PC와 오퍼랜드에 저장된 변위의 합 | LOAD | PC | 100 | PC+100 → 메모리: … 데이터 …	AC ← M[PC+addr] 메모리 1번 접근

THEMA 14 연산장치(ALU)

1. 산술 논리 연산 장치(Arithmetic Logic Unit)

- 산술 연산과 논리 연산을 처리하는 프로세서의 일부이다.
- 산술 연산 : 덧셈, 뺄셈, 곱셈, 나눗셈, 증가, 감소, 보수 연산 등
- 논리 연산 : AND, OR, NOT, XOR 등

2. ALU 동작

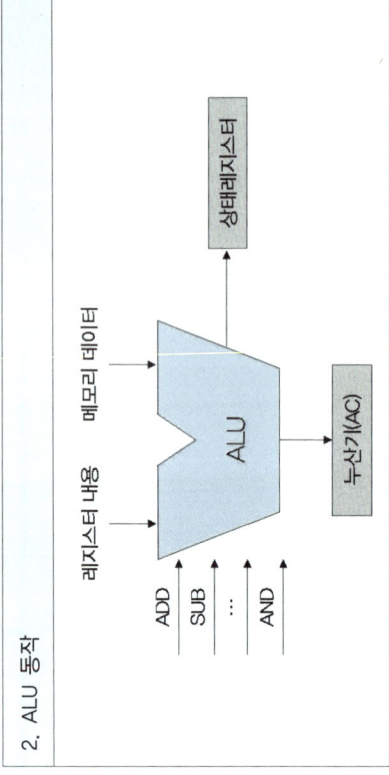

누산기

주기억장치로부터 연산에 사용될 자료를 읽어 기억하고, ALU에 의해 연산된 결과를 기억하는 레지스터이다.

상태 레지스터

① 부호(S) 플래그 : 직전에 수행된 산술 연산 결과값의 부호(sign) 비트를 가지고 있다. 일반적으로 양수는 0, 음수는 1로 표현된다.
② 영(Z) 플래그 : 연산 결과값이 0(zero)이면 1로 표현된다.
③ 올림수(C) 플래그 : 덧셈이나 뺄셈에서 올림수(carry)나 빌림수(borrow)가 발생한 경우 1로 표현된다.
④ 오버플로(V) 플래그 : 산술 연산 과정에서 오버플로(overflow)가 발생한 경우 1로 표현된다.

THEMA 15 인터럽트(Interrupt)

1 인터럽트 정의

① 컴퓨터 시스템에 예기치 않은 일이 발생했을 때 그것을 CPU에게 알려 주는 것이다.
② 인터럽트 요청회로, 인터럽트 처리 루틴, 인터럽트 서비스 루틴으로 구성된다.

2 인터럽트 동작 순서

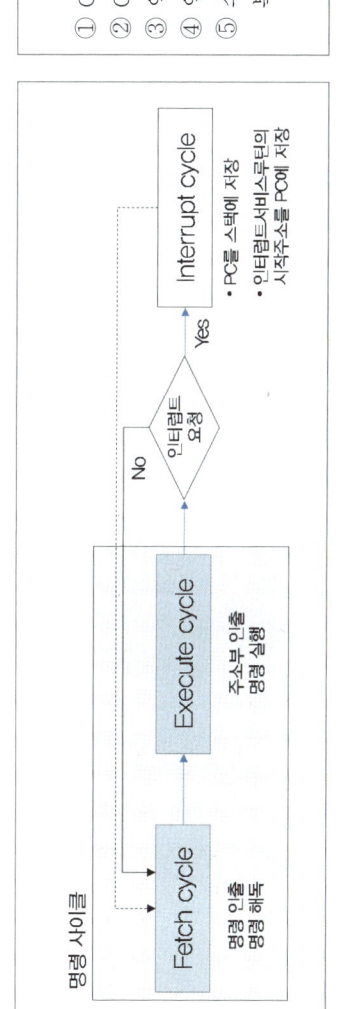

① CPU에게 인터럽트 요청 신호 발생한다.
② CPU는 상태 정보와 복귀 주소를 스택에 저장한다.
③ 인터럽트 발생 장치와 발생 원인을 판별한다.
④ 인터럽트 서비스 루틴 실행한다.
⑤ 스택에서 상태정보와 복귀주소를 읽어 원래 프로그램으로 복귀한다.

3 인터럽트 종류(원인)

	H/W 인터럽트 (비동기 인터럽트)	S/W 인터럽트 (동기 인터럽트)
정전 이상	정전 또는 전원에 이상이 생긴 경우	
기계 검사	CPU나 하드웨어 장애	
외부	• 타이머 인터럽트 : 시분할 (할당시간 사용초과 종료 등…) • 사용자 인터럽트 : 콘솔(키보드+모니터)	
입출력	• 입출력장치가 데이터 전송을 요청하거나 전송이 완료되었음을 알리는 경우 • 입출력 데이터의 오류나 이상 현상이 발생한 경우 • CPU가 I/O장치를 독립시키기 위함	
프로그램 검사		• 0으로 나누기를 하려는 경우 • 오버플로우나 언더플로우가 발생한 경우 • 기억장소의 부당 참조처럼 프로그램 오류가 발생한 경우(보호된 영역 접근 거부) • 불법적 명령 실행
SVC 호출		슈퍼바이저 호출 인터럽트 (SuperVisor Call) : 사용자가 SVC 명령을 사용해 의도적으로 호출한 경우

4 인터럽트 요청장치 판별 방법

	요청선	확인선
폴링 SW적 • 저속, 간단하다. • 순차적 검사 • CPU가 직접 출력신호 추적 • 융통성 있음(우선순위 설정)	공유(1개)	공유(1개)
벡터 HW적 • 고속, 전용 회선	전용(N개)	전용(N개)
데이지 체인 HW적 • '직렬'로 장치 연결	공유(1개)	데이지 체인 (꼬여있음)

THEMA 16 마이크로 오퍼레이션

1 명령 실행 과정

CPU

(버스)

(주기억장치)

주소	명령
100	LOAD 300
101	ADD 301
102	STORE 302
300	70
301	80
302	

PC

IR

AC

MAR

MBR

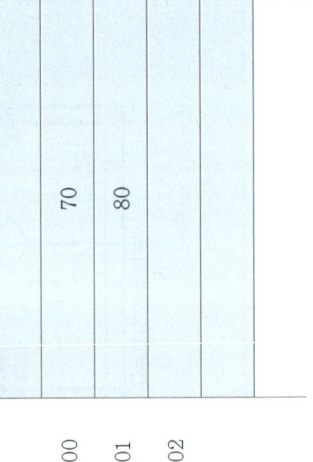

2 마이크로 오퍼레이션

(1) 마이크로 오퍼레이션
명령어의 수행은 CPU 내의 레지스터를 변화시키며, 명령어의 수행을 제어하는 것이 상태변환(state transition)을 제어하므로 가능하다.

(2) 마이크로 오퍼레이션 사이클 타임
CPU 내 모든 플립플롭(레지스터 포함)들이 클록 펄스에 동기되어 동작될 경우 이 펄스를 CPU 클록이라 한다.

| 동기 고정식 | 마이크로 오퍼레이션 사이클 타임 중에서 수행시간이 가장 긴 것으로 CPU의 Clock주기를 정하는 방식이다. |
| 동기 가변식 | 수행시간이 유사한 것끼리 모아서 하나의 그룹을 만들고, 그 그룹에 대하여 서로 다른 마이크로 사이클 타임을 주는 방식이다. |

(3) 메이저 상태

인출 사이클 (fetch cycle)	명령 인출 명령 해독	t_0	MAR ← PC
		t_1	MBR ← M[MAR], PC ← PC + 1
		t_2	IR ← MBR

간접 사이클 (indirect cycle)	유효주소 계산	t_0	MAR ← IR(addr)
		t_1	MBR ← M[MAR]
		t_2	IR(addr) ← MBR

⟨LOAD⟩　　　　　　　　　　　　　　⟨ADD⟩　　　　　　　　　　　　　⟨STORE⟩

실행 사이클 (execute cycle)	주소부 인출 명령 실행	t_0	MAR ← IR(addr)	t_0	MAR ← IR(addr)	t_0	MAR ← IR(addr)
		t_1	MBR ← M[MAR]	t_1	MBR ← M[MAR]	t_1	MBR ← AC
		t_2	AC ← MBR	t_2	AC ← AC + MBR	t_2	M[MAR] ← MBR

인터럽트 사이클 (interrupt cycle)	상태정보와 복귀주소 저장 인터럽트 서비스 루틴 시작 주소 PC에 저장	t_0	MBR ← PC
		t_1	MAR ← SP, PC ← ISR의 시작 주소
		t_2	M[MAR] ← MBR

3 시스템 버스

중앙처리장치와 시스템 내의 다른 요소들 사이에 정보를 교환하는 통로를 말한다.

데이터 버스(data bus)	① 컴퓨터 시스템을 구성하는 장치들 사이에 데이터를 전송할 때 사용되는 선들의 집합이다. ② 양방향 전송이 가능하다. ③ 데이터 버스의 폭은 중앙처리장치와 주기억장치 사이에 한 번에 전송되는 비트수로 결정된다.
주소 버스(address bus)	① 데이터의 쓰기(write) 동작을 하거나, 데이터의 읽기(read) 동작을 할 때, 해당하는 주기억장치 장소를 지정하는 주소를 전송하기 위한 선들의 집합이다. ② 단방향 전송이다. ③ 주소 버스의 비트 수는 중앙처리장치가 접근할 수 있는 기억장치의 주소 수를 결정하거나 기억장소의 수를 결정한다.
제어 버스(control bus)	① 중앙처리장치와 주기억장치 및 입력장치 사이에 제어신호를 전송하는 선들의 집합이다. ② 제어 버스의 비트 수는 CPU 또는 시스템 구성에 따라 달라진다. ③ 기본적인 제어 신호로 기억장치 읽기/쓰기(memory read/write) 신호와 I/O 읽기/쓰기(I/O read/write) 신호가 있다.

THEMA 17 마이크로 프로세서 분류

1 CISC와 RISC 특징

CISC(Complexed Instruction Set Computer)	RISC(Reduced Instruction Set Computer)
소프트웨어 중심	하드웨어 중심
복잡한 내부 명령어를 많이 가진다.	필수적인 명령어만 제공한다.
명령어 크기와 형식이 다양하다.	명령어 크기가 동일하고 형식이 제한적이다.
상대적으로 범용 레지스터가 적다.	상대적으로 범용 레지스터가 많다.
Load, Store, 레지스터와 메모리의 다양한 명령을 제공한다.	메모리 참조는 Load와 Store만으로 한정한다.
주소지정방식이 복잡하고 다양하다.	주소지정방식이 단순하고 제한적이다.
프로그램 길이가 상대적으로 짧다.	프로그램 길이가 상대적으로 길다.
파이프라인이 어렵다.	파이프라인이 수월하다.
전력 소모가 많다.	전력 소모가 적다.
마이크로프로그래밍 제어방식을 사용한다.	하드와이어드(hard-wired) 제어방식을 사용한다.

2 마이크로 프로그래밍 제어방식과 하드와이어드 제어방식의 비교

마이크로 프로그램 제어	하드와이어드 제어
소프트웨어 기반 기술을 사용한다.	회로 기반 기술을 사용한다.
마이크로 명령이 명령의 실행을 제어하는 신호를 발생시킨다.	플립플롭, 논리게이트, 디코더 등을 사용하여 구현한다.
명령어 길이, 형식이 가변이다.	명령의 길이, 형식이 고정이다.
ROM이 사용된다.	ROM이 사용되지 않는다.
CISC에서 주로 사용된다.	RISC에서 주로 사용된다.
해독이 느리다.	해독이 빠르다.
변경이 쉽다.	변경이 어렵다.

THEMA 18 주기억장치

1 기억장치 계층 구조

2 임의 접근 기억장치(Random Access Memory : RAM)

전원 공급이 중단되면 기억장치에 기록된 모든 데이터가 지워지는 휘발성을 갖는다.

동적 RAM (DRAM)	① 충전기 캐패시터(capacitor)에 전하(charge)를 저장하는 방식으로 2진 데이터를 저장한다. ② 재충전(refresh)을 위한 제어회로를 필요로 한다. ③ 전력 소모가 적고 가격이 낮아 대용량 기억장치에 많이 사용된다.
정적 RAM (SRAM)	① 플립플롭 방식의 기억소자를 가진 임의 접근 기억장치로, 전원 공급이 있는 한 내용을 계속 기억한다. ② DRAM과 다르게 복잡한 재생 클록(refresh clock)이 필요없다. ③ DRAM보다 처리 속도가 빨라서 캐시 기억장치(cache memory)에 주로 사용된다.

⟨DRAM과 SRAM의 특징 비교⟩

	DRAM	SRAM
속도	느리다	빠르다
비트당 가격	저렴하다	비싸다
밀도	높다	낮다
전력소모	적다	많다
재충전	필요하다	필요 없다
용도	메인메모리	캐시메모리

3 읽기 전용 기억장치(Read Only Memory : ROM)

mask ROM	내용 변경이 불가능하다.	
PROM (Programmable ROM)	1회에 한해 새로운 내용으로 변경할 수 있으나 그 내용을 변경하거나 삭제할 수 없다.	
EPROM (Erasable PROM)	여러 번 기억된 내용을 지우고 다른 새로운 내용을 기록할 수 있다.	
	UV-EPROM(Ultra Violate EPROM)	자외선 이용, 초기 상태로 복원할 수 있다.
	EEPROM(Electrically EPROM)	전기 신호 이용, 기록과 삭제가 가능하다.

⟨플래시 메모리(flash memory)⟩
• 블록 단위로 읽기, 쓰기, 지우기가 가능한 EEPROM이다. (읽기·쓰기 : 페이지 단위, 지우기 : 블록단위)
• 전원이 끊겨도 저장된 데이터를 보존하는 ROM의 장점과 입출력이 자유로운 RAM의 장점을 모두 갖는다.
• NAND 플래시는 내용 량적화에 유리하고 쓰기 및 지우기 속도가 빠르다.
• NOR 플래시는 읽기 속도가 빠르다.

4 주기억장치 용량 표현

- 기억장치의 용량은 주소 버스의 길이와 지정된 주소에 들어있는 데이터의 길이로 나타낸다.
- 주소 버스의 길이가 k비트이고, 워드 당 비트 수가 n일 때의 용량은 $2^k \times n$(bit)이다. 단위를 byte로 바꿀 경우 8로 나눈다.

```
 2^k × n            k bit
주기억 장치    ⇨     MAR
                         ⇨ address
  n bit
  MBR
   ⇕
  data
```

〈주기억장치 용량과 레지스터간의 크기 관계〉
① 주기억장치의 용량은 주소의 개수와 주소 1개의 크기를 곱해 구한다.
② 주소의 개수는 MAR(memory address register)의 크기와 관련된다.
③ 주기억장치 주소 1개의 크기를 의미하는 워드 길이는 MBR(memory buffer register)의 크기와 같다.

5 워드의 저장 방법

- 기억장치에 저장되는 데이터를 구별하려면 주소와 데이터 단위를 정의해야 한다.
- 주소에는 0번지부터 고유의 일련번호를 부여한다.
- 각 주소에 데이터가 1바이트(8비트)가 저장되면 바이트 주소, 워드 단위로 저장되면 워드 주소이다.

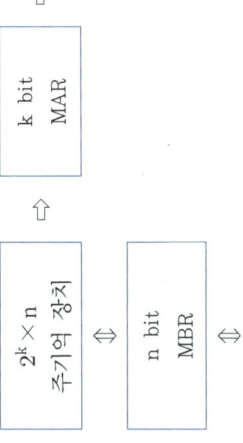

바이트 주소		워드 주소	
주소	바이트	주소	워드
0		0	
1		1	
2		2	
3		3	
...		...	

6 엔디안(endian)

- 기억장치에 바이트를 배열하는 방법이다.
- 기억장치 각 주소의 저장 크기와 실제 저장할 데이터의 크기가 다를 경우 저장 방식에 대한 약속이다.

리틀 엔디안(little endian)	빅 엔디안(big endian)
하위 바이트를 낮은 주소에 저장한다.	상위 바이트를 낮은 주소에 저장한다.

리틀 엔디안:

1 2 3 4 A B C D

바이트	주소
C D	X
A B	X+1
3 4	X+2
1 2	X+3

빅 엔디안:

1 2 3 4 A B C D

주소	바이트
X	1 2
X+1	3 4
X+2	A B
X+3	C D

7 주기억장치 용량 확장

주소 확장	대역폭 확장
메모리 칩 1개의 용량 256 X 8bit를 직렬로 4배 확장하면? ▶ 주소부 확장	메모리 칩 1개의 용량 256 X 8bit를 병렬로 4배 확장하면? ▶ 워드 길이 확장

∴ 1024 X 8bit로 용량은 1024Byte가 된다.

∴ 256 X 32bit로 용량은 1024Byte가 된다.

THEMA 19 캐시 기억장치

1 캐시 기억장치

① CPU와 주기억장치 사이에 고속이면서 소용량인 캐시 기억장치를 둔다.
② CPU의 주기억장치 접근 횟수를 줄이므로 전체적인 속도 향상을 목표로 한다.
③ 주어진 시간 동안 주기억장치 참조는 한정된 영역에서만 이루어지는 경향을 참조 지역성(locality of reference)이라 하며, 이를 이용한다.
 - 공간적(spatial) 지역성 : 기억장치 내에 서로 인접하여 저장되어 있는 데이터들이 연속적으로 액세스될 확률이 높아진다.
 - 시간적(temporal) 지역성 : 최근에 액세스된 명령어나 데이터가 가까운 미래에 다시 액세스될 확률이 높아진다.

〈캐시의 종류〉
① 내부 캐시 기억장치(on-chip) : 캐시 기억장치를 CPU의 내부에 포함
② 외부 캐시 기억장치(off-chip) : 캐시 기억장치를 CPU의 외부에 포함
③ 계층적 캐시(hierarchical cache) : on-chip 캐시를 1차 캐시(L1)로 사용하고 칩 외부에 더 큰 용량의 off-chip 캐시를 2차 캐시(L2)로 설치하는 방식

2 캐시 기억장치의 동작 원리

① 중앙처리장치가 명령어를 처리하기 위해 캐시 기억장치에 접근하여 그 내용을 찾았을 때 적중(hit)이라 하고, 찾지 못했을 경우를 실패(miss)라 한다.
② 적중 시 해당 정보를 즉시 읽어들이고, 실패 시 해당 정보를 주기억장치에서 캐시로 적재한 후 읽어들인다.
③ 프로그램이 진행되는 동안 이런 과정이 반복되며, 결과적으로 어느 정도의 시간이 경과한 시점부터는 주기억장치의 내용 중 많은 부분들이 캐시에 복사되어 있는 상태가 된다.

$$\text{적중률} = \frac{\text{캐시 적중수}}{\text{전체 메모리 참조 횟수}}$$

3 주기억장치와 캐시 기억장치 사이에서의 평균 기억장치 접근 시간

1) 실패 시 캐시 접근 시간 인정하는 경우
$$T_{average} = H_{hit\,ratio} \times T_{cache} + (1 - H_{hit\,ratio}) \times (T_{main} + T_{cache})$$

2) 실패 시 캐시 접근 시간 무시하는 경우
$$T_{average} = H_{hit\,ratio} \times T_{cache} + (1 - H_{hit\,ratio}) \times T_{main}$$

4 캐시 용량

① 캐시 용량이 증가할수록 적중률은 높아지지만 이에 따른 비용 또한 증가한다.
② 캐시 용량이 증가할수록 캐시 해독 및 정보 인출을 위한 주변 회로가 복잡해지므로 액세스 과정이 복잡해진다.
③ 용량과 비용간의 조정으로 적정하게 결정되어야 한다.

5 사상 방식

직접사상 (direct mapping)	① 주기억장치의 블록이 특정 라인에만 적재될 수 있기 때문에 캐시의 적중 여부는 그 블록이 적재될 수 있는 라인만 검사해보면 된다. ② 사상 방식이 간단하고 비용이 저렴하다. ③ 주기억장치의 블록을 적재될 수 있는 라인이 하나 밖에 없기 때문에 만약 프로그램이 동일한 라인에 적재되는 두 블록들을 반복적으로 액세스하는 경우 캐시 실패율이 높아진다(적중률 떨어짐). – 직접사상에서의 주소 필드 구성 : 태그 라인 워드
연관사상 (associative mapping)	① 주기억 장치의 블록이 캐시의 어느 라인에도 적재될 수 있어 직접 사상에서 발생하는 단점을 보완했다(적중률 높음). ② 적중 검사가 모든 라인에 대해서 이루어져야 하므로 검사 시간이 길어진다. ③ 캐시 슬롯의 태그를 병렬로 검사하기 위해서는 매우 복잡하고 비용이 높은 회로가 필요하다. – 연관사상에서의 주소 필드 구성 : 태그 워드
집합–연관사상 (set-associative mapping)	① 직접 사상과 연관 사상 방식을 조합한 방식이다. ② 주기억장치 블록은 정해진 집합에 적재되고 그 집합 내에서는 연관 사상방식으로 어느 슬롯에는 적재될 수 있다. – 집합–연관사상에서의 주소 필드 구성 : 태그 집합 워드

6 교체 정책

① 캐시가 다 채워진 상태에서 새로운 블록을 채울 때는 저장된 블록 중 하나를 교체해야 한다.
② 직접 사상에서는 임의의 블록이 들어갈 수 있는 캐시 라인이 하나이므로 교체 정책이 필요하지 않다.
③ 연관 사상 또는 집합-연관사상에서는 적당한 교체 알고리즘이 필요하다.

LRU(Least Recently Used)	최근 가장 사용되지 않은 블록을 교체한다.
FIFO(First In First Out)	캐시에 적재된 지 가장 오래된 블록을 교체한다.
LFU(Least Frequently Used)	캐시에 적재된 후 액세스 횟수가 가장 적은 블록을 교체한다.
Random	사용 횟수를 고려하지 않고 임의의 블록을 선택하여 교체한다.

7 쓰기 정책

즉시 쓰기 방식 (Write-Through)	캐시와 주기억장치의 일관성 중심	모든 쓰기 동작이 캐시뿐만 아니라 주기억장치에서도 동시에 발생한다. 따라서 주기억장치의 내용은 항상 유효하다.
나중 쓰기 방식 (Write-Back)	고속 유지 중심	새로운 데이터가 캐시에서만 갱신된다. 쓰기 동작이 캐시에서만 이루어지므로 쓰기 시간이 짧고, 주기억장치 쓰는 동작 횟수가 최소화된다. 주기억장치의 일부분이 무효 상태일 수 있다.

8 다중 프로세서에서의 캐시 일관성 문제 해결

소프트웨어적 해결	• 공유하는 부분은 캐시로 적재되지 않도록 조치
스누핑 프로토콜	• 가져온 데이터의 일관성 여부를 체크한다. • 공유블록의 갱신 시 다른 캐시에 브로드캐스트하여 저장 정보를 무효화하거나 새로 갱신하는 기법
디렉터리 프로토콜	• 주기억장치에 디렉터리를 만들고 관리 • 데이터 복사본들이 있는 캐시들의 위치 정보를 수집하여 공유 블록의 갱신을 위해 중앙제어기의 허가를 받는다. (브로드캐스트 사용하지 않음)
MESI 프로토콜	• 메모리가 가질 수 있는 네 가지의 캐시 상태를 정의한다. | Modified | ① 블록이 캐시에서 수정된 상태 ② 캐시 블록을 캐시에서 내보낼 때 메모리에 변경 내용 반영 | | Exclusive | ① main memory와 데이터가 일치한 상태 ② 캐시가 cpu에 의해 변경되면 exclusive 상태에서 modified된 상태로 변화 | | Shared | ① 블록이 캐시로 공유된 상태 ② 캐시와 메모리의 상태 동일 (캐시에서 내보낼 때 메모리에 쓰기 작업 필요 없음) | | Invalid | ① 블록이 유효하지 않은 상태 ② 해당 블록의 내용을 캐시로 올리기 위해 메모리나 다른 캐시에서 갱신된 내용 확인 |

〈연관 기억장치(Associative Memory)〉

① 번지에 의해 호출되는 것이 아니라 기억된 정보의 일부분을 이용하여 원하는 정보의 위치를 알아낸 후, 그 위치에서 나머지 정보에 접근할 수 있는 특수한 기억장치이다.
② CAM(Content Addressable Memory) : 내용 주소화 메모리

〈복수 모듈 기억장치 (Memory Interleaving)〉

기억장치 모듈을 여러 개 가지므로 하나의 사이클 타임에 복수개의 단어를 시분할로 판독할 수 있으므로 기억장치 접근효율이 높아진다(대역폭 확장).

〈가상 기억장치(Virtual Memory)〉

① 주기억장치 공간의 용량을 극복하기 위한 방법으로 보조기억장치의 일부 또는 전체를 주기억장치처럼 사용한다.
② 가상주소를 주기억장치의 실제주소로 변환하는 주소 매핑(mapping), 즉 동적 주소 변환(DAT)을 필요로 한다.
③ 가상기억장치와 주기억장치간의 이동 단위는 블록이며 고정 블록을 페이지(page), 가변 블록을 세그먼트(segment)라 한다.

THEMA 20 RAID(Redundant Array Of Inexpensive/Independent Disks)

RAID 0	• 스트라이핑(Striping), 분산저장 • nonredundant, 오류 대응 못한다. (신뢰성 없음)
RAID 1	• 미러링(mirroring), 중복저장, 오류 해결 실시간 가능 • 읽기 성능 좋으나 쓰기 성능 떨어진다.
RAID 2	• 비트 단위 • 해밍코드, 자가오류 수정 가능
RAID 3	• 비트 단위 • 패리티 디스크 1개
RAID 4	• 블록 단위 • 패리티 디스크 1개 • 패리티 디스크 병목현상 발생 가능성 높다.
RAID 5	• 패리티 정보를 모든 디스크에 분산(라운드 로빈 방식)
RAID 6	• 이중 패리티 정보를 모든 디스크에 분산

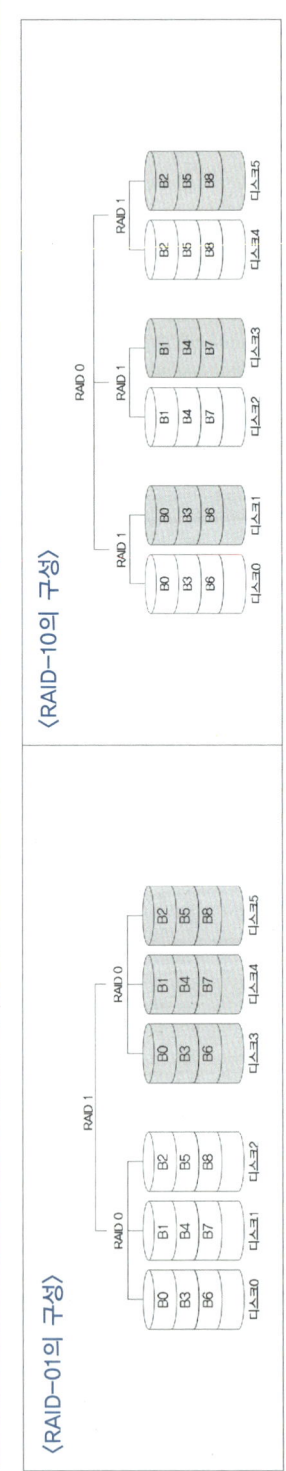

⟨RAID-01의 구성⟩

⟨RAID-10의 구성⟩

THEMA 21 입출력 장치

1 입출력장치의 동작

① 동작 속도가 매우 느리다.
② 에러가 발생할 확률이 매우 높다.
③ 각각의 동작에 대해 자율성을 보장할 수 있다.

2 입출력 장치의 주소 지정

기억장치-사상 방식(memory-mapped)	① 기억장치 주소 영역의 일부분을 입출력장치의 주소 영역으로 할당하는 방식이다. ② 기억장치의 읽기와 쓰기 신호를 입출력장치의 읽기와 쓰기 신호로 사용할 수 있다.
분리형 입출력 방식(isolated)	① 입출력장치의 주소 공간을 기억장치 주소 공간과 별도의 주소에 할당하는 방식이다. ② 입출력 제어를 위한 별도의 입출력 명령어를 사용한다.

3 입출력 데이터 전송

스트로브 신호 (비동기 방식)	핸드셰이킹 (비동기 방식)
• 스트로브 신호를 수신 측에 해당하는 출력장치에 보낸다. (제어라인 1개) • 수신여부를 알 수 없다.	• 데이터 버스 외에 양쪽에 제어신호를 보내주는 별도의 회선을 각각 갖는다. • 수신확인이 가능하다.

4 입출력 제어 기법

(1) CPU가 직접 제어하는 입출력 제어 방식

프로그램 입출력 방식	① 중앙처리장치가 프로그램을 수행하는 도중에 입출력과 관련된 명령을 만나면 해당 입출력 모듈에 명령을 보내 그 명령을 실행하는 방식이다. ② 입출력 모듈이 데이터를 수신 또는 송신할 준비가 될 때까지 중앙처리장치가 기다려야 한다. ③ CPU 효율이 가장 낮은 방식이다.
인터럽트-구동 입출력	① 중앙처리장치에서 입출력 명령을 받은 입출력 모듈이 동작을 수행하는 동안 중앙처리장치가 다른 프로그램을 처리할 수 있다. ② 입출력 모듈이 주기억장치 접근이 필요한 경우 CPU가 주기억장치 접근을 대신 수행해준다.

(2) 직접 기억장치 액세스(DMA)를 이용한 입출력 제어 방식

① 기억장치와 입출력 모듈 간의 데이터 전송을 DMA 제어기가 처리하고 CPU는 개입하지 않도록 한다.
② 주기억장치에 접근할 때 DMA제어기가 CPU의 Bus Line을 이용하여 Cycle Stealing(DMA가 버스의 사용권을 일시적으로 CPU로부터 빼앗는다)을 한다.
③ 모든 데이터의 전송이 완료되면 CPU에게 인터럽트 신호를 전송한다.

(3) 채널에 의한 입출력

① 가장 고성능 입·출력 방식이라 할 수 있으며, 채널 제어기는 자기 자신의 채널 프로그램이 있으므로 여러 개의 블록을 입출력 할 수 있다.
② 셀렉터 채널(Selector Channel) : 고속의 입출력 장치와 연결한다.
③ 바이트 멀티플렉서 채널(Byte Multiplexer Channel) : 여러 대의 저속의 입출력 장치를 제어한다.
④ 블록 멀티플렉서 채널(Block Multiplexer Channel) : 저속 입출력 장치와 고속 입출력 장치를 공용시켜 동시에 동작하며 블록 단위로 수행한다.

〈버퍼링 / 스풀링〉
① 버퍼링 : 입출력의 내용을 주기억장치에 모아두었다가 처리하는 방식
② 스풀링 : 입출력의 내용을 디스크에 모아두었다가 처리하는 방식
③ 공통점 : 저속의 입출력장치와 고속의 CPU 간의 속도차를 해결함으로써 효율성을 높일 수 있음
④ 차이점

구분	버퍼링	스풀링
저장위치	주기억장치	보조기억장치
운영방식	단일작업 단일사용자	다중작업 다중사용자
구현방식	하드웨어	소프트웨어

THEMA 22 플린(Flynn)의 분류

1 플린의 분류

	명령어 흐름	데이터흐름	제어장치	처리장치	특징
SISD	single	single	1개	1개	• 시간적 병렬 • 파이프라인 계열
SIMD	single	multiple	1개	n개	• 동기 공간적 병렬 • PE(processing element) • 배열처리기, 벡터처리기
MISD	multiple	single	n개	1개	• 범용으로 구현되지 않는다.
MIMD	multiple	multiple	n개	n개	• 비동기 공간적 병렬 • 다중처리기(공유 메모리), 분산처리기(네트워크)

2 암달의 법칙(Amdahl's law)

- 암달의 법칙은 컴퓨터 시스템의 일부를 개선할 때 전체적으로 얼마만큼의 최대 성능 향상이 있는지 계산하는 데 사용된다.
- 개선에 영향을 받는 일부분 : $p\%$
- $p\%$에 개선 배수 : s배
- 전체 시스템 성능 향상 $= \dfrac{1}{(1-p) + \dfrac{p}{s}}$

THEMA 23 파이프라인(pipeline)

1 파이프라인 특징

① 한 번에 하나의 명령어만 실행하는 것이 아니라 하나의 명령어가 실행되는 도중 다른 명령어의 실행을 시작하는 방법이다.
② 동시에 여러 개의 명령어를 실행한다.
③ 하나의 명령어를 여러 단계로 나누어 처리하므로 한 명령어의 특정 단계를 처리하는 동안 다른 부분에서는 다른 명령어의 다른 단계를 처리할 수 있다.
④ 전체적인 처리 속도, 처리량을 향상시킨다.
⑤ 하나의 명령어 실행 시간은 파이프라인을 수행하지 않을 때보다 느려진다.

2 n단계 파이프라인 전체 실행 시간

- 파이프라인의 단계 수 n, 실행할 명령어들의 수 m, 각 파이프라인 단계가 p 클록 주기씩 걸린다고 가정
- 파이프라인에 의한 전체 명령어 실행 시간 T는 다음과 같다.

$$T = (n + m - 1) * p초$$

3 파이프라인 성능 비교

(1) 파이프라인 수행하지 않을 경우

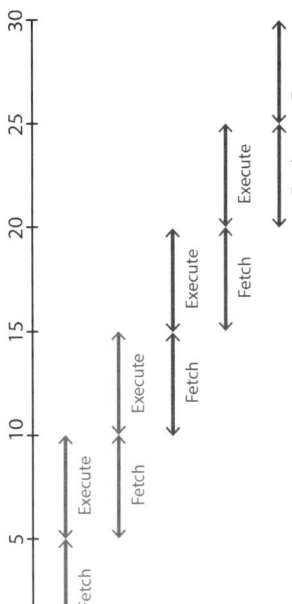

각 명령어 1개 실행시간이 8초인 경우,
명령어 5개를 실행하면?

⇨ 8초 X 5개 명령어 = 40초

(2) 2단계 파이프라인

인출 사이클 : Fetch
실행 사이클 : Execute
한 개의 명령어 실행시간은 8초(Fetch가 3초, Execute가 5초)인 경우,
2단계 파이프라이닝 실행 시 5개의 명령어 처리 시간은?
⇨ 한 단계에서 사용될 클록 주기는 5초가 된다.

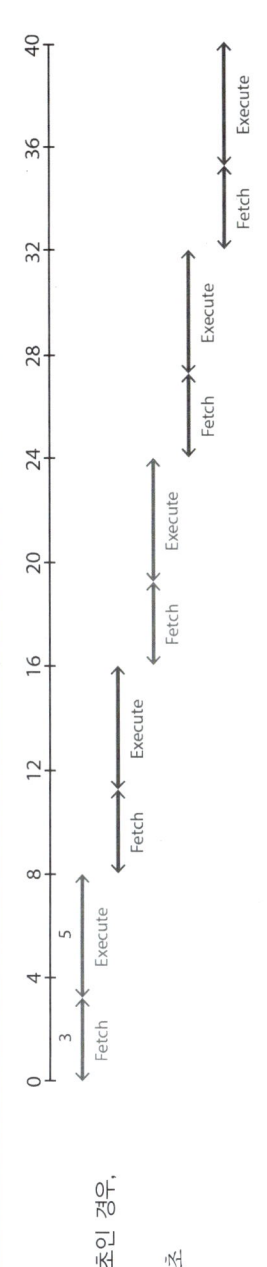

* (단계수 + 명령어 개수 − 1) X 클록주기 = 수행시간

* (2단계 + 5개 명령어 − 1) X 5초 = 30초

(3) 4단계 파이프라인

명령어 인출 IF : Instruction Fetch,
명령어 해독 ID : Instruction Decode,
오퍼랜드 인출 OF : Operand Fetch,
실행 : EX : EXecute
한 개의 명령어 실행시간은
IF : 2초, ID : 1초, OF : 3초, EX : 2초이다.
한 단계에서 사용될 블록 주기는 3초가 된다.
4단계파이프라인 실행 시 5개 명령어 처리시간은?
(4단계+5개 명령어 − 1) × 3초 = 24초

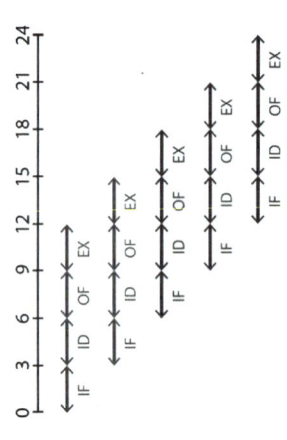

4 n단계 파이프라인을 수행했을 때 실제 n배의 효과가 발생하지 않는 이유

① 각 단계의 클록 주기는 실제 가장 긴 시간으로 정한다.
② 인출이 필요없는 명령어도 모든 단계를 통과해야 한다.
③ IF와 OF단계 동시에 기억장치에 접근할 수 없다. (기억장치의 충돌 발생으로 하드웨어 자원 추가 필요 → 하버드 구조)
④ 조건 분기 명령어가 실행되면, 미리 인출하여 처리하던 명령어들은 무효가 된다.

5 파이프라인 해저드

종속성	해저드	발생 이유	해저드 해결방법
명령어 종속성	구조적	같은 클럭 사이클에 실행하기를 원하는 명령어의 조합을 하드웨어가 지원할 수 없는 경우	① 하드웨어 추가(분리 캐시, 하버드 구조 이용) ② NOP(No-Operation) 사용
	제어	조건 분기 명령을 수행할 경우	① 명령어 재배치 ② 명령어 재배치와 분기 신계산 ③ 명령어 선인출 ④ 지연 분기 ⑤ 분기 예측
데이터 종속성	데이터	명령어 소스 오퍼랜드가 이전 명령어 수행 결과 값과 의존 관계가 있을 경우	데이터 포워딩(data forwarding)

6 파이프라인 계열

슈퍼스칼라

① 슈퍼스칼라의 기본 구성은 파이프라인으로 구현된 여러 개의 기능 유닛(function unit)이 명령어들의 병렬 처리를 지원한다.
② 슈퍼스칼라의 등급(degree)이 n이면, n개의 명령어를 병렬 처리하겠다는 것이다.
③ 슈퍼스칼라 프로세서의 구조는 두 명령어 사이에 데이터 의존성이 존재하지 않아야 독립적으로 동시에 실행이 가능하다.
④ 등급이 k인 n단계의 슈퍼스칼라 프로세서에서 m개의 명령어를 실행하는데 걸리는 전체 시간은 다음과 같다.
(T는 클록 주기이다)

전체 수행 시간 = (n + m/k − 1) * T

슈퍼파이프라이닝

① 파이프라인에서 단계의 클록 주기를 절반 이하로 줄여서 명령어 실행 속도를 두 배 이상 높이는 방법이다.
② 슈퍼 파이프라이닝의 등급(degree)이 k이면, 기능 유닛의 클록 사이클 시간은 기본 사이클의 1/k이 된다.
③ 등급이 k인 n단계의 슈퍼파이프라인 구조에서 m개의 명령어를 실행하는데 걸리는 전체 시간은 다음과 같다.
(T는 클록 주기이다)

전체 수행 시간 = (n + (m − 1)/k) * T

실행 비교

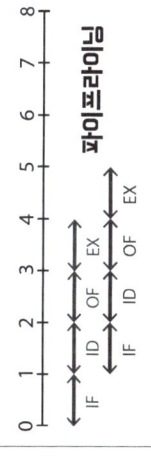

파이프라이닝

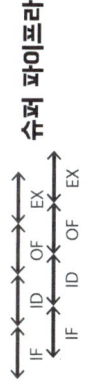

슈퍼 파이프라이닝

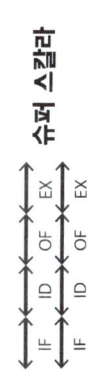

슈퍼 스칼라

THEMA 24 그래픽 방식

1 비트맵 그래픽 방식

- 픽셀은 n bit로 구성 → 2^n 개의 색상을 표현한다.
- 이미지 용량 : 가로 픽셀 수 * 세로 픽셀 수 * 픽셀 1개의 비트 수 / 8(바이트 단위)
- 이미지를 확대/축소할 경우 변형이 발생한다.(계단현상 발생)
- 상세한 명암과 색상을 표현하는 사진에 적합하다.

bmp	압축하지 않는다.
jpg	손실 압축
gif	비손실 압축, RLE
png	

⟨RLE(Run Length Encoding)⟩
- 매우 간단한 비손실 압축 방법
- 데이터에서 같은 값이 연속적으로 나타날 경우 그 개수와 반복되는 값만으로 표현한다.
  (ex. AAAAABBBCC ⇨ A5B3C2)

2 벡터 그래픽 방식

- 선·면·도형·객체와 함수 사용
- 선·면·도형·객체의 개수의 복잡도에 따라 용량이 결정된다.
- 벡터 방식은 이미지를 확대·축소·회전하더라도 이미지의 품질에 영향이 없다.
- WMF(Windows Metafile Format) : MS사의 윈도에서 벡터 기반의 응용 프로그램 간 교환하기 위한 도형 파일 형식이다.

3 색상 모델

CMY 모델	Cyan, Magenta, Yellow	색을 혼합하면 명도가 낮아지는 감산 혼합 방식, 프린터, 인쇄, 출판
RGB 모델	Red, Green, Blue	색을 혼합하면 명도가 올라가는 가산 혼합 방식, 모니터, TV
HSV 모델	Hue, Saturation, Value	사람의 직관적인 시각에 기초, 영상처리(인식), 시각예술

THEMA 25 운영체제 개요

1 운영체제 개요

① 사람을 대신하여 컴퓨터 시스템의 각종 자원을 보다 효율적으로 관리하고 운영하는 시스템 소프트웨어

② 컴퓨터 주기억장치에 상주하면서 컴퓨터 시스템의 자원들인 중앙처리장치, 주기억장치, 입출력장치, 네트워크 등을 효율적으로 관리하고 운영함으로써 사용자에게 편의성을 제공해주는 인간과 컴퓨터 간의 인터페이스 역할을 담당하는 프로그램이다.

2 컴퓨터 시스템 4가지 구성요소

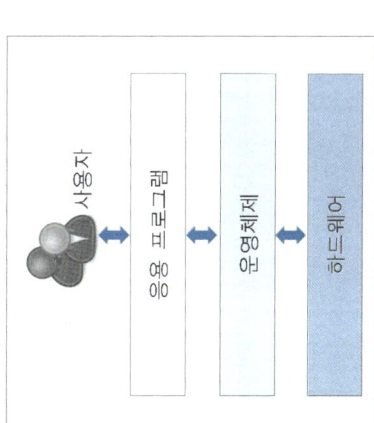

〈커널(kernel)〉
- 자원을 관리하는 모듈의 집합으로 운영체제 기능의 핵심적인 부분을 모아놓은 부분이다.
- 커널은 메모리 관리 및 스케줄링, 인터럽트 처리 등의 기능을 담당한다.
- 사용자는 직접 커널의 기능을 제어할 수 없으며 단지 셸(shell)에 의뢰할 수 있다.
- 커널은 응용 소프트웨어와 컴퓨터 하드웨어를 연결하는 역할을 담당한다.

3 운영체제의 목적

(1) 사용자에게 편리한 환경 제공

(2) 시스템의 성능 향상

① 신뢰도(reliability)의 향상 : 하드웨어, 소프트웨어가 실패 없이 주어진 기능을 수행할 수 있는 능력
② 처리량(throughput)의 향상 : 일정 단위 시간 내에 처리할 수 있는 일의 양
③ 응답시간(response time)의 단축 : 입력에 대해 반응을 나타내기까지의 시간으로 시분할 방식 시스템과 온라인 시스템에서는 응답시간이라고 하며, 일괄 처리 시스템에서는 반환 시간(turn around time)이라고 한다.
④ 사용가능도 : 사용자가 일정 기간 동안 컴퓨터를 실제로 사용한 시간

4 다중 처리기의 운영체제 구조

주/종 처리기 (Master/Slave)	• 하나의 프로세서를 Master로 지정하고, 나머지는 Slave로 지정하는 구조 • 주프로세서는 운영체제 수행하고, 입출력과 연산을 담당함 • 종프로세서는 연산만 담당하고, 입출력 발생 시 주프로세서에게 요청함 • 주프로세서에 문제가 발생하면 전체 시스템이 멈춤
분리수행 처리기 (Separate Execution)	• 주/종 처리기의 문제점을 보완하여 각 프로세서가 독자적인 운영체제를 수행하도록 구성한 구조 • 프로세서별 인터럽트는 독립적으로 수행됨 • 한 프로세서의 장애가 전 시스템에 영향을 미치지 않음
대칭적 처리기 (Symmetric)	• 여러 개의 프로세서가 안전하게 하나의 운영체제를 공유하여 동시에 수행 가능한 구조 • 가장 복잡하지만 가장 강력한 구조

5 운영체제 서비스

운영체제는 프로그램 실행을 위한 환경을 제공하고, 프로그램과 사용자에게 정해진 서비스를 제공한다.

부트스트래핑 서비스	운영체제가 적재되는 과정을 부트스트래핑(bootstraping) 또는 부팅(booting)이라고 한다.
사용자 서비스	사용자 인터페이스(CLI, GUI), 프로그램 수행, 입출력 동작, 파일 시스템 조작 등을 수행한다.
시스템 서비스	다수의 사용자나 다수의 작업이 동시에 실행될 때 필요로 하는 자원을 작업마다 할당하고 관리한다.
시스템 호출(System Call) 서비스	실행중인 프로그램과 운영체제 간의 인터페이스 사용자 프로그램은 시스템 호출을 통해 운영체제의 기능을 서비스 받는다.

〈매크로 및 매크로 프로세서〉

1) 매크로
   한 프로그램 내에서 동일한 코드가 반복될 경우 반복되는 코드를 한번만 작성하여 정의된 이름으로 특정한 이름이 사용될 때마다 작성된 코드를 삽입해서 실행

2) 매크로 프로세서
   ① 인시 프로그램에 존재하는 매크로 호출 부분에 매크로 프로그램을 삽입하여 확장된 원시 프로그램을 생성하는 시스템 소프트웨어
   ② 매크로 프로세스 처리 과정
   - 매크로 정의 인식
   - 매크로 정의 저장
   - 매크로 호출 인식
   - 매크로 호출 확장

③ 매크로와 부프로그램 비교

구분	매크로(macro)	부프로그램(Subroutine)
공통점	여러 번 중복되는 부분을 별도로 작성하여 사용	
차이점	• 프로그램 범위시에 호출한 위치에 매크로에 해당되는 코드가 실제로 삽입되어 프로그램 확장 • 분기가 발생하지 않아 빠르다. • 반복되는 코드 삽입으로 메모리 공간을 많이 차지	• 실행 시 호출 부분에서 프로그램 제어가 부프로그램으로 이동하였다가 부프로그램 종료 시 다시 주프로그램으로 복귀 • 분기가 발생하여 느리다. • 부프로그램을 별도 저장하여 메모리 공간을 적게 차지

THEMA 26 프로세스와 스레드

1 프로세스(Process)

① 실행 중인 프로그램
② 비동기적(asynchronous) 행위
③ 운영체제에 들어있는 프로세스 제어 블록(PCB)과 1:1로 연결
④ 디스패치(dispatch)가 가능한 대상

2 프로세스의 일반적인 메모리 구조

스택(stack)	① 데이터를 일시적으로 저장하는 영역이다. ② 지역변수, 호출한 함수의 반환 주소, 반환 값, 매개변수 등에 사용한다. ③ 함수를 호출할수록 커지고 반환하면 줄어든다.
힙(heap)	① 코드 영역과는 별도로 유지되는 자유영역이다. ② 동적으로 메모리를 할당(malloc)하거나 프로그램 실행 중 시스템 호출을 사용했다가 해제(free)하는 방법으로 활용된다.
데이터(data)	① 프로그램의 가상주소 공간이다. ② 전역변수나 정적변수를 저장하거나 할당하고 실행하기 전에 초기화한다.
코드(code)	① 실행 명령을 포함하는 메모리이거나 목적 파일에 있는 프로그램 영역이다. ② 프로그램을 시작할 때 프로세서가 디스크에서 읽어 실행하는 컴파일한 프로그램을 저장한다.

스택
힙
데이터
코드

3 프로세스 종류

시스템(커널) 프로세스	시스템 관리 기능을 담당한다. 프로세스 실행 순서 제어, 다른 사용자 및 커널 영역을 감시, 사용자 프로세스 생성
사용자 프로세스	사용자 코드를 수행한다.
독립 프로세스	다른 프로세스에 영향을 주지 않거나 다른 프로세스의 영향을 받지 않으면서 수행하는 병행 프로세스이다.
협력 프로세스	다른 프로세스에 영향을 주거나 다른 프로세스에서 영향을 받는 병행 프로세스이다.

4 프로세스 상태

(1) 프로세스 상태 흐름도

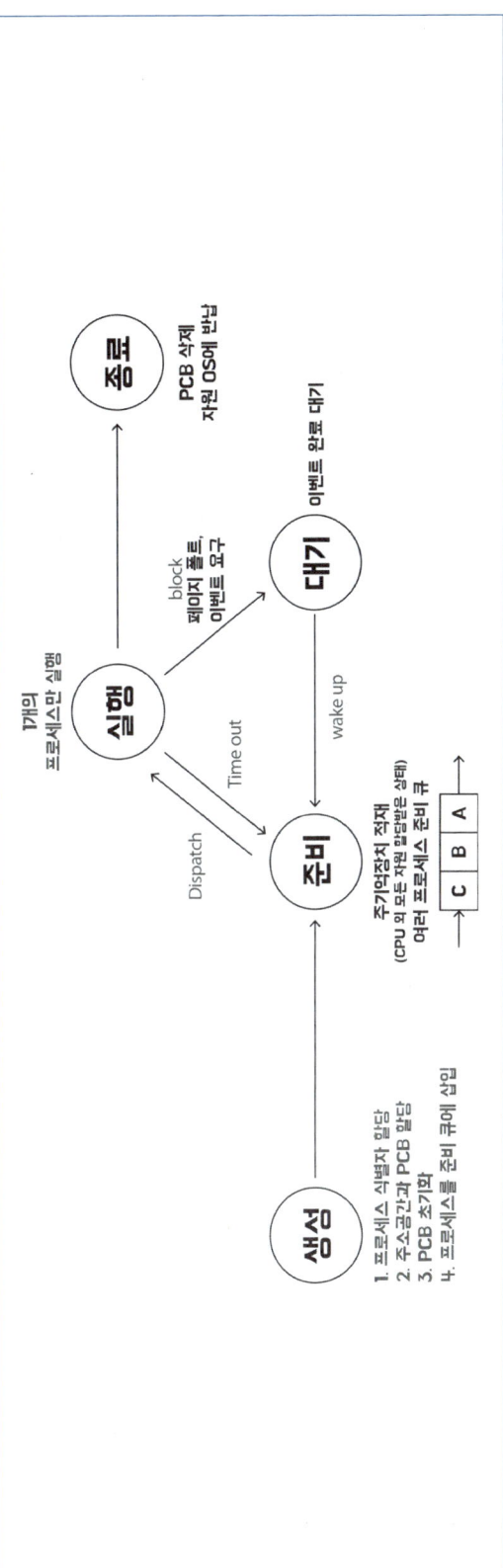

생성	프로세스의 작업 공간이 메인 메모리에 생성 운영체제 내부에 프로세스의 실행정보를 관리하기 위한 프로세스 제어 블록(PCB)이 만들어지는 상태
준비	자원 할당 후 프로세스에게 할당되기를 기다리는 상태
실행	프로세서를 점유하여 명령어들이 실행되는 상태
대기	프로세서가 어떤 이벤트(입출력 종료와 같은 외부 신호)가 일어나기를 기다리는 상태
완료	프로세스의 수행이 끝난 상태, 자원 해제

(2) 프로세스 상태 변환

준비 → 실행(dispatching)	준비 상태의 프로세스는 디스패처에 의해 프로세서가 부여되면 실행상태가 된다.
실행 → 준비(time run out)	어떤 프로세스가 프로세서를 계속 독점하는 것을 방지하기 위해 운영체제는 인터럽트 클록을 두어서 지정된 시간 동안만 프로세스가 프로세서를 점유하도록 한다.
실행 → 대기(block)	실행상태의 프로세스가 지정된 시간 이전에 입출력 연산 등을 필요로 할 경우 그 프로세스는 스스로 프로세서를 양도하게 된다.
대기 → 준비(wake up)	입출력 작업이 끝났을 때, 대기 상태의 프로세스는 준비 상태로 변환한다.

5 프로세스 제어블럭(PCB)

운영체제에 특정 프로세스에 대한 중요한 정보를 제공해 주는 데이터 블록

프로세스의 현재 상태	생성, 준비, 실행, 대기, 중단 등의 상태를 표시
프로그램 카운터	프로세스를 수행하기 위한 다음 명령의 주소를 표시
레지스터	누산기, 인덱스 레지스터, 조건 코드 등에 관한 정보
계정정보	프로세스가 사용시간, 사용 상한 시간
프로세서 스케줄링	프로세스의 우선순위, 스케줄링 큐에 대한 포인터를 표시
메모리 관리 정보	메모리 영역을 정의하는 하한 및 상한 레지스터, 페이지 테이블 정보

6 문맥 교환(Context Switching)

프로세서를 다른 프로세스로 전환하기 위해 이전의 프로세스 상태 레지스터 내용을 보관하고, 다른 프로세스의 레지스터들을 적재하는 과정을 말한다.

7 스레드(Thread)

① 프로세스 하나는 스레드 한 개 이상으로 나눌 수 있다.
② 운영체제는 단일 프로세스에서 단일 스레드 실행이나 다중 스레드 실행을 지원한다.

단일 스레드	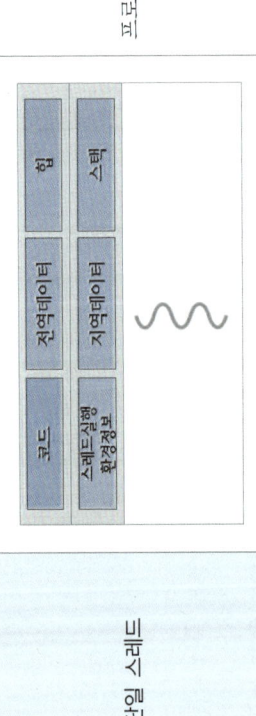 프로세스 하나에 스레드 한 개를 실행하는 방법이다.
다중 스레드	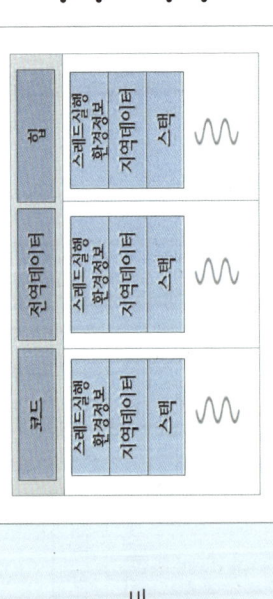 • 프로그램 하나를 여러 실행 단위로 쪼개어 실행한다. • 동일 프로세스의 스레드는 자원을 공유하므로 자원 생성과 관리의 중복성을 최소화하여 실행 능력을 향상시킬 수 있다. • 각 스레드는 커널이 개입하지 않고도 독립적으로 실행할 수 있다. • 공유 메모리를 이용하여 한 개의 프로세스 내의 스레드들은 통신한다.

THEMA 27 병행 프로세스

1 병행 프로세스의 자원 공유를 해결하기 위한 조건

① 공유 자원을 배타적으로 사용한다.
② 병행 프로세스들 사이에는 동기화가 이루어져야 한다.
③ 두 프로세스 사이에는 데이터 교환을 위한 통신이 이루어져야 한다.
④ 프로세스들은 동시에 수행되는 다른 프로세스들의 실행 속도와 관계없이 항상 일정한 실행 결과가 보장되어야 한다.
⑤ 교착상태를 해결해야 하며 병행 프로세스들의 병렬 처리 능력을 극대화한다.
⑥ 병행 프로세스를 수행하는 과정에서의 상호배제를 보장한다.

2 임계영역(Critical Section)

① 둘 이상의 프로세스들이 동시에 공유할 수 없는 자원을 임계자원이라고 하며, 프로그램에서 이 자원을 이용하는 부분을 말한다.
② 임계영역에는 한 순간 반드시 단 하나의 프로그램만이 허용된다.

3 임계영역 문제를 해결하기 위한 조건

상호배제	어떤 프로세스가 임계영역을 수행 중일 때 다른 어떤 프로세스도 임계영역을 수행할 수 없다.
진행	임계영역을 수행하는 프로세스가 없고 여러 개의 프로세스들이 임계영역에 들어오려고 할 때 진입영역에서 처리하지 않은 프로세스 중 다음에 임계영역에서 수행시킬 대상이 되며 이 결정은 무한정 연기될 수 없다.
제한된 대기	한 프로세스가 임계영역에 대한 요청 후부터 수락되기까지의 기간 내에 다른 프로세스가 임계영역을 수행할 수 있는 횟수에는 제한이 있어야 한다.

4 세마포어(Semaphore)

① 상호배제의 해결을 위해 세마포어라고 부르는 새로운 동기 도구가 다익스트라(Dijkstra)에 의해 제안되었다.
② 세마포어는 플래그로 사용되는 음이 아닌 정수값을 갖는 변수이다.

```
P(S) : while S ≤ 0 do no-op;
        S := S − 1;
V(S) : S := S + 1;
```

5 모니터(monitor)

① 세마포어와 비슷한 역할을 하지만 제어가 쉽다.
② 모니터 안에서 정의된 프로시저는 모니터 안에서 지역적으로 정의된 변수들과 형식적인 매개변수들만 접근할 수 있다.
③ 모니터의 지역 변수들은 지역 프로시저에 의해서만 접근된다.
④ 모니터 구조는 한 순간에 하나의 프로세스만 모니터 안에서 활동하도록 보장한다.

THEMA 28 교착상태(deadlock)

1 교착상태(deadlock) 정의

서로 다른 둘 이상의 프로세스들이 상대 프로세스가 차지하고 있는 자원을 기다리는 무한 대기 상태이다.

2 교착상태 필요 조건

상호배제	한 번에 한 프로세스만이 그 자원을 사용할 수 있다.
점유대기	적어도 하나의 자원을 보유하고 현재 다른 프로세스에 할당된 자원을 얻기 위해 기다리는 프로세스가 있어야 한다.
비선점	자원을 강제로 빼앗을 수 없고 그 자원을 점유하고 있는 프로세스가 끝나야 그 자원이 해제될 수 있다.
순환대기	프로세스와 자원들이 원형을 이루며, 각 프로세스는 자신에게 할당된 자원을 가지면서, 상대방 프로세스의 자원을 상호 요청하는 상황이다.

3 교착상태 처리 기법

예방 (필요조건 중 하나 부정)	점유대기 부정	한 번에 자기가 필요한 모든 자원을 요구
	비선점 조건 부정	이미 점유한 자원을 반납하고 필요할 때 다시 자원을 요구
	순환대기 조건 부정	각 자원 유형별로 할당 순서를 부여하여 순서에 따라 자원을 요구
회피	단, 상호배제는 부정하지 않는다. 상호배제를 부정하면 임계 영역에 동시에 프로세스가 접근해 버리게 되기 때문 교착상태 처리기법 중 교착상태의 발생 가능성을 부정하는 기법 • 다익스트라의 은행원 알고리즘 • 운영체제가 현재 모든 사용자에게 그들 모두의 작업이 일정 기간 내에 끝나도록 해줄 수 있으면 현재 시스템의 상태는 '안정'하다고 하며 그렇지 않으면 현재 시스템의 상태가 '불안정'하다고 한다. • 모든 불안정상태가 교착상태는 아니다.
탐지	교착상태 탐지 알고리즘의 수행 시기 결정하기가 어렵고 자주 수행하면 오히려 시스템 성능 저하 • 자원할당그래프, 탐지알고리즘 사용
회복	• 개입용 컴퓨터에서 사용 • 프로세스 중지, 자원 선점

THEMA 29 단일 프로세서 스케줄링

1 스케줄러 종류

작업(job) 스케줄링	장기 스케줄러	CPU와 I/O 위주의 연산을 적절히 혼용
프로세스(process) 스케줄링	단기 스케줄러	CPU 효율만을 고려

2 스케줄링의 방법별 분류

	비선점	
	• 한 프로세스가 CPU를 할당받으면 CPU는 그 프로세스로부터 빼져 나올 수 없다. • 응답시간을 쉽게 예측할 수 있다. • 짧은 작업이 긴 작업을 기다리는 경우가 종종 발생한다.	
1	FCFS	준비 큐에 도착한 순서대로 CPU를 할당받는다.
2	SJF	준비 큐에 모인 작업 중 실행시간(전체 처리 시간)이 짧은 순으로 CPU를 할당받는다. 실행 시간이 큰 작업은 기아상태에 빠질 수 있다.
3	HRN	SJF의 단점을 해결하기 위해 동적으로 우선순위를 계산한다. 대기시간+서비스시간 으로 계산하여 수치가 큰 것부터 우선하여 실행. ——————————— 서비스시간

	선점	
1	RR(Round Robin)	한 프로세스가 CPU를 차지하고 있을 때 다른 프로세스가 현재 프로세스를 중지시키고 자신이 CPU를 차지할 수 있다. 높은 우선순위를 가진 프로세스들이 빠른 처리를 요구하는 대화형 시스템에서 유용하다. 인터럽트와 문맥교환에 따른 오버헤드가 발생한다.
		FCFS와 마찬가지로 준비큐에 도착한 순서대로 실행하되 Time-Slice 시간만큼 수행
2	SRT	SJF와 유사하나 CPU에 할당된 프로세스의 남은 시간과 새로 도착한 작업의 실행시간을 비교하여 짧은 순서대로 실행 실행 시간이 큰 작업은 기아상태에 빠질 수 있다.
3	MLQ	우선순위 높은(대화형) 큐의 작업을 낮은(일괄처리형) 큐의 작업보다 먼저 수행한다. 우선순위가 높은 작업을 상위의 큐에 배치시킨다. 작업들의 큐 간 이동은 발생하지 않는다.
4	MFQ	입출력 위주와 CPU 위주로 작업의 성격을 구분하여 서로 다른 Time-Slice를 부여한다. 우선순위가 낮은 작업은 작은 시간을 할당하고 아래 큐로 이동할수록 CPU 할당시간을 늘린다.(가장 마지막 큐는 RR방식으로 수행한다) 첫 번째 큐의 작업이 작은 시간을 할당받고 아래 큐로 이동할수록 CPU 할당시간을 늘린다.

3 프로세스 스케줄링 대기시간/반환시간 구하기

다음 표의 내용을 기준으로 각 프로세스 스케줄링의 평균 대기시간과 평균 반환시간을 구하시오.

프로세스	도착시간	실행시간
P1	0	8
P2	1	4
P3	2	9
P4	3	5

FCFS - 비선점

```
|----|----|----|----|
0    8    12   21   26
P1   P2   P3   P4
P1 P2 P3 P4
```

총 대기시간	0 + 7 + 10 + 18 = 35
평균 대기시간	35 / 4 = 8.75

총 반환시간	8 + 11 + 19 + 23 = 61
	+8 +4 +9 +5
평균 반환시간	61 / 4 = 15.25

Round Robin - 선점(time slice : 4초)

```
|----|----|----|----|----|----|----|
0 1 2 3 4  8    12   16   20   24 25 26
P1 P2 P3 P4  P1   P2   P3   P1   P2 P4 P3
```

총 대기시간	12 + 3 + 15 + 17 = 47
평균 대기시간	47 / 4 = 11.75

총 반환시간	20 + 7 + 24 + 22 = 73
	+8 +4 +9 +5
평균 반환시간	73 / 4 = 18.25

Shortest Job First - 비선점

```
|----|----|----|----|
0    8    12   17   26
P1   P2   P3   P4
P1 P2 P3 P4
```

총 대기시간	0 + 7 + 11 + 15 = 31
평균 대기시간	31 / 4 = 7.75

총 반환시간	8 + 11 + 24 + 14 = 57
	+8 +4 +9 +5
평균 반환시간	57 / 4 = 14.25

Shortest Remaining Time - 선점

```
|----|----|----|----|
0 1 2 3  5   10    17   26
P1 P2 P3 P4
```

총 대기시간	9 + 0 + 15 + 2 = 26
평균 대기시간	26 / 4 = 6.5

총 반환시간	17 + 4 + 24 + 7 = 52
	+8 +4 +9 +5
평균 반환시간	52 / 4 = 13

THEMA 30 메모리 관리

1 메모리 관리 정책

반입정책 (Fetch)	요구반입	실행중인 프로그램에 의해 어떤 프로그램이나 자료가 필요해질 때 주기억장치로 옮긴다.
	예상반입	현 프로그램 수행 중에 앞으로 요구될 가능성이 큰 자료 또는 프로그램을 미리 주기억장치로 옮긴다.
배치 정책 (Placement)	최초 적합(First Fit)	사용 가능 공간 리스트에서 적재될 수 있는 첫 번째 분할 공간에 할당한다.
	최적 적합(Best Fit)	적재될 수 있는 사용 가능 공간 중 가장 작은 크기의 사용 공간을 할당한다.
	최악 적합(Worst Fit)	적재될 수 있는 사용 가능 공간 중 가장 큰 크기의 사용 공간을 할당한다.
교체 정책 (Replacement)		페이지부재가 발생하면, 운영체제는 들어올 페이지에 대한 공간을 만들어주기 위해 주기억장치로부터 제거할 페이지를 선택한다.

2 메모리 관리 기법

		주기억장치 (연속 할당)				가상기억장치 (불연속 할당)	
		단일사용자		다중사용자		다중사용자	
상주 모니터	오버레이 (중첩) 프로그램 분할	스와핑 (교체) 시분할 개념	고정분할 내부·외부 단편화 발생		가변 분할 내부단편화 제거 (고정분할 단점 해결) 외부단편화 발생 → 쓰레기 수집(메모리 통합·압축)	페이징 : 고정길이 블록	세그먼테이션 : 가변길이 블록
			절대 적재	재배치 적재			페이징/ 세그먼테이션 혼용

(1) 고정 분할 기억장치 할당

주기억장치가 여러 개의 고정된 분할로 나뉘어져 있고 하나의 작업은 지정된 분할에서 실행한다.

※ 기억장치 단편화

① 내부 단편화 : 하나의 분할에 작업을 할당하고 남은 빈 공간
② 외부 단편화 : 대기 중인 작업에게는 분할이 너무 작아 분할 전체가 빈 공간으로 있을 때의 상태

분할영역	분할의 크기	작업의 크기	단편화 영역	단편화 종류
1	20K	10K	10K	내부단편화
2	50K	60K	50K	외부단편화
3	120K	160K	120K	외부단편화
4	200K	100K	100K	내부단편화
합계	390K	330K	280K	

(2) 가변 분할 기억장치 할당

① 가장 합리적인 분할의 크기를 결정하여 각 작업에게 주기억장치를 할당하는 기법으로, 고정된 분할의 경계를 없애고 각 작업에 필요한 만큼의 기억장치를 할당한다.
② 가변 분할 할당은 내부 단편화는 절대 발생하지 않는다.
③ 가변 분할 할당은 외부 단편화 문제가 발생한다.
④ 쓰레기수집(Garbage Collection)을 이용하여 외부 단편화를 해결한다.

〈쓰레기수집(Garbage Collection)〉

(1) 통합(Coalesing)
하나의 작업이 끝났을 때 그 기억장소와 인접되어 있는지를 검사하여 하나의 공백으로 합하는 과정이다.

(2) 압축(Compaction)
① 메모리 내용들을 적절히 움직여서 모든 사용가능 메모리를 하나의 큰 가용공간으로 만든다.
② 압축하는 동안 시스템은 모든 일을 멈추어야 한다.

THEMA 31 가상 기억장치

1 가상메모리의 개념

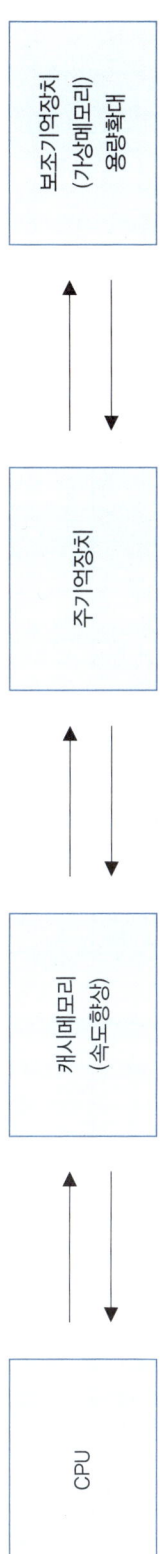

① 프로그래머나 사용자들이 디스크의 커다란 메모리 공간을 가상메모리로 인식하고 이를 이용하여 메모리의 부족함 없이 다중 프로그래밍 환경을 실현하는 기법이다.

② 페이지 교체를 통해 수행되므로 프로그램 수행시간은 느려진다.

2 동적 주소 변환(DAT : Dynamic Address Translation) 기법

① 실행중인 프로세스에 의해 참조되는 주소(가상주소)와 메인메모리에서 사용되는 주소(실주소)와의 분리가 있어야 한다.

- 실 주소 = 주기억장치 주소 = 물리 주소
- 가상주소 = 프로그램 주소 = 논리 주소

② 가상주소는 사상(mapping)을 통하여 실제의 물리적 주소로 변환되어야 한다.

③ 동적 주소 변환기법은 가상메모리의 어느 부분이 현재 실제 메모리 어디에 위치 하느냐를 나타내는 대응표(mapping table)를 유지해야 한다.

④ 인위적 연속성인 가상주소 공간상의 연속적인 주소가 메인메모리에도 연속적일 필요가 없음을 의미한다. 사용자는 프로그램과 메이터의 적재위치를 신경쓰지 않아도 된다.

⑤ TLB(Translation Look-Aside Buffer): 페이지 테이블의 일부분을 복사하여 프로세서 내부에 매핑테이블을 저장하여 적중률을 높이는 방식

⑥ 메모리 관리장치(Memory Management Unit)는 가상주소를 실 주소로 변환해주는 하드웨어적 장치이다.

3 블록(가상메모리의 이동단위) 사상

① 블록은 가상메모리의 분할 단위로 블록의 크기가 일정하면 '페이지', 블록의 크기가 다르면 '세그먼트'라고 한다.
② 페이지 폴트(Page Fault)는 프로세스에서 원하는 페이지가 주기억장치 내에 존재하지 않는 경우를 말하며 페이지 교체로 이어진다.

(1) 페이징 기법

① 페이지 크기와 페이지 프레임의 크기는 동일함으로 외부 단편화가 발생하지 않는다.
② 마지막 페이지에는 필요없는 내용이 포함될 수 있으므로 내부 단편화가 발생한다.
③ 페이지의 크기를 작게 설계함으로써 내부 단편화를 줄일 수 있다.
④ 프로그램에 상응하는 논리적 의미를 갖지 못한다.

블록을 작게 설계하면	블록을 크게 설계하면
• 관리할 블록의 개수가 많아진다. • 블록사상표의 크기가 커진다. • 페이지 fault, 교체가 자주 일어난다. • CPU 유휴시간이 길어진다. • 1개의 블록이동시간은 짧다. • 디스크로부터 블록이동이 자주 발생한다. • 필요한 부분만 가져올 수 있다.	• 관리할 블록의 개수가 적어진다. • 블록사상표의 크기가 작아진다. • 페이지 fault, 교체가 덜 일어난다. • CPU 유휴시간이 덜 발생한다. • 1개의 블록이동시간은 길다. • 디스크로부터 블록이동이 덜 발생한다. • 필요하지 않은 부분도 함께 온다.

(2) 세그멘테이션 기법

① 기억장치 할당은 최초, 최적, 최악 적합 기법을 사용하여 해결하는 동적 기억장치 할당방법을 사용한다.
② 내용에 따라 세그먼트를 나누므로 내부 단편화는 발생하지 않는다.
③ 적재할 세그먼트가 할당받은 기억장치 공간보다 클 경우 적재될 수 없으므로 외부적 단편화가 발생할 수 있다.
④ 공유와 보호측면에서 페이지시스템보다 수행방법이 쉽고 명확하다.

〈페이지 테이블을 이용한 주소 변환 예〉

페이지 크기가 2,000 byte인 페이징 시스템에서 페이지테이블이 다음과 같다. 각 논리주소에 대한 물리주소를 구해본다.
(단, 논리주소와 물리주소는 각각 0에서 시작되고, 1byte 단위로 주소가 부여된다.)

페이지번호	논리 시작주소	프레임번호	물리 시작주소
0	0	7	14,000
1	2,000	3	6,000
2	4,000	5	10,000
3	6,000	0	0
4	8,000	8	16,000

각 논리주소에 해당하는 페이지번호와 변위를 구한다.
(페이지번호, 변위) = (논리주소 ÷ 페이지크기, 논리주소 mod 페이지 크기)

논리주소	(페이지번호, 변위)	(페이지/프레임번호, 변위)	(프레임번호 X 2,000) + 변위 = 물리주소
4300	(4300 ÷ 2000, 4300 mod 2000) = (2, 300)	(5, 300)	(5 × 2000) + 300 = 10300
3600	(3600 ÷ 2000, 3600 mod 2000) = (1, 1600)	(3, 1600)	(3 × 2000) + 1600 = 7600
2500	(2500 ÷ 2000, 2500 mod 2000) = (1, 500)	(3, 500)	(3 × 2000) + 500 = 6500
900	(900 ÷ 2000, 900 mod 2000) = (0, 900)	(7, 900)	(7 × 2000) + 900 = 14900

4 페이지 교체 정책(Replacement Strategy)

FIFO(First In First Out)	• 가장 먼저 주기억장치에 들어온 페이지와 교체한다. • Belady's 모순 : 어떤 프로세스에게 할당된 페이지 프레임의 수가 증가하면 페이지 부재의 수가 감소해야 하나, 페이지의 프레임의 수가 증가될 때 페이지 부재가 더 증가할 수 있다.
LRU(Least Recently Used)	최근에 가장 적게 쓰인 페이지(가장 오랫동안 사용되지 않은 페이지)를 교체한다.
LFU(Least Frequently Used)	각 페이지마다 참조 횟수에 대한 계수기를 가지며 그 값이 가장 작은 페이지가 교체된다.
NUR(Not Used Recently)	• 최근에 쓰이지 않는 페이지는 가까운 미래에도 쓰이지 않을 가능성이 많기 때문에 교체대상으로 선택된다. • 각 페이지당 필요한 두 개의 하드웨어 비트(참조비트, 변형비트)를 가지고 이 값으로 교체할 페이지를 선택한다. {| 페이지 번호	참조비트	변형비트 | | P1 | 0 | 0 | | P2 | 0 | 1 | | P3 | 1 | 0 | | P4 | 1 | 1 |} : P1이 교체대상으로 선택된다.
2차 기회(Second Chance)	• 기본적인 알고리즘은 FIFO 알고리즘으로 LRU와 비슷한 성능을 가지지만 과부하가 적은 알고리즘이다. • 참조 비트를 이용하여 자주 사용된 페이지의 교체를 한 번 연기시킨다.
최적	가장 나중에 사용될 페이지를 교체한다.

페이지 번호	참조비트	변형비트
P1	0	0
P2	0	1
P3	1	0
P4	1	1

5 적재정책

(1) 지역성(Locality)

① 실행 중인 프로세스에 의해 나타나는 특성으로 프로세스들은 기억장치 내의 정보를 균일하게 액세스하는 것이 아니라 어느 한 순간 특정부분을 집중적으로 참조한다.
② 시간지역성은 처음에 참조된 기억장소가 가까운 미래에도 계속 참조될 가능성이 높다는 것을 의미한다.
③ 공간지역성은 일단 하나의 기억장소가 참조되면 그 근처의 기억장소가 계속 참조되는 경향을 의미한다.

(2) 스래싱(Thrashing)

① 어떤 프로세스가 프로그램 수행에 소요되는 시간보다 페이지 교체에 소요되는 시간이 더 큰 경우를 말한다.
② 다중 프로그래밍의 정도가 점점 더 커지면 스래싱 현상이 자주 일어나게 되고 프로세서의 이용률은 급격히 감소하게 된다.

〈페이지 부재 비율(PFF, Page Fault Frequency)〉
① 페이지 부재 비율이 높다는 것은 프로세스에 더 많은 프레임이 필요하다는 의미이고, 페이지 부재 비율이 낮다는 것은 프로세스에 프레임이 너무 많다는 의미이다.
② 스래싱은 페이지 부재에서 발생하므로 페이지 부재 비율을 조절하는 것이 필요하다.

THEMA 32 디스크 스케줄링

1 탐색시간(Seek Time) 최적화 기법 - 트랙을 찾는 데 걸리는 시간

기법	설명
FCFS(First Come First Service)	먼저 도착한 요청이 우선적으로 서비스 받는다.
SSTF(Shortest Seek Time First)	• 탐색거리가 가장 짧은 요청이 먼저 서비스를 받는 기법 • 현재 헤드 위치에서 최소의 탐색시간을 요하는 디스크 요청을 고르며 먼저 처리해 나간다. • 처리 도중 요청된 트랙이 요청중 트랙 현재 헤드와 가장가깝다면 함께 처리된다. • 가장 안쪽 또는 바깥쪽 트랙은 가운데 트랙보다 훨씬 서비스를 덜 받는 기아현상이 발생할 수 있다. • 일괄처리 시스템에 유용하다.
SCAN	• 요청 큐의 동적 특성을 반영한 것으로 입출력 헤드가 디스크의 한 끝에서 다른 쪽으로, 또한 다른 한쪽 끝에 도달했을 때는 역방향으로 이동하면서 요청이 트랙에 대한 처리를 해나간다. • 이동방향 상 가까운 트랙을 먼저 처리한다. • 처리 도중 요청된 새로운 트랙이 요청도 트랙이 현재 헤드와 가장가깝다면 함께 처리된다. • 대화형 작업에 적합하다.
C-SCAN(Circular-SCAN)	• 헤드는 항상 바깥쪽 실린더에서 안쪽 실린더로 이동하면서 가장 짧은 탐색 시간을 갖는 요청을 서비스한다. • 안쪽 실린더에서 바깥쪽 실린더로 이동할 때는 트랙을 처리하지 않는다. • 처리 도중 요청된 새로운 트랙은 요청은 기준의 요청을 다 처리한 후 방문된다.
LOOK	• 헤드는 각 방향으로 요청에 따르는 거리만큼만 이동하고, 현재 방향에서 더 이상의 요청이 없다면 헤드의 이동 방향이 바뀌는 방식을 사용한다. • SCAN은 LOOK, C-SCAN은 C-LOOK이라 한다.
N-step SCAN	• 헤드 이동방향 : SCAN과 동일 • 처리도중 요청된 트랙 : C-SCAN과 동일

헤드 시작위치 : 53(55번을 처리하고 53으로 이동했다)
큐 : 98, 183, 37, 122, 14, 124, 65, 67

스케줄링	헤드 이동 순서	이동거리
FCFS	53 → 98 → 183 → 37 → 122 → 14 → 124 → 65 → 67	640
SSTF	53 → 65 → 67 → 37 → 14 → 98 → 122 → 124 → 183	236
SCAN	53 → 37 → 14 → 0 → 65 → 67 → 98 → 122 → 124 → 183	236
LOOK	53 → 37 → 14 → 65 → 67 → 98 → 122 → 124 → 183	208
C-SCAN	53 → 65 → 67 → 98 → 122 → 124 → 183 → 199 → 0 → 14 → 37(바깥쪽 : 0, 안쪽 : 199)	382
C-LOOK	53 → 65 → 67 → 98 → 122 → 124 → 183 → 14 → 37	322

2 회전지연시간(Rotational Delay Time) 최적화 기법 – 섹터를 찾는 데 걸리는 시간

에선바흐 기법	헤드는 C-SCAN처럼 움직이는데 예외로 모든 실린더는 그 실린더에 요청이 있든지 없든지 전체 트랙이 한 바퀴 회전할 동안에 서비스한다.
SLTF 스케줄링	• 여러 섹터에 대한 많은 요구들 중 가장 짧은 회전 지연시간을 갖는 요청에게 먼저 서비스한다. • 섹터 큐잉(Sector Queueing)이라고도 한다.

THEMA 33 파일 관리

1 파일

파일 시스템은 운영체제의 가장 일반적인 서비스로 정보 저장의 논리적인 관점과 저장장치의 물리적인 특성을 고려하여 논리적 저장 단위인 파일을 정의하고 실체적인 메모리에 사상시킨다.

항목(field)	① 바이트의 모임으로 데이터 파일을 구성하는 기본적인 구성요소 ② 의미있는 데이터의 가장 작은 단위 ③ 레코드를 구성하는 요소
레코드(record)	① 파일을 구성하는 요소 ② 고정 길이 또는 가변 길이로 구성되며 필요에 따라 파일을 구성하는 레코드 몇 개가 모여 하나의 블록을 만든다.
파일의 구조	파일을 구성하는 레코드들이 보조기억장치에 배치되는 방식 ① 힙 파일 : 새로 삽입되는 레코드는 실제로 현재의 레코드 바로 뒤에 저장된다. ② 순차 파일 : 탐색 키 기준으로 정렬되어 있는 키 순차파일을 일반적으로 많이 사용한다. ③ 인덱스 파일 　- 각 레코드의 키에 따라서 논리적 순서대로 배열되어 있다. 　- 시스템은 레코드의 실제 주소가 저장된 인덱스를 관리하여 탐색한다. 　- 데이터 파일을 직접 탐색하는 것보다 인덱스 파일을 탐색하는 것이 더 효율적이다. ④ 직접 파일 　- 레코드가 물리적 주소를 통해 직접 액세스된다. 　- 파일 내의 레코드들이 어떤 일정한 순서를 유지할 필요가 없다.

2 디렉터리 시스템

운영체제는 디스크 같은 보조기억장치에 저장된 파일을 관리하기 위해 디렉터리라는 논리적 저장장치를 유지하고 관리한다. 한 개의 파일 디렉터리 항목은 물리적 물리적 장치 디렉터리에 대한 포인터를 두거나 그 정보를 복사하여 가질 수도 있다.

1단계 디렉터리	① 가장 간단한 디렉터리 구조로 모든 파일이 같은 디렉터리에 있다. ② 모든 파일이 각각 고유한 이름을 가져야 한다.
2단계 디렉터리	① 각 사용자에게 다른 디렉터리를 만들어 사용하도록 한다. ② 각 사용자는 자신의 사용자 파일 디렉터리(UFD : User File Directory)를 갖고, 각 UFD는 유사한 구조를 가지면서 오직 한 사용자의 파일만 나타낸다.
트리구조 디렉터리	하나의 루트 디렉터리를 가지고 있으며 시스템 내의 모든 파일은 유일한 경로명을 갖는다.
비순환 디렉터리 구조	① 하위 파일이나 하위 디렉터리를 공동으로 사용할 수 있는 것으로, 사이클이 허용되지 않는 구조 ② 하나의 파일이나 디렉터리가 여러 개의 경로 이름을 가질 수 있다.
일반 그래프 디렉터리 구조	① 트리 구조에 링크를 첨가시켜 사이클을 허용하는 그래프 구조 ② 파일 체계를 참조를 위해 참조 카운터가 필요

3 디스크 할당 방법

연속 할당		① 파일들이 디스크의 연속적인 주소들의 집합에 할당되는 방식이다. ② 파일에 접근할 때 필요한 디스크 탐색의 횟수를 최소화할 수 있다. ③ 전체 디스크 공간이 요구량을 만족하여도, 연속된 공간이 아니면 외부 단편화가 발생한다. ④ 주기적인 압축이 필요하다. ⑤ 디렉터리는 파일의 시작 블록과 길이를 가진다.
연결 할당		① 각 파일들이 디스크 블록들의 리스트에 연결되는데, 디스크 블록들은 디스크 전체에 분산되어 있다. ② 디렉터리는 파일의 첫 번째와 마지막 블록의 포인터 또는 길이를 가지고 있다. ③ 외부 단편화가 발생하지 않는다. ④ 블록 내에는 데이터와 함께 다음 블록에 대한 포인터를 갖는다.
인덱스 할당		① 연결할당은 연속할당의 외부 단편화를 해결했으나 직접 액세스를 지원할 수 없고 블록들이 포인터가 디스크 전체에 분산되어 있다. ② 인덱스 할당은 모든 포인터들을 하나의 장소, 즉 인덱스 블록으로 관리하여 직접 액세스를 지원한다.

THEMA 34 보호

1 액세스 그룹

시스템은 각 파일과 연관된 세 가지 부류의 사용자들로 구분하여 목록 구성을 간편하게 한다.

소유자 : 파일을 생성한 사용자
소유자 그룹 : 파일을 공유하고 유사한 액세스를 필요로 하는 사용자들의 집합
모든 사람 : 시스템에 있는 모든 다른 사용자들

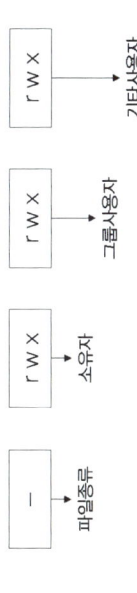

UNIX 시스템은 각 그룹을 3비트로 표현해 읽기 액세스(r), 쓰기 액세스(w), 실행 액세스(x)를 제어해 파일 당 9비트로 보호하고 있다.

2 자원 보호기법

(1) 접근(액세스) 제어 행렬

액세스 행렬은 간단하지만 파일과 사용자의 수가 증가함에 따라 행렬이 커지며 대부분의 항목이 공백이기 때문에 저장 공간이 낭비된다.

영역 객체	F1	F2	F3	카드판독기	프린터
D1	판독		판독		
D2		판독	실행	판독	인쇄
D3					
D4	판독, 기록		판독, 기록		

(2) 접근(액세스) 제어 리스트 : 객체 중심

① 액세스 행렬에서와 같은 공백 항목을 없앨 수 있다.
② 각 객체에 대한 목록은 〈영역, 권한집합〉의 순서쌍으로 구성된다.

(3) 권한 리스트 : 영역 중심

① 한 영역에 대한 권한 목록은 객체와 그 객체에 허용된 동작의 목록이다.
② 권한 목록은 운영체제에 의해 유지되며 사용자에 의해서 간접적으로만 액세스되는 보호된 객체다.

THEMA 35 유닉스(UNIX)

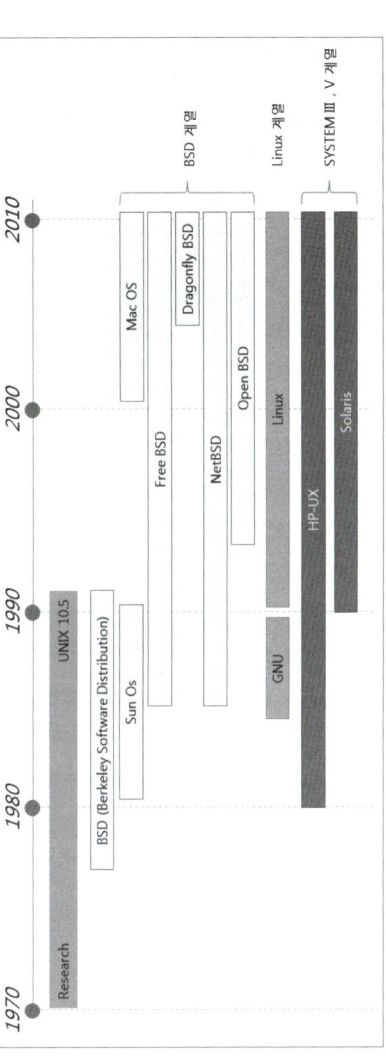

1 유닉스의 특징

① 대화형 시스템 : 프롬프트의 상태에서 사용자가 명령에 기반하여 대화식으로 운영하는 시스템을 말한다.
② 다중 사용자 시스템 : 여러 사람이 동시에 유닉스 시스템을 사용하여 개개의 작업을 수행할 수 있다.
③ 다중 작업용 시스템 : 한 번에 하나 이상의 작업을 수행하는 것을 말한다.
④ 높은 이식성과 확장성 제공 : 하드웨어에 종류에 상관없이 운영되며 기능 확장이 수월하다.
⑤ 계층적 트리 파일 시스템 : 디렉터리 파일, 일반 파일, 장치 파일 등의 파일은 하나의 트리 구조를 가지며 계층적으로 관리한다.

2 유닉스의 구성요소

① 커널 : 프로세스 관리, 메모리 관리, 파일 시스템 관리, 장치 관리 등 컴퓨터의 모든 자원을 초기화하고 제어하는 기능을 수행한다.
② 셸 : 사용자와 커널 사이의 중간자 역할을 담당하는 프로그램으로 사용자가 입력한 명령을 해석하여 커널에 넘겨준다.
본 셸(bourne shell), C 셸, 콘 셸(korn shell), 배시 셸(bash shell) 등 다양하다.

3 디스크 블록 구조

① 부트 블록 : 파일 시스템에 유닉스 커널을 적재시키는 프로그램을 포함한다.
② 슈퍼 블록 : 파일 시스템을 관리하는 정보를 저장한다.
③ I-노드 블록 : 파일 관리에 필요한 정보를 저장한다.

i-node : 파일 1개에 대한 정보를 갖는다.

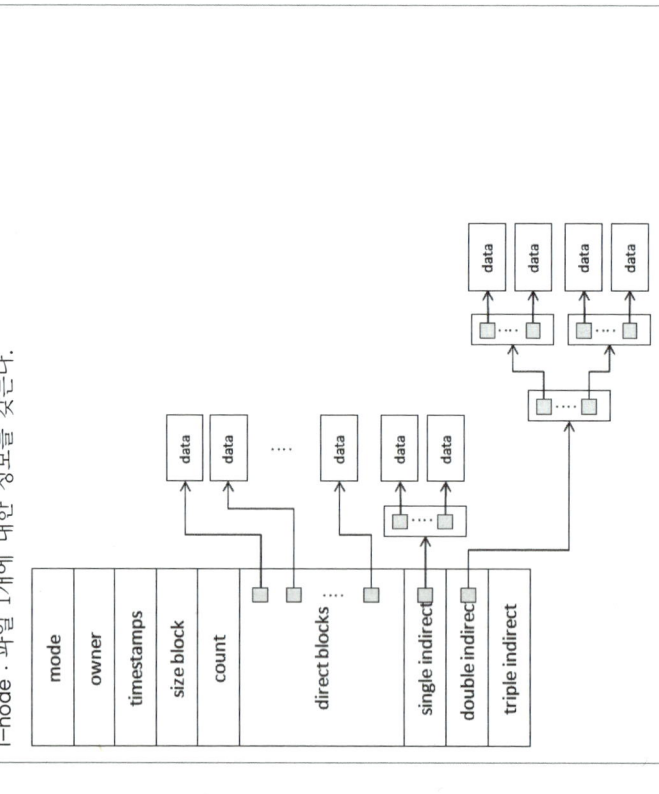

④ 데이터 블록 : 일반 파일이나 디렉터리 파일의 내용이 들어있다.

4 주요 UNIX 명령어

명령어	설명	명령어	설명
cat	텍스트 파일 내용을 출력한다.	mount	디바이스와 파일 시스템을 연결한다.
cd	디렉터리를 이동한다.	mv	파일이나 디렉터리를 이동하거나 이름을 변경한다.
chgrp	파일이나 디렉터리의 그룹을 변경한다.	netstat	네트워크의 연결과 포트를 출력한다.
chmod	파일의 접근 권한을 변경한다.	nice	프로세스의 스케줄링 우선순위를 변경한다.
chown	파일 사용자와 그룹을 변경한다.	nslookup	도메인 서버 설정이 제대로 동작하는지 확인한다.
clear	터미널의 텍스트 화면스트 화면을 지운다.	passwd	사용자의 패스워드를 변경한다.
cmp	파일을 비교하여 다른 부분을 알려준다.	ping	ICMP_ECHO_REQUEST 메시지를 네트워크 호스트로 보낸다.
compress	파일을 압축한다.	ps	프로세스의 현재 상태를 출력한다.
cp	파일을 지정된 경로에 복사한다.	pwd	현재 작업 중인 디렉터리의 절대 경로를 출력한다.
df	파일시스템 디스크 공간의 사용량을 출력한다.	rm	파일과 디렉터리를 삭제한다.
diff	파일을 줄 단위로 비교하여 출력한다.	rmdir	빈 디렉터리를 삭제한다.
dig	네임 서버(DNS) 진단을 위한 복합 유틸리티이다.	sftp	보안 암호화하여 파일을 전송한다.
find	조건에 맞는 파일을 지정한 위치에서 찾는다.	shutdown	시스템을 안전하게 종료한다.
finger	사용자 정보를 출력한다.	strace	시스템 콜을 추적하여 프로그램의 실행 과정을 출력한다.
fsck	파일시스템을 점검하고 복구한다.	su	로그아웃 없이 임시로 다른 사용자의 UID, GID 환경을 사용한다.
grep	특정 문자열을 검색하여 동일한 문자열이 있는 줄의 패턴을 출력한다.	sudo	다른 사용자로 명령을 실행한다.
history	히스토리 목록을 출력한다.	touch	빈 파일을 생성하거나 기존 파일의 시간을 변경한다.
hostname	현재 시스템의 호스트명을 출력한다.	umask	기본 접근 권한을 출력하거나 변경한다.
init	부팅할 때 실행 레벨에 따라 프로세스를 호출한다.	umount	마운트한 장치를 해제한다.
kill	시스템에 예기치 않은 문제가 생긴 프로세스를 종료시킨다.	users	현재 시스템에 로그인하고 있는 사용자명을 출력한다.
ln	파일 링크를 만든다.	useradd	시스템에 사용자를 추가한다.
ls	디렉터리 목록을 출력한다.	vi	지정한 파일을 편집한다.
man	알고싶은 명령어의 매뉴얼을 출력한다.	vmstat	가상 메모리의 정보를 통계 형식으로 출력한다.
mesg	메시지를 단말기로 출력하는 것을 막거나(n) 허용한다(y).	w	로그인한 사용자 정보와 현재 작업의 정보를 출력한다.
mkdir	디렉터리를 생성한다.	who	시스템을 사용하고 있는 사용자의 정보를 출력한다.
mkfs	파일 시스템을 만든다.	whereis	명령어를 입력받아 해당 명령어의 절대 경로를 찾아준다.
more	파일을 화면 단위로 출력한다.	write	다른 사용자에게 메시지를 보낸다.

THEMA 36 데이터통신 개요

1 데이터통신

① 컴퓨터에 의한 정보처리기술과 데이터 전송 기술이 통합된 형태
② 정보처리가 가능한 기계와 기계간에 전기적인 통신회선을 통해 정보를 송수신 하는 것

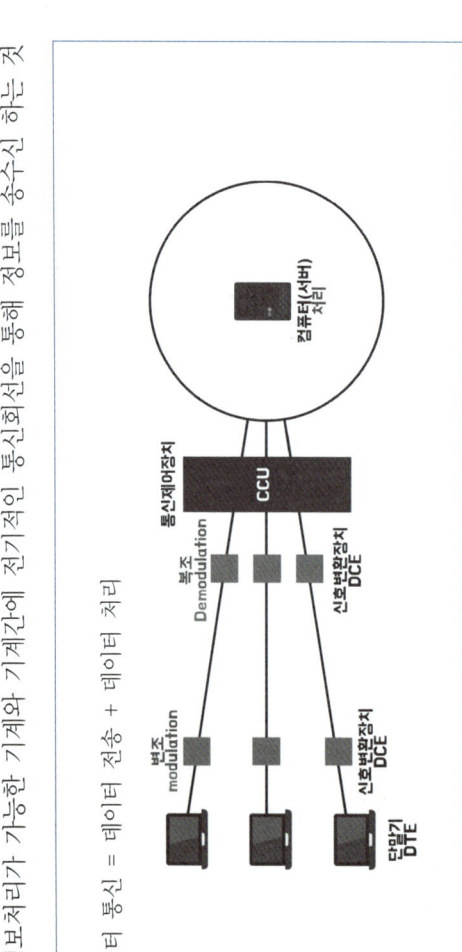

데이터 통신 = 데이터 전송 + 데이터 처리

2 데이터 통신 시스템의 구성 요소

	단말장치(terminal)	통신 회선을 통해 컴퓨터 시스템에 접속되어 여러 가지 형식의 데이터를 입출력한다.
데이터 전송계	신호변환장치	전송로에 전송되는 신호에 적합하도록 변환한다. | 데이터 | 신호변환장치 | 신호 | |---|---|---| | 아날로그 | 전화 | 아날로그 | | 디지털 | 모뎀(MODEM) | 아날로그 | | 아날로그 | 코덱(CODEC) | 디지털 | | 디지털 | DSU(Digital Service Unit) | 디지털 |
	통신회선	유선: 이중나선(Twisted Pair), 동축케이블(Coaxial Cable), 광케이블(Optical Cable) 무선: 라디오파(Radio Frequency), 위성통신(Satellite)
	통신제어장치 (CCU : Communication Control Unit)	데이터 전송계와 처리계의 접점에 위치 각종 제어기능과 데이터를 처리하기에 알맞은 형태로 바꾸어 준다.
데이터 처리계	컴퓨터	통신 장치로부터 입력되는 데이터를 처리한다.

3 데이터 통신의 목표

데이터 전송의 정확성	데이터는 전송 중에 신호 감쇠, 잡음 등에 의해 원래의 형태가 변형될 수 있고, 결과적으로 잘못된 정보가 전송될 수 있다. 정확한 정보를 전송하기 위해 에러 제어, 동기화, 흐름 제어 등이 기술을 사용한다.
데이터 전송의 효율성	데이터 전송에 투자된 장비 비용보다 획득한 정보의 가치가 더 커야 한다. 압축 기술, 다중화 기술 등이 사용된다.
데이터 전송의 안전성	정확하고 효율적인 전송이 이루어졌어도 데이터의 내용이 원하지 않는 제3자에게 유출되거나 변형되면 안된다. 암호화 기술을 의미하는 보안 코딩 기술을 사용한다.

THEMA 37 데이터 전송 기술

1 전송 속도 단위

BPS(Bit Per Second)	• 디지털 단위 • 1초 동안에 전송된 비트수
보(Baud)	• 아날로그 단위 • 1초 동안에 전송된 주기(cycle)의 수
BPS와 Baud의 관계	BPS = Baud × 주기(cycle) 당 전송 비트수

위상	단위 전송 비트수
2위상	1비트
4위상	2비트(Dibit)
8위상	3비트(Tribit)
16위상	4비트(Quadbit)

3개의 cycle : 3baud
단위 전송 비트 : quadbit
12개의 bit : 12bps

2 채널용량(샤논의 정리)

단위 시간 동안 전송회선 당 최대로 전송할 수 있는 통신 정보량

$$C = W \log_2\left(1 + \frac{S}{N}\right)$$

W : 대역폭, S : 신호세력, N : 잡음세력

※ 전송용량을 늘리기 위해서는
① 주파수 대역폭을 늘린다.
② 신호세력을 높인다.
③ 잡음세력을 줄인다.
④ 신호 대 잡음비를 높인다.

3 데이터 전송 방식

(1) 단방향과 양방향 전송 방식

단방향 통신 (Simplex)	한 방향으로만 전송이 가능하다.
반이중 통신 (Half Duplex)	양방향 통신이 가능하나 동시에 양방향 통신이 불가능하다. 데이터의 흐름을 바꾸는 데 필요한 전송 반전 시간이 소요된다.
전이중 통신 (Full Duplex)	접속된 두 개의 단말기들 간에 동시에 데이터를 송수신하는 통신이다. 두 개의 통신 채널을 이용하여 양방향으로 동시에 송수신 가능하다.

(2) 직렬 전송과 병렬 전송

직렬 전송	① 하나의 전송로를 통해 데이터를 순차적으로 송신한다. ② 전송 속도가 느리다. ③ 원거리 전송에서 사용된다.
병렬 전송	① 한 문자를 이루는 각 비트들이 각자의 전송로를 통해 한꺼번에 전송된다. ② 전송속도가 빠르다. ③ 근거리 전송에서 사용된다.

(3) 비동기식 전송과 동기식 전송

비동기식 전송 (asynchronous transmission)	① 비동기식 전송이란 동기식 전송을 하지 않는다는 의미가 아니라 블록 단위가 아닌 문자 단위로 동기정보를 부여해서 보내는 방식이다. ② 문자를 연속해서 보낼 때 각 문자 사이에 유휴 시간(idle time)이 발생할 수 있다. ③ 전송되는 각 문자는 앞쪽에 1개의 시작비트, 뒤쪽에 1~2개의 정지비트를 갖기 때문에 시작(0)-정지(1)(start-stop) 전송이라고도 한다. 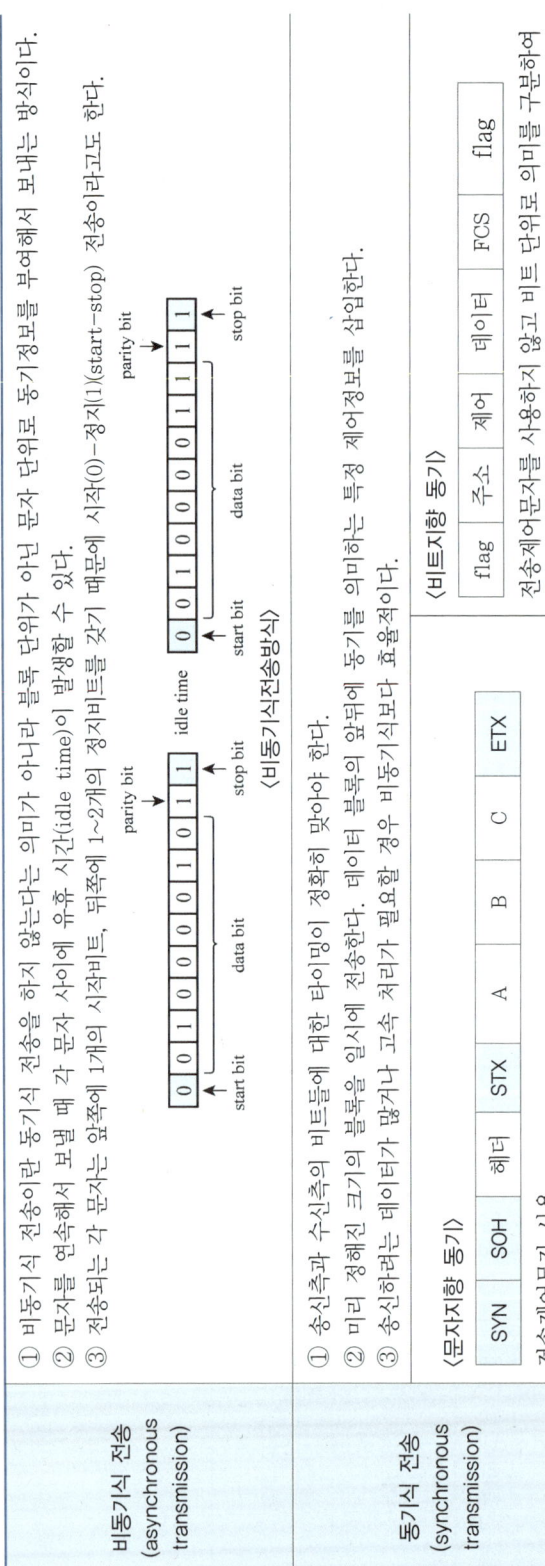
동기식 전송 (synchronous transmission)	① 송신측과 수신측의 비트들에 대한 타이밍이 정확히 맞아야 한다. ② 미리 정해진 크기의 블록을 일시에 전송한다. 데이터 블록의 앞뒤에 동기를 의미하는 특정 제어정보를 삽입한다. ③ 송신하려는 데이터가 많거나 고속 처리가 필요할 경우 비동기식보다 효율적이다. <문자지향 동기> | SYN | SYN | 헤더 | SOH | STX | A | B | C | ETX | 전송제어문자 사용 <비트지향 동기> | flag | 주소 | 제어 | 데이터 | FCS | flag | 전송제어문자를 사용하지 않고 비트 단위로 이미를 구분하여 블록을 전송한다.

4 정보 전송의 변조 방식

전송 형태	신호변환 방식	변조 방식
디지털 전송	디지털 → 디지털	베이스밴드
	아날로그 → 디지털	펄스 부호 변조(PCM)
아날로그 전송	디지털 → 아날로그	디지털 변조(ASK, FSK, PSK, QAM)
	아날로그 → 아날로그	아날로그 변조(AM, FM, PM)

베이스밴드(Base Band) 방식		디지털 형태인 0과 1로 출력되는 직류신호를 변조하지 않은 채 그대로 전송한다. 근거리 통신에 사용된다.
펄스 부호 변조 (PCM : Pulse Code Modulation)	송신측	표본화	연속적인 아날로그 정보에서 일정 시간 마다 신호값을 얻는다.
		양자화	신호값에서 대표 10진수를 얻는다.
		부호화	양자화 과정에서 얻은 결과값을 2진수로 변환한다.
	수신측	〈표본화〉 6.5 4.0 3.2 1.9 1.8 / 〈양자화〉 2 7 2 4 3 / 〈부호화〉 0010 0111 0010 0100 0011 : 연속적인 아날로그 정보에서 일정 시간 마다 신호값을 추출하는 과정을 말한다. 〈필터링〉 : 양자화 과정에서 얻은 결과값을 2진수로 변환한다.
디지털 변조	진폭편이 변조(ASK)	반송파의 진폭을 2개나 4개로 정해 놓고, 데이터가 1 또는 0을 변하면 미리 약속된 진폭의 반송파를 수신 측으로 전송한다.
	주파수편이 변조(FSK)	반송파의 주파수를 높은 주파수와 낮은 주파수로 미리 정해 놓고, 데이터가 1이면 높은 주파수, 데이터가 0이면 낮은 주파수를 전송한다.
	위상편이 변조(PSK)	반송파의 위상을 2, 4, 8등분 등으로 나누어 각각 다른 위상에 0이나 1을 할당한다.
	진폭위상편이 변조(QAM)	진폭 편이 변조 방식과 위상 편이 변조 방식을 혼합한 방식이다.
아날로그 변조		① 아날로그 정보를 아날로그 신호로 변환한다. ② 라디오나 텔레비전 등 방송에서 많이 사용한다. ③ 진폭 변조(AM), 주파수 변조(FM), 위상 변조(PM) 등이 있다.

THEMA 38 다중화(Multiplexing)

1 다중화

① 전송로 하나에 데이터 신호 여러 개를 중복시켜 고속 신호 하나를 만들어 전송하는 방식으로 전송로의 이용효율이 높다.
② 회선과 모뎀 비용 절약하면서 전송로 효용을 높인다.

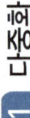

2 다중화 방식

FDMA 주파수 분할	TDMA 시분할	CDMA 코드분할
	동기식 시분할 : STDMA(Synchronized) A B C A B C A B → 시간 • 각 터미널에 대한 타임슬롯 위치가 항상 일정하게 고정되어 있다. • 전송할 데이터 유무에 관계없이 무조건 타임슬롯을 할당한다. 비동기식 시분할 : ATDMA(Asynchronized) A C C C B C C C → 시간 • 유동적으로 타임 슬롯 할당방법을 사용한다. • 링크 효율을 높인다. • 회로가 복잡하다. • 통계적·지능적 다중화 방식이라고도 한다.	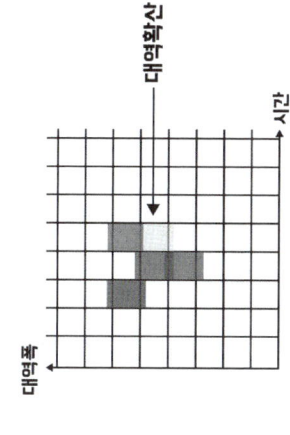 • 무선 디지털 • 대역 확산기법 (Spread Spectrum) : 필요한 이론적 대역폭보다 훨씬 넓은 대역폭을 사용하여 전송하는 기법 • FDMA와 TDMA의 혼합 방식 : 여러 사용자가 시간과 주파수를 공유하면서 각 사용자에게 서로 다른 코드를 부여하여 전송한다. • 간섭의 최소화로 회선 품질이 양호하다. • 정보의 압축, 오류복구 용이

〈직교 주파수 분할 다중화 방식(OFDMA)〉
상호 직교성을 갖는 다수 반송파를 이용하여 신호를 변조하여 다중화하는 전송 방식.
OFDM은 802.11 무선 랜(Wireless LAN), DMB, 전력선 통신(PLC), 각종 디지털 가입자 회선(xDSL), 4G 이동통신, 와이브로(WiBro) 등 여러 분야에 사용된다.

THEMA 39 프로토콜

1 프로토콜(Protocol)

통신 프로토콜이란 통신 개체 사이의 보다 효율적이고 정확한 데이터의 송수신을 위해 필요한 일련의 절차나 규범의 집합을 말한다.

2 프로토콜의 구성 요소

구문(Syntax)	데이터 형식, 부호화, 신호 계층(signal level)으로 구성
의미(Semantic)	정확하고 효율적으로 전송할 수 있도록 개체 사이의 협조 항목과 오류를 제어하는 항목을 포함한다.
순서(Timing)	접속하는 개체 사이의 통신 속도 조정, 메시지 순서를 제어한다.

3 프로토콜의 주요기능

단편화(Fragmentation)	송신 측에서는 긴 데이터 블록을 쉽게 전송할 수 있도록 크기가 같은 작은 블록으로 나누어 전송한다.
재결합(Reassembly)	수신 측에서는 나누어진 데이터 블록을 재합성하여 원래의 메시지로 복원한다.
캡슐화(Encapsulation)	데이터 블록에 플래그, 주소, 제어 정보, 에러 검출 부호 등을 추가한다.
연결제어(Connection Control)	비연결 데이터 전송(데이터그램)과 연결 위주 데이터 전송(가상회선)을 위한 통신로를 개설, 유지, 해제하는 기능이다.
흐름제어(Flow Control)	데이터 양이나 통신 속도 등이 수신 측의 능력을 초과하지 않도록 조정한다.
에러제어(Error Control)	데이터 전송 중 발생 가능한 오류나 작은 등을 검출하고 정정한다.
순서제어(Sequencing Control)	데이터 전송 시 송신측이 보내는 데이터들의 순서대로 수신측에 전달할 수 있도록 조정한다.
동기화(Synchronization)	두 통신 개체간의 상태, 타이밍을 유지하도록 한다.
주소설정(Addressing)	발신지, 목적지 주소를 명시하여 데이터를 정확하게 전달한다.

THEMA 40 OSI 참조 모델

1 OSI 7계층

7	응용	data	사용자에게 제공하는 서비스 (웹, 이메일, 파일전송, 원격접속)
6	표현	h data	코드변환, 암호화, 압축
5	세션	h data	프로세스 간 연결·전달·해제, 대화관리, 복구를 위한 동기점 관리
4	전송	h data	신뢰성 있는 종단 간(end-to-end) 전송 보장, 연결제어, 오류제어, 흐름제어, 순서제어, 포트번호
3	네트워크	h data	패킷, IP주소(논리주소), 최적의 경로설정
2	데이터링크	h data t	프레임, MAC주소(물리주소) 이웃노드 간(point-to-point) 전송 보장, 오류제어, 흐름제어, 순서제어, 동기화
1	물리	h data t	전송 매체 (유선, 무선)

118

2 PDU(Protocol Data Unit)

응용계층 ← message/user data →	응용계층
표현계층 ← high-level message →	표현계층
세션계층 ← session message →	세션계층
전송계층 ← segment →	전송계층
네트워크 계층 ← packet →	네트워크 계층
데이터링크 계층 ← frame →	데이터링크 계층
물리계층 ← bits →	물리계층

3 네트워크 계층을 통한 데이터 전송

물리주소는 패킷이 한 시스템에서 다른 시스템으로 이동될 때마다 변경되었지만, 논리주소는 송신지부터 목적지까지 변함없이 유지된다.

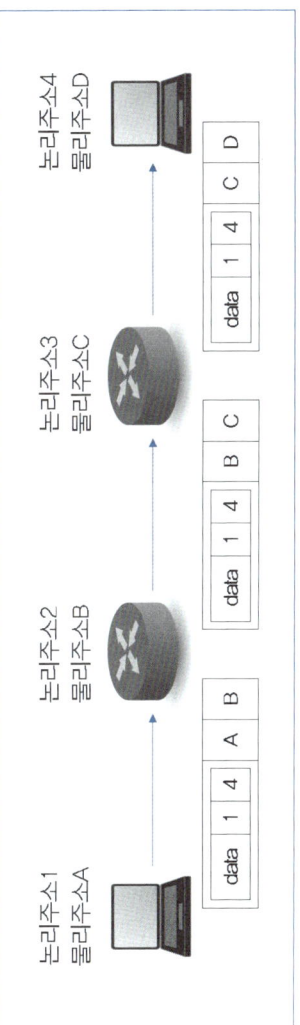

4 OSI 7계층 주요 특성

응용 계층	최종 사용자 응용 프로세스를 지원한다. 네트워크 가상 터미널, 파일 접근, 전송 및 관리, 우편 서비스, 디렉터리 서비스
표현 계층	① 데이터 표현의 차이를 해결하기 위해 다른 형식을 변환해주거나 공통 형식을 제공하는 계층이다. ② 그래픽정보를 JPEG 형태로, 동영상을 MPEG 형태로 변환하여 송수신하는 기능, 데이터 압축 및 암호화 기능을 제공한다.
세션 계층	① 송신측과 수신측 사이에서 프로세스를 서로 연결, 유지, 해제하는 역할을 한다. ② 프로세스 간 전송하는 방식으로 전이중과 반이중 방식을 결정한다.
전송 계층	① 프로토콜(TCP, UDP)과 관련된 계층으로 에러 복구, 흐름 제어 등을 담당하며 두 시스템 간의 신뢰성 있는 데이터 전송을 보장한다. ② 연결제어, 순서제어를 수행한다.
네트워크 계층	① 상위 계층에서 전송하는 데 필요한 데이터 전송과 경로 선택 기능을 제공하고, 라우팅 프로토콜을 사용하여 최적의 경로를 선택한다. ② 네트워크 계층은 데이터를 패킷(Packet) 단위로 전송한다. | IGP (내부 게이트웨이 프로토콜)	RIP	• 거리 벡터 알고리즘 사용 • RIPv1 : 인터넷, 인트라넷에 널리 사용, RIPv2: CIDR에 대응될 수 있도록 기능 확장 • 주기적 변경신호 전송
	OSPF	• 링크 상태 알고리즘 사용 • 변경 시에만 변경신호 전송
EGP (외부 게이트웨이 프로토콜)	BGP	• 경계 게이트웨이 프로토콜	

데이터링크 계층	① 시스템 사이의 에러 없는 전송을 위해 네트워크 계층에서 받은 비트열의 데이터로 프레임을 구성하여 물리 계층으로 전달한다. ② 노드-대-노드 전달 기능은 이웃 노드 간의 데이터 링크를 설정하는 것이다. ③ 전송 제어, 흐름제어, 에러제어, 동기화 기능이 있다.		
	LLC(논리 링크 제어) IEEE 802.2	BSC(Binary Synchronous Control)	
		HDLC(High-level Data Link Control)	
	MAC(매체 접근 제어)	CSMA/CD(802.3), Token Bus(802.4), Token Ring(802.5)	
		CSMA/CA(802.11b), Bluetooth(802.15.1)	
		Wibro(802.16)	
물리 계층	① 상위 계층에서 내려온 비트열 데이터를 전송할 수 있도록 통신기기 사이에 있는 물리 매체를 이용하여 연결을 확립하고, 유지, 해제하는 역할을 한다. ② 기계적, 전기적, 기능적, 절차적 특성을 정의한다.		

THEMA 41 TCP/IP 인터넷 4계층 구조

7 6 5	응용	• 웹(WWW) : HTTP • 메일송신 : SMTP • 메일수신 : POP, IMAP • 파일전송 : FTP • 원격접속 : TELNET(VT 가상터미널)	• IP할당 : DHCP • 망관리 : SNMP • 도메인-IP주소 : DNS • 실시간 멀티미디어 전송 : RTP • 간이파일 전송 : TFTP

4	전송	• TCP(연결형)
		  연결설정 : 3-way handshaking
		  연결해제 : 4-way handshaking
			• UDP(비연결형)	• SCTP(스트림제어전송)
				  연결설정 : 4-way handshaking
				  연결해제 : 3-way handshaking

3	인터넷	• ICMP : 인터넷 제어 메시지 생성 • IGMP : 그룹 관리(멀티캐스트) • IP(비연결형) : 호스트의 논리주소, 패킷 전달 • ARP : IP주소 → MAC주소 • RARP : MAC주소 → IP주소 • 데이터링크 : LLC(Logical Link Control)		
2 1	네트워크 접속	• CSMA/CD(IEEE 802.3) • 토큰버스(IEEE 802.4) • 토큰링(IEEE 802.5)	• CSMA/CA(IEEE 802.11b), Wi-fi(IEEE 802.11i) • Bluetooth(IEEE 802.15.1), Zigbee(IEEE 802.15.4) • Wibro(IEEE 802.16)	

THEMA 42 전송계층 프로토콜

1 TCP

(1) 연결 지향형 프로토콜

연결 설정(3-way handshaking)	연결 해제(4-way handshaking)
송신측 → SYN → 수신측 수신측 → SYN+ACK → 송신측 송신측 → ACK → 수신측	송신측 → FIN → 수신측 수신측 → ACK → 송신측 수신측 → FIN → 송신측 송신측 → ACK → 수신측

(2) TCP 헤더

```
          TCP header format
              32 bits
0       8       16      24      32
|Source Port    |Destination Port|
|       sequence number          |
|      Acknowledge number        |
|Hlen|reserved|UAPRSF|Windows size|
|         |GCSSYI|              |
|         |RKHTNN|              |
|    Checksum   | urgent pointer |
|           [options]           |
```

송신지 포트번호, 수신지 포트번호
순서 번호 : 세그먼트에 포함된 데이터의 첫 번째 바이트에 부여된 번호
확인응답 번호 : 성공적으로 수신한 마지막 바이트 순서번호 + 1
윈도우 크기 : 상대방에서 유지되어야 하는 바이트 단위
검사합 : 오류 검출을 위한 값
플래그

2 UDP

```
0                    16                            32
         32 bits
| source port number | destination port number |
| UDP length         | UDP checksum            |
|            Data (if any)                     |
```

송신지 포트번호	
수신지 포트번호	
UDP 전체 길이 : UDP 헤더와 데이터의 길이를 바이트 단위로 나타낸다.	
UDP 체크섬 : 수신측에서는 이 정보를 사용하여 UDP 헤더와 데이터 및 IP 헤더의 에러를 검사한다. UDP 표준에서는 선택사항이다.	

3 SCTP

세션 초기화	세션 종료
송신측 수신측 INIT → ← INIT+ACK Cookie-echo → ← Cookie+ACK	송신측 수신측 Shutdown → ← Shutdown+ACK Shutdown+complete →

특징
• UDP의 메시지 지향(message-oriented) 특성과 TCP의 연결형 신뢰성 제공 특성을 조합함. • 멀티스트리밍(multi-streaming) : 하나의 연결에 여러 개의 스트림을 독립적으로 전송한다. • 멀티호밍(multi-homing) 특성 : 두 개의 연결을 맺어 한쪽 연결이 장애가 발생할 경우 다른 쪽 연결로 데이터를 재전송한다. • 세션 초기화 : 4-way handshaking, 종료단계 : 3-way handshaking : 기존 TCP에서 문제점으로 지적되던 TCP-SYN 공격 문제 및 "half-open closing" 문제 등을 해결

4 잘 알려진 포트번호(Well-Known Port Number)

포트번호	서비스
TCP 20	FTP 데이터
TCP 21	FTP 제어
TCP 22	SSH
TCP 23	Telnet
TCP 25	SMTP
UDP 53	DNS
UDP 69	TFTP
TCP 80	HTTP
TCP 88	케버로스
TCP 110	POP3
TCP 143	IMAP
TCP 443	HTTPS

THEMA 43 IP

1 IP 특징

① 신뢰성(에러제어) 및 흐름제어 기능은 없다.
② Best-Effort Service : IP 계층이 데이터그램의 전송을 위하여 최대의 노력을 하지만 확실한 전송의 보장을 하지는 않는다.
③ 비연결성(Connectionless) : 데이터그램 방식으로 전달된다.
④ 비신뢰성(Unreliable) : 패킷의 완전한 전달을 보장하지 않는다.
⑤ IP 헤더 내 송신측 및 수신측 주소를 포함한다. (IP 주소 = 단말기 논리주소)

2 IPv4주소와 IPv6주소 특징 비교

	IPv4	IPv6
주소길이	32비트	128비트
주소표기방법	8비트씩 4개의 필드, 각 필드는 10진수 표기, .으로 구분	16비트씩 8개의 필드, 각 필드는 16진수 표기, :로 구분
주소할당	클래스 단위의 비순차적 할당	네트워크 규모, 단말 수에 따른 순차적 할당
캐스트방식	유니캐스트, 멀티캐스트, 브로드캐스트	유니캐스트, 멀티캐스트, 애니캐스트
품질제어	Best Effort 방식에 의한 QoS 일부 지원	Flow Label에 의한 QoS
보안	별도 구현	IPSec 내장
헤더길이	가변크기	고정크기
웹캐스팅	곤란	멀티캐스트 Scope Field 제공

3 IPv4 주소체계

클래스	주소 구성	주소 범위	네트워크 한 개당 할당 호스트 개수	특수주소 제외
A클래스	`0	네트워크ID(7)	호스트ID(24)`	0.0.0.0~127.255.255.255	2^{24}개	$2^{24}-2$개
B클래스	`1 0	네트워크ID(14)	호스트ID(16)`	128.0.0.0~191.255.255.255	2^{16}개	$2^{16}-2$개
C클래스	`1 1 0	네트워크ID(21)	호스트ID(8)`	192.0.0.0~223.255.255.255	2^{8}개	$2^{8}-2$개

A클래스

	100	.	30	.	9	.	72
ip주소	0 1 1 0 0 1 0 0	.	0 0 0 1 1 1 1 0	.	0 0 0 0 1 0 0 1	.	0 1 0 0 1 0 0 0
네트워크	0 1 1 0 0 1 0 0	.	0 0 0 0 0 0 0 0	.	0 0 0 0 0 0 0 0	.	0 0 0 0 0 0 0 0
	100	.	0	.	0	.	0
브로드캐스트	0 1 1 0 0 1 0 0	.	1 1 1 1 1 1 1 1	.	1 1 1 1 1 1 1 1	.	1 1 1 1 1 1 1 1
	100	.	255	.	255	.	255
서브넷마스크	1 1 1 1 1 1 1 1	.	0 0 0 0 0 0 0 0	.	0 0 0 0 0 0 0 0	.	0 0 0 0 0 0 0 0
	255	.	0	.	0	.	0

B클래스

	168	.	200	.	9	.	2
ip주소	1 0 1 0 1 0 0 0	.	1 1 0 0 1 0 0 0	.	0 0 0 0 1 0 0 1	.	0 0 0 0 0 0 1 0
네트워크	1 0 1 0 1 0 0 0	.	1 1 0 0 1 0 0 0	.	0 0 0 0 0 0 0 0	.	0 0 0 0 0 0 0 0
	168	.	200	.	0	.	0
브로드캐스트	1 0 1 0 1 0 0 0	.	1 1 0 0 1 0 0 0	.	1 1 1 1 1 1 1 1	.	1 1 1 1 1 1 1 1
	168	.	200	.	255	.	255
서브넷마스크	1 1 1 1 1 1 1 1	.	1 1 1 1 1 1 1 1	.	0 0 0 0 0 0 0 0	.	0 0 0 0 0 0 0 0
	255	.	255	.	0	.	0

C클래스

	210	.	37	.	100	.	8
ip주소	1 1 0 1 0 0 1 0	.	0 0 1 0 0 1 0 1	.	0 1 1 0 0 1 0 0	.	0 0 0 0 1 0 0 0
네트워크	1 1 0 1 0 0 1 0	.	0 0 1 0 0 1 0 1	.	0 1 1 0 0 1 0 0	.	0 0 0 0 0 0 0 0
	210	.	37	.	100	.	0
브로드캐스트	1 1 0 1 0 0 1 0	.	0 0 1 0 0 1 0 1	.	0 1 1 0 0 1 0 0	.	1 1 1 1 1 1 1 1
	210	.	37	.	100	.	255
서브넷마스크	1 1 1 1 1 1 1 1	.	1 1 1 1 1 1 1 1	.	1 1 1 1 1 1 1 1	.	0 0 0 0 0 0 0 0
	255	.	255	.	255	.	0

4 IPv4 서브넷팅

서브넷 주소를 사용하면 외부 라우터가 내부 네트워크 조직을 모르게 하고, 라우팅 테이블의 크기를 줄이는 효과도 얻는다.

C클래스 주소에서의 서브네팅 예

C클래스 주소에서 가능한 서브넷 마스크

서브넷 마스크	서브넷 개수	서브넷 당 호스트 개수
255.255.255.0		
255.255.255.128	2개	128개
255.255.255.192	4개	64개
255.255.255.224	8개	32개
255.255.255.240	16개	16개
255.255.255.248	32개	8개
255.255.255.252	64개	4개
255.255.255.254	128개	2개
255.255.255.255		

네트워크 id(24bit)

호스트 id(8bit)

서브넷id(3bit) 호스트id(5bit)

- C클래스 주소를 할당받은 경우 서브넷 마스크는 255.255.255.0이다.
- 각 네트워크는 2의 8승개(256개)만큼의 호스트 ID를 할당받는다.
- 실제 한 네트워크에서 32개의 호스트(호스트 id 5비트 필요)만을 관리한다면 이런 서브네트워크 8개(서브넷 id 3비트)를 생성할 수 있다.
- 서브네팅 후 서브넷 마스크는 255.255.255.224이다.

5 사설 IP 주소

사설 네트워크 내에서만 사용될 수 있는 주소

A클래스	10.0.0.0 ~ 10.255.255.255
B클래스	172.16.0.0 ~ 172.31.255.255
C클래스	192.168.0.0 ~ 192.168.255.255

6 IPv6 주소체계

- 16비트씩 8개의 필드로 128비트 주소를 표시한다.
- 한 개의 필드는 16비트이므로 16진수 4자리로 구성된다.

ABCD:BC34:0004:2350:AAFF:0000:1234:4503

- 각 필드 내 앞쪽 0은 생략 가능하다.
- 한 필드가 모두 0인 경우 ::으로 축약 가능하다.

ABCD:BC34:4:2350:AAFF::1234:4503

- 단, ::표기는 IPv6 주소 내 한번만 사용 가능하다.

ABCD:BC34::AAFF::1234:4503(X)

7 IPv4 헤더

버전 (4)	헤더길이 (4)	ToS : 서비스유형 (8)	총길이 (16)	
식별자 (16)			플래그 (3)	단편화 오프셋 (13)
TTL : 라이프타임 (8)		프로토콜 (8)	헤더 Checksum (16)	
송신측 IP주소(32)				
수신측 IP주소(32)				

식별자 : 각 데이터그램마다 고유하게 설정되는 데이터그램 번호

단편화 오프셋 : 분할된 조각이 원본 데이터에서 위치하는 자리 표시 (8바이트단위)

TTL : 패킷이 네트워크 상에서 생존할 수 있는 시간 데이터그램이 통과하는 최대 라우터 수를 제어하기 위해 사용 라우터 통과시 1씩 감소

헤더 검사합 : 패킷 전송 중 발생하는 헤더 부분의 에러를 검사

8 IPv6 헤더

버전 (4)	우선순위 (8)	Flow Label : 흐름 레이블 (20)		
	페이로드 길이 (16)		다음 헤더 (8)	Hop Limit : 홈제한 (8)
송신측 IP주소(128)				
수신측 IP주소(128)				

우선순위 : 동시 접속에 대한 패킷의 우선순위를 규정
흐름 레이블 : 데이터의 특정 흐름을 다룰 수 있도록 설계
홉제한 : IPv4의 TTL 필드와 같은 목적으로 사용

9 IPv4에서 IPv6로의 전이 전략

이중 스택(dual stack)	인터넷의 모든 시스템이 IPv6을 사용할 때까지, IPv4와 IPv6을 동시에 사용해야 한다.
터널링(tunneling)	IPv6을 사용하는 컴퓨터들이 통신하기 위해 IPv4를 사용하는 네트워크 영역을 통과해야 할 때 사용한다.
헤더 변환(header translation)	송신측에서는 IPv6을 사용하길 원하지만 수신측에서 IPv6을 이해하지 못하는 경우, 패킷이 수신측에서 이해할 수 있는 IPv4 형식으로 헤더 형식이 변해야만 한다.

THEMA 44 ICMP 메시지

1 ICMP(Internet Control Message Protocol) 질의 메시지

에코 요청 및 응답	ping 수행 시 사용되는 메시지로 단말 간 연결 상태를 확인하는 도구로 사용
타임스탬프 요청 및 응답	호스트나 라우터에서 현재의 날짜와 시간을 지시하는 메시지로 경과 시간을 측정하는 도구로 사용
주소 마스크 요청 및 응답	호스트의 서브넷 마스크를 알기 위해 사용
라우터 정보 요청	다른 네트워크의 호스트에게 데이터 전송 시 자신의 네트워크에 연결된 라우터 주소를 요청하기 위해 사용

2 ICMP 오류 메시지

ICMP Destination Unreachable 메시지	라우터가 특정 노드의 패킷을 목적지에 보내지 못할 경우
ICMP Redirect 메시지	라우터가 송신측 노드에 적합하지 않은 경로로 설정되어 있는 경우
ICMP Time Exceeded 메시지	패킷의 TTL이 도중에 0이 되어 폐기되는 경우

THEMA 45 제어 방식

1 전송 제어 / 흐름 제어

전송제어	회선 접속 → 데이터 링크 확립 → 정보 전송 → 데이터 링크 해제 → 회선 절단	
흐름제어	정지 대기	송신측에서 한 번에 프레임을 1개만 전송
	슬라이딩 윈도	송신측에서 한 번에 윈도우 크기만큼 프레임을 연속으로 전송

2 에러 제어

패리티 비트 검사	• 비동기 전송 • 전송되는 문자마다 패리티 비트를 하나씩 추가해 1의 개수의 짝수/홀수 여부를 검사 • 홀수 개의 비트의 오류는 검출이 가능하나 짝수 개의 오류 비트가 발생하면 검출되지 않는다.
블록 합 검사(BSC)	• 문자지향 동기 방식 • 행(수평 패리티) : 각 문자 검사, 열(수직 패리티) : 패리티 워드 생성
순환 중복 검사(CRC)	• 비트지향 동기 방식 • 집단 에러 검출하기 위해 다항식 코드 사용 • 프레임의 끝에 FCS를 추가하여 전송 • 모듈로-2 연산을 주로 사용
체크섬(checksum)	• TCP, UDP, IPv4 헤더 내에서 사용 • 데이터를 n비트 단위로 잘라서 합한 후 그의 1의 보수를 얻는다. • 원본 데이터와 체크섬을 함께 전송한다.
해밍 코드 검사	• 1비트의 에러를 검출하여 정정한다. • 데이터 비트가 길어지면 패리티 비트도 많이 사용된다. • 패리티 비트가 많이 필요해 전송 효율이 낮다.

3 에러 정정 방식

(1) 검출 후 재전송(ARQ) 방식

정지 대기(stop & wait)	송신측에서 하나의 블록을 전송하면 수신측이 에러를 검사한 후 ACK(acknowledgement)나 NAK(negative acknowledgement)를 보낼 때까지 기다린다.
Go-Back N	송신측에서 프레임을 연속해서 송신하고, 수신측에서는 에러가 발생하면 송신측에 NAK와 에러 프레임 번호를 알린다. 송신측은 수신한 NAK와 에러 프레임 번호를 확인 후, 해당 프레임부터 나머지 프레임까지 계속 송신한다.
선택적(selective)	송신측에서 프레임을 연속해서 송신하고, 수신측에서 에러를 발견하면 송신측에 NAK와 함께 에러 프레임 번호를 알린다. 송신측은 에러가 발생한 프레임만 다시 전송한다.
적응적(Adaptive)	수신측이 수신한 데이터 블록을 감지하고 에러 발생율을 판단하여 송신측에 통보한다. 송신측은 에러 발생률이 낮으면 긴 프레임, 높으면 짧은 프레임을 전송한다.

(2) 전진 에러 수정(FEC : forward error correction) 방식

① 해밍코드를 사용하여 수신측에서 에러를 정정한다.
② 송신측에 에러 발생 여부를 알리지 않으므로 역채널이 필요없다.

THEMA 46 네트워크 분류

1 토폴로지에 따른 네트워크 분류

성형(Star)		• 중앙집중식인 구조이므로 유지보수나 관리가 용이하다. • 중앙에 있는 전송 제어장치가 고장나면, 네트워크 전체가 동작할 수 없다.
버스형(Bus)		• 하나의 긴 케이블이 네트워크상의 모든 장치를 연결하는 중추 네트워크 역할을 한다. • 설치가 간단하고 케이블 비용이 경제적이다. • 장비의 수가 많아지면 네트워크의 성능이 저하되고, 중앙 케이블이 고장나면 네트워크 전체가 동작하지 않는다. • 케이블의 양끝에는 터미네이터를 두어 반송되는 신호가 반송되는 것을 방지한다.
링형(Ring)		• 모든 컴퓨터들을 하나의 링으로 연결시켜, 각 노드들은 두 개의 인접한 노드하고만 연결된다. • 하나의 노드에서 전송한 데이터는 링을 따라 한 방향으로 보내지므로 충돌이 발생하지 않는다.
트리형(Tree)		• 네트워크 확장이 쉽다. • 중앙에 트래픽이 집중되어 병목현상이 발생할 수 있고, 중앙 전송 제어장치가 다운되면 전체 네트워크에 장애가 발생된다.
망형(Mesh)		• 중앙에 제어하는 노드가 없이 모든 노드들이 상호 간에 전용의 점대점 형태로 연결되는 그물 모양의 형태이다. • 네트워크가 복잡하고 통신회선이 많은 통신회선이 필요하다. • 비용이 비싸지만 신뢰성이 매우 높다.

2 데이터 교환 방식에 따른 네트워크 분류

회선 교환 방식	• 전용 전송로 있다. • 실시간 대화식 사용이 가능하다. • 메시지 저장은 불가능하다. • 한번 접속하면 통신로를 제어하지 않아도 되므로 데이터 양이 많고 긴 메시지를 전송하는 데 적합하다. • 속도 변화나 트래픽 처리에 동적으로 대처하기 어렵다.
메시지 교환 방식	• 전용 전송로 없다. • 대화식 사용은 불가능하다. • 각 메시지마다 경로 설정된다. • 송수신 노드가 동작할 수 있는 상태가 아니어도 된다. • 같은 메시지를 여러 노드에 동시 전송이 가능하다. • 전송 지연이 발생할 수 있다.
패킷 교환 데이터그램 방식	• 전용 전송로 없다. • 대화식 사용 가능하다. • 각 패킷마다 경로 설정된다. • 비연결 지향 서비스이므로 전송된 데이터가 반드시 목적지에 도착하지 않을 수도 있다.
패킷 교환 가상회선 방식	• 전용 전송로 없다. • 대화식 사용 가능하다. • 전체의 전송을 위해 경로 설정된다. • 연결 지향 서비스이므로 데이터를 전송하면 반드시 목적지에 도착시킨다.

THEMA 47 네트워크 연결 장비

응용 계층 ~ 전송 계층			게이트웨이
네트워크 계층		라우터	계층3 스위치
데이터 링크 계층	LLC	브리지	스위칭허브 (계층2 스위치)
	MAC		
물리 계층		중계기 (허브)	
		리피터	

리피터(Repeater)	OSI 1계층(물리계층)에서 동작한다. 전송매체에 흐르는 신호를 변화없이 단순재생 증폭하여 중계한다.
허브(Hub)	신호를 여러 개의 다른 선으로 분산시켜 내보낸다.
브리지(Bridge)	OSI 2계층(데이터링크 계층)에서 동작한다. 망을 연결하며 패킷을 중계하고 필터링한다.
라우터(Router)	OSI 3계층(네트워크 계층)에서 동작한다. 다양한 전송경로 중 가장 효율적인 경로를 선택하여 패킷을 전송한다.
게이트웨이(Gateway)	2개의 완전히 다른 프로토콜 구조를 가지는 7계층 사이를 결합한다. 서로 다른 형태의 네트워크를 상호 접속하는 장치로 필요한 경우 프로토콜 변환을 수행한다.
L2 스위치	데이터링크 계층에서 사용하는 스위치 일반적으로 많이 사용하는 스위치로 주로 소규모 LAN 환경을 구성할 때 사용한다.
L3 스위치	네트워크 계층에서 사용하는 스위치 라우팅 기능이 추가된 스위치로 주로 백본을 연결할 때 사용한다.
L4 스위치	전송계층에서 사용하는 스위치 로드 밸런싱 기능이 추가되어 네트워크 트래픽을 분산시키는 용도로 사용한다.

THEMA 48 근거리 통신망(LAN)

1 LAN의 특징

① 일반적으로 사설망으로 구축되어 사용된다.
② 경로 설정이 불필요하다.
③ 낮은 오류율에 의한 신뢰성 있는 정보 전송이 가능하다.
④ OSI 7계층 중 1,2계층만 필요하다.

2 LAN의 분류

① 전송 매체에 의한 분류 : 트위스트 페어선, 동축케이블, 광섬유
② 토폴로지에 의한 분류 : 스타형, 버스형, 링형

3 LAN의 매체 접근 방식(MAC : Media Access Control)

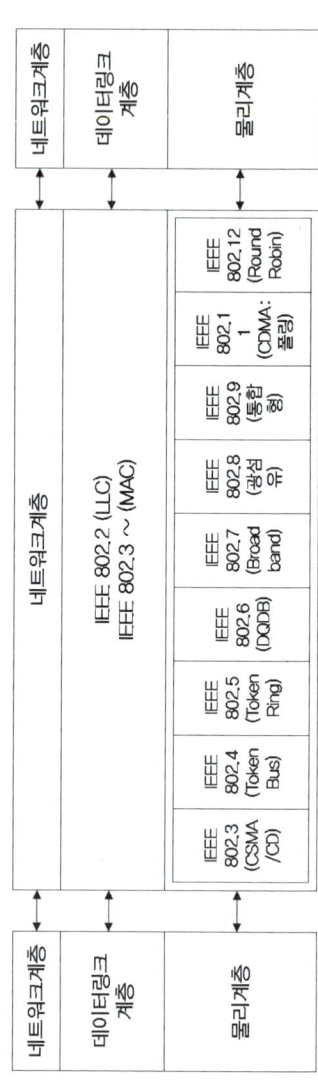

〈 IEEE 802 시리즈 〉

CSMA/CD (Carrier Sense Multiple Access with Collision Detection) IEEE 802.3 표준	① 반송파 감지 다중 접근/충돌 접근 방식이다. ② 버스형 통신망의 이더넷에 주로 사용된다. ③ 데이터를 송신하기 전에 반송파 존재 여부를 감지한 후, 반송파가 감지되는 경우에는 다른 컴퓨터에서 데이터 송신 중임을 판단하여 데이터를 전송하지 않고, 반송파가 없을 경우 데이터를 전송한다.
토큰 패싱 (Token Passing) 토큰 버스(IEEE 802.4 표준) 토큰 링(IEEE 802.5 표준)	① 접속되어 있는 노드들 사이를 토큰이라는 패킷이 순차적으로 순환하는 동안, 자신이 전송하고자 할 때 토큰을 얻어 전송한 후 전송이 완료되면 토큰을 반납하는 방식이다. ② CSMA/CD와 같은 충돌 현상은 발생하지 않는다. ③ 토큰이 올 때까지 기다려야 한다.

4 IEEE LAN 관련 위원회

구분	내용	구분	내용
IEEE 802.1	Higher Layer LAN Protocols	IEEE 802.13	Not Used
IEEE 802.2	LLC(Logical Link Control)	IEEE 802.14	Cable Modem – 케이블 TV
IEEE 802.3	CSMA/CD	IEEE 802.15	WPAN
IEEE 802.4	Token Bus	IEEE 802.15.1	Bluetooth
IEEE 802.5	Token Ring	IEEE 802.15.4	Zigbee
IEEE 802.6	MAN(DQDB)	IEEE 802.16	Broadband Wireless Access
IEEE 802.7	Broadband TAG(Technical Assistant Group)	IEEE 802.17	Resilient Packet Ring
IEEE 802.8	Fiber Optic TAG	IEEE 802.20	Mobile Broadband Wireless Access
IEEE 802.9	Integrated Services LAN	IEEE 802.21	Media Independent Wireless Handoff
IEEE 802.10	LAN Security	IEEE 802.22	Wireless Regional Area Network
IEEE 802.11	Wireless LAN & Wi-Fi(IEEE 802.11a, b, g, n 등)	IEEE 802.23	Broadband ISDN
IEEE 802.12	Demand Priority		

5 무선 LAN의 종류

	802.11a	802.11b	802.11g	802.11n	802.11ac
전송방식	OFDM	DSSS	DSSS/OFDM	OFDM	OFDM
안테나 기술	SISO	SISO	SISO	MIMO	MU-MIMO
주파수대역	5GHz	2.4GHz	2.4GHz	2.4/5GHz	5GHz
채널 대역폭	20MHz	20MHz	20MHz	20/40MHz	20/40/80/160MHz
최대 전송률	54Mbps	11Mbps	54Mbps	600Mbps	2.6Gbps

- DSSS(Direct Sequence Spread Spectrum) : 반송파를 광대역 확산 신호로 직접 변조하여 주파수 대역을 확산시키는 방식
- OFDM(Orthogonal Frequency Division Multiplexing) : 다중 반송파(multiple carrier frequencies)를 이용하여 디지털 데이터를 인코딩하는 방식

THEMA 49 유비쿼터스 컴퓨팅

1 유비쿼터스(ubiquitous) 컴퓨팅

웨어러블(wearable) 컴퓨팅	컴퓨터를 옷이나 안경처럼 착용할 수 있게 해줌으로써 컴퓨터를 인간 몸의 일부로 여길 수 있도록 기여하는 기술
임베디드(embedded) 컴퓨팅	사물에 마이크로칩(microchip) 등을 심어 사물을 지능화하는 컴퓨팅 기술
감지(sentient) 컴퓨팅	컴퓨터가 센서 등을 통해 사용자의 상황을 인식하여 사용자가 필요로 하는 정보를 제공해주는 기술
노매딕(nomadic) 컴퓨팅	어떠한 장소에서도 이미 다양한 정보기기가 편재되어있어 사용자가 정보기기를 굳이 휴대할 필요가 없는 환경
퍼베이시브(pervasive) 컴퓨팅	어디든지 어떤 사물이든지 도처에 컴퓨터가 편재되도록 하여 현재의 전기나 가전제품처럼 일상화되는 환경
1회용(disposable) 컴퓨팅	1회용 종이처럼 한 번 쓰고 버릴 수 있는 수준의 싼 값으로 만들 수 있는 컴퓨팅 기술
엑조틱(exotic) 컴퓨팅	스스로 생각하여 현실 세계와 가상 세계를 연계해주는 컴퓨팅을 실현하는 기술

2 이동전화 세대별 진화

	1세대 아날로그	2세대 디지털	3세대 IMT-2000	4세대 LTE-Advanced	5세대 5G
주파수 효율	1배	3~8배	10배 이상	3세대보다 5배 이상	28GHz
서비스 유형	음성위주 (낮은 통화품질)	음성(통화품질 향상) 저속 데이터	음성(유선품질과 동등) 멀티미디어 서비스	음성(고품질 서비스) 영상통화 고속 멀티미디어 서비스	4세대보다 1000이상 빠른 트래픽 처리 초고속 처리 속도 사물인터넷 통신 가능
서비스 지역	국내	국내 및 제한적 국제로밍	국제로밍	국제로밍	국제로밍

3 IT 융합기술

IP-TV	인터넷을 이용하여 방송 및 기타 콘텐츠를 TV로 제공하는 서비스 방식
DMB(Digital Multimedia Broadcasting)	이동 멀티미디어 방송 디지털 비디오와 CD급 음질을 제공하며 이동통신망과 결합하여 각종 부가 데이터 서비스를 제공한다.
와이브로(Wibro)	언제 어디서나 이동 중에도 높은 전송속도로 무선인터넷 접속이 가능한 서비스
RFID(Radio Frequency Identification System)	무선 주파수를 이용한 비접촉 인식장치 태그와 리더기로 구성된 시스템으로 자동 인식과 데이터 수집용 무선통신 시스템이다.
USN(Ubiquitous Sensor Network)	무선 식별 시스템 대상 물체에 부착된 지능형 칩과 다양한 센서들을 통해 언제 어디서나 원하는 정보를 수집하고 통신할 수 있다.
ITS(Intelligent Transport System)	도로, 차량, 화물 등 기존 교통체계의 구성요소에 첨단 전자, 정보, 통신, 제어기술들을 적용하여 교통시설을 효율적으로 운영한다.
텔레매틱스(Telematics)	자동차 내의 단말기를 통해 자동차와 운전자에게 다양한 정보 서비스를 제공해주는 기술 위치 측정 시스템(GPS)과 지리정보 시스템(GIS)을 장착하고 교통정보, 응급상황 대처, 원격 차량 진단 등 서비스를 제공한다.
커뮤니티(Community) 컴퓨팅	사용자 주변의 환경을 기반으로 상황을 판단하고, 해당 상황에 적절한 서비스를 제공하기 위해 접속 가능한 여러 기능이나 서비스를 유기적으로 구성하여 문제를 해결한다.
NFC(Near Field Communication)	근거리 무선 통신, 두 대 이상의 단말기를 10cm 이내로 접근시켜 양방향 데이터를 송수신하는 기술
Bluetooth	수 미터에서 수십 미터 정도의 거리를 둔 정보기기 사이에, 전파를 이용해서 정보를 교환하는데 사용된다.
비콘(beacon)	근거리에 있는 스마트 기기를 자동으로 인식하여 필요한 데이터를 전송할 수 있는 무선 통신 장치이다.

THEMA 50 4차산업혁명 기술

1 증강현실/가상현실

	증강 현실(AR)	가상현실(VR)	혼합현실(MR)
구현방식	현실 정보 위에 가상정보를 입혀서 보여준다.	현실 세계를 차단하고 디지털 환경만 구축한다.	현실정보기반에 가상정보를 융합한다.
장점	현실 세계에 그래픽을 구현하는 형태로 즉각적으로 필요한 정보를 보여준다. 현실과 상호작용이 가능하다.	컴퓨터 그래픽으로 입체감 있는 영상을 구현한다.	현실과 상호작용이 우수하다. 사실감이 AR보다 높아진다.
단점	시야와 정보를 분리 몰입감이 떨어진다.	현실과 상호작용이 약하다.	처리할 데이터 용량이 커서 다루기 힘들다.

2 신경망(Neural Network)과 응용

신경망	학습하는 능력을 가진 지능적인 시스템 인간의 두뇌를 모방하여 많은 처리기들의 네트워크로 구성된 신경망 구조를 활용한다. 퍼셉트론: 뇌의 작용에서 힌트를 얻은 학습 능력이 있는 패턴 인식 기계
딥러닝	다층 신경망을 이용한 머신러닝 기법

머신러닝		학습 데이터	학습
	지도학습	[입력, 정답]	입력에 대한 모델의 출력과 해당 정답의 차이가 줄도록 모델을 수정하는 과정
	비지도학습	[입력]	데이터의 특성을 분석하거나 데이터를 가공하는데 사용
	강화학습	[입력, 출력, 출력 평가점수]	체어나 게임 플레이 등 상호작용을 통해 최적의 동작을 학습할 때 사용

3 사물인터넷(Internet of Things : IoT)

인터넷을 기반으로 모든 사물들을 연결하여 사람과 사물, 사물과 사물, 사물 간에 정보를 상호 소통하는 지능형 기술 및 서비스

	센싱 기술	온도, 습도, 열, 초음파 센서 등과 원격 감지, 레이더, 위치, 영상 센서 등의 사물과 주위 환경에서 정보를 얻는 정보 수집 기술
유무선 통신 및 네트워크 인프라 기술		블루투스, 와이파이, RFID, 적외선 통신 등 근거리 무선통신 LTE 등 이동통신 기술 유선 통신, GPS 등 위치기반 통신기술
	서비스 인터페이스 기술	서비스 제공을 위해 정보를 저장, 처리, 변환하는 역할을 수행한다.

4 빅데이터(big data)

(1) 빅데이터 기술의 6가지 요소

3가지 요소	크기(Volume)	방대한 양의 데이터
	다양성(Variety)	정형 데이터 + 비정형 데이터(소셜 미디어의 동영상, 사진, 대화내용 등)
	속도(Velocity)	실시간으로 생산되며 빠른 속도로 분석, 유통
	진실성(Veracity)	의사 결정이나 활동을 배경을 고려하여 이용됨으로써 신뢰 제고
	시각화(Visualization)	사용자 친화적인 시각적 기능을 통해 빅데이터의 모든 잠재력 활용
	가치(Value)	비즈니스에 실현될 궁극적 가치에 중점을 둠

(2) 빅데이터 요소 기술

요소 기술	설명	해당 기술
빅데이터 수집	조직 내부와 외부에 분산된 여러 데이터 소스로부터 필요한 데이터를 검색하여 수집하는 과정과 관련된 기술	크롤링 엔진/로그 수집기/센싱 등
빅데이터 공유	서로 다른 시스템 간의 데이터 공유	협업 필터링 등
빅데이터 저장	작은 데이터라도 모두 저장하여 실시간으로 데이터를 처리, 분석에 이용하는 기술	병렬 DBMS/하둡(Hadoop)/NoSQL 등
빅데이터 처리	많은 양의 데이터의 저장, 수집, 관리, 유통을 처리하는 기술	실시간처리/분산병렬처리/인-메모리 처리 등
빅데이터 분석	데이터를 정확하게 분석하여 비즈니스 등의 영역에 적용하기 위한 기술	통계분석/데이터마이닝 등
빅데이터 시각화	자료를 시각적으로 나타내는 기술	시간 시각화/분포 시각화/관계 시각화 등

5 클라우드

IaaS Infrastructure as a Service	• 서버, 스토리지, 네트워크를 가상화 환경으로 만들어, 필요에 따라 인프라 자원을 사용할 수 있게 서비스를 제공하는 형태 • "on-demand software"
SaaS Software as a Service	• 소프트웨어 및 관련 데이터는 중앙에 호스팅 되고 사용자는 웹 브라우저 등의 클라이언트를 통해 접속하는 형태 • 응용 소프트웨어 / 소프트웨어 제작 플랫폼
PaaS Platform as a Service	• 일반적으로 앱의 개발 및 시작과 관련된 인프라를 만들고 유지보수하는 복잡함 없이 고객이 애플리케이션을 개발, 실행, 관리할 수 있게 하는 플랫폼을 제공한다.

THEMA 51 자료구조론 개요

1 데이터 저장 방식

선형 구조(1:1)		비선형 구조	
배열(array)	저장, 검색 위주	트리(tree)	1 : n 계층적 구조
연결리스트(linked list)	삽입, 삭제 위주	그래프(graph)	n : m 순환적 구조
스택(stack)	LIFO		
큐(queue)	FIFO		

2 데이터 정렬

비교 후 정렬	버블 정렬, 선택 정렬, 삽입 정렬
	퀵 정렬, 2-way merge 정렬, 힙 정렬
비교 없이 분배	기수 정렬

3 데이터 탐색

순차 탐색	정렬되지 않은 데이터
이진 탐색	정렬된 데이터, 배열 저장
이진 탐색 트리	정렬되지 않았지만 탐색에 효율적인 형태
탐색 구조	AVL 트리, B-트리 계열
해싱	주소를 계산하여 데이터 탐색

THEMA 52 알고리즘

1 알고리즘의 특성

① 입력(Input) : 외부에서 제공되는 자료가 있을 수 있다. (0개 이상의 입력이 존재)
② 출력(Output) : 반드시 한 개 이상의 결과를 생성한다.
③ 명확성 : 각 명령들은 명확하고, 모호하지 않아야 한다.
④ 유한성 : 어느 한정된 수의 단계 뒤에는 반드시 종료한다.
⑤ 실제성 : 알고리즘의 모든 명령은 실행 가능하다.
⑥ 유효성 : 원칙적으로 모든 명령들은 종이와 연필만으로 수행될 수 있게 기본적이어야 한다.

2 시간 복잡도 함수

① 연산의 개수를 입력의 개수 n의 함수로 나타낸 것을 시간 복잡도 함수라 한다.
② 실행시간을 줄이고자 하면 메모리는 커지고, 메모리를 적게 사용하려면 실행시간이 느려진다.
③ 차수 표기법(Order Notation) : 알고리즘의 기본 연산수를 구하는 것은 각 연산의 수행 빈도수를 합한 것으로 정한다. 만일 그 연산수가 여러 개의 다른 항으로 표현되어 있다면 그 중 차수가 제일 높은 것을 선택한다.
④ 공간 복잡도는 메모리 필요량을 하는 메모리의 크기 문제에 대한 함수로 표현한 것을 의미한다.

$$O(1) < O(\log n) < O(n) < O(n \log n) < O(n^2) < O(n^3) < O(2^n) < O(n!) < O(n^n)$$

3 순환(Recursion)

① 순환(recursion)이란 어떤 알고리즘이나 함수가 자기 자신을 호출하여 문제를 해결하는 프로그래밍 기법이다.
② 순환 알고리즘은 이해하기 쉽다는 것과 쉽게 프로그래밍할 수 있는 장점이 있는 대신 수행시간과 기억 공간의 사용에 있어서 비효율적인 단점이 있다.

THEMA 53 배열

1 배열의 특성

① 공통성질을 갖는 순서된 데이터 항목들의 집합이라 할 수 있으며, 한 배열 내의 각 데이터 항목은 배열 첨자에 의해 구분되어진다.
② 배열은 정의(선언)될 때 이름, 크기, 데이터 타입이 결정되며 반드시 유한성을 갖는다.
③ 배열의 접근 방법은 순서에 따라 접근하지 않고 인덱스에 따라 직접 접근(direct access)한다.

2 전체 배열의 크기가 A(m, n)일 때, 현재 위치 A(i, j)의 주소를 구한다.

시작주소가 A(0,0) = base이고, 한 원소의 크기도 1바이트이다.

| 행우선 순서 | A(i, j) = base + (i)*n + (j) |
| 열우선 순서 | A(i, j) = base + (j)*m + (i) |

	행우선
	행의 변수가 정해진 후 열의 변수가 전체적으로 변한다. COBOL, C, PASCAL
	열우선
	열의 변수가 정해진 후 행의 변수가 전체적으로 변한다. FORTRAN

1000	1001	1002	1003	1004	1005	1006	1007	1008	1009	1010	1011
A(0,0)	A(0,1)	A(0,2)	A(0,3)	A(1,0)	A(1,1)	A(1,2)	A(1,3)	A(2,0)	A(2,1)	A(2,2)	A(2,3)

&A[1,2] = A + (1−0) × 4 + (2−0) = 1000 + 4 + 2 = 1006

1000	1001	1002	1003	1004	1005	1006	1007	1008	1009	1010	1011
A(0,0)	A(1,0)	A(2,0)	A(0,1)	A(1,1)	A(2,1)	A(0,2)	A(1,2)	A(2,2)	A(0,3)	A(1,3)	A(2,3)

&A[1,2] = A + (2−0) × 3 + (1−0) = 1000 + 6 + 1 = 1007

int A[3][4]일 때
* A(0,0)의 주소 값은 1000이면, A(1,2)의 주소는?

*(A+0)→	*A[0]→	(0,0)	(0,1)	(0,2)	(0,3)
*(A+1)→	*A[1]→	(1,0)	(1,1)	(1,2)	(1,3)
*(A+2)→	*A[2]→	(2,0)	(2,1)	(2,2)	(2,3)

↑
각 행의 시작주소

3 3차원 배열

① 3차원 배열은 p개의 2차원 배열로 구성되며 면, 행, 열로 표시한다.
② 3차원 배열 A(p, m, n)에서 A(k, i, j)의 주소를 구한다.
시작주소가 A(0,0,0) = base이고, 한 원소의 크기는 1바이트이다.

행우선 순서	A(k, i, j) = base + (k−0)mn + (i−0)*n + (j−0)
열우선 순서	A(k, i, j) = base + (k−0)mn + (j−0)*m + (i−0)

int A[3][3][4]일 때 행우선 A(2,1,3)의 주소는?
(단, 첨자는 0부터 시작하며 공간 1개는 1byte이고, A의 시작주소는 100이다.)

0면 면

100 (0,0)	(0,1)	(0,2)	(0,3)
(1,0)	(1,1)	(1,2)	(1,3)
(2,0)	(2,1)	(2,2)	111 (2,3)

1면 면

112 (0,0)	(0,1)	(0,2)	(0,3)
(1,0)	(1,1)	(1,2)	(1,3)
(2,0)	(2,1)	(2,2)	(2,3)

2면 면

124 (0,0)	(0,1)	(0,2)	(0,3)
(1,0)	(1,1)	(1,2)	131 (1,3)
(2,0)	(2,1)	(2,2)	(2,3)

&A(2,1,3) = A + (2−0) × 3 × 4 + (1−0) × 4 + (3−0)
= 100 + 24 + 4 + 3 = 131

THEMA 54 구조체

1 구조체 정의

① 배열이 타입이 같은 데이터의 모임이라면 구조체는 타입이 다른 데이터를 묶는 방법(복합자료형)으로 사용자 정의 데이터형이다.
② C언어에서는 struct이라고 표기한다.

2 자기 참조 구조체

① 특별한 구조체로서 구성 요소 중에 자기 자신과 같은 타입을 가리키는 포인터가 한 개 이상 존재하는 구조체이다.
② 연결리스트나 트리를 구성할 때 많이 사용한다.
③ 항목의 개수를 미리 예측할 수 없는 경우 동적으로 기억장소를 할당받아 이들을 포인터로 연결하여 자료 구조를 구성한다.

〈자기참조 구조체 생성〉
```
typedef struct ListNode{
    char  data[10];
    struct  ListNode *link;
} ListNode;
```

THEMA 55 연결리스트(linked list)

1 포인터

① 포인터 변수는 다른 변수의 주소를 가지고 있다.	int *pi; pi는 정수형 변수를 가리키는 포인터
② 포인터는 『다른 변수를 가리킨다』라고 말할 수 있다.	float *pf; pf는 실수형 변수를 가리키는 포인터
③ 변수의 주소는 & 연산자를 변수에 적용시켜 추출할 수 있다.	char *pc; pc는 문자형 변수를 가리키는 포인터
④ 포인터 변수가 가리키는 메모리의 내용을 추출하거나 변경하려면 *연산자를 사용한다.	struct a *ps; ps는 구조체 a 타입을 가리키는 포인터

2 메모리 할당(memory allocation)

정적 메모리 할당 (static memory allocation)	• 프로그램이 시작되기 전에 미리 정해진 크기의 메모리를 할당 받는 것이다. • 프로그램 실행 중간에 크기 변경을 할 수 없다. • 간단하게 메모리를 할당할 수 있지만 경우에 따라 비효율적이다.		
동적 메모리 할당 (dynamic memory allocation)	• 프로그램 수행 중 필요한 만큼의 메모리를 시스템으로부터 할당 받아서 사용하고, 사용이 끝나면 시스템에 메모리를 반환한다.		
	void *malloc(int size)	size 바이트 만큼의 메모리 블록을 할당한다. 새로운 메모리 블록의 시작 주소(즉, 포인터)를 반환한다.	
	void free( )	동적으로 할당되었던 메모리 블록을 반납한다.	

3 연결리스트(Linked List)

(1) 연결리스트 특징

① 연결리스트는 선형리스트의 논리적인 순서와 메모리내의 물리적인 순서가 일치하지 않는다.
② 연결리스트는 순서리스트에서 임의의 위치에 있는 항목을 삭제하거나 삽입할 때 데이터들의 이동이 일어나지 않는 선형구조이다.
③ 임의 원소의 값을 수정하는 연산이 일어날 경우 많은 탐색시간을 필요로 한다.
④ 포인터만큼의 기억공간의 낭비가 발생한다.

(2) 단순 연결리스트(Singly-Linked List)

```
head  30번지      40번지      10번지      50번지
 30 →  A  40  →   B  10  →   C  50  →   D  ^
       data link
```

삽입	삭제
insert_node(L, before, new) if L == NULL then L = new; else new→link = before→link; before→link = new;	remove_node(L, before, removed) if L ◇ NULL then before→link = removed→link; free(removed);

(3) 원형 연결리스트(Circular-Linked List)

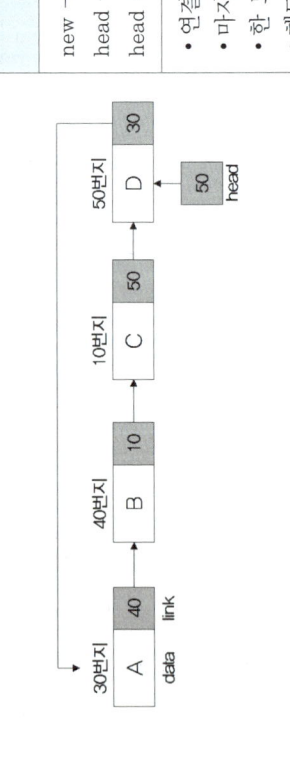

마지막 노드로 삽입	첫 노드 삭제
new → link = head → link; head → link = new; head = new;	head → link = head → link → link; free(head → link);

- 연결리스트의 마지막 원소의 연결부분에 null이 아닌 첫 노드의 주소를 저장한다.
- 마지막 노드와 첫 번째 노드로도 이웃 노드가 된다.
- 한 노드에서부터 다른 어떤 노드로도 접근할 수 있는 장점이 있다.
- 헤드가 마지막 노드를 가리키는 것이 원형큐 구현을 수행할 때 더 효율적이다.

(4) 이중 연결리스트(Double-Linked List)

삽입	삭제

before 노드 오른쪽에 삽입
 	
new_node → llink = before;
new_node → rlink = before → rlink;
before → rlink → llink = new_node;
before → rlink = new_node;
	remove 노드 삭제
	
	removed → llink → rlink = removed → rlink;
	removed → rlink → llink = removed → llink;
	free(removed);
	}

- 하나의 노드에 forward와 backward의 위치를 나타내는 2개의 포인터를 갖는다.
- 서로 반대 방향으로 선행, 후속 노드를 가리킬 수 있다.
- 임의 노드의 포인터가 파괴되었을 때 복구가 가능하다.
- 2개의 포인터에 의한 메모리 낭비가 발생한다.

THEMA 56　스택(stack)

1 스택의 특성

① LIFO(Last In First Out) : 모든 작업은 항상 최근의 위치에 국한된다.
② 주요 작업은 삽입(push)・삭제(pop)이며 시간복잡도는 O(1)이다.
③ Top(Stack Pointer)를 사용하여 가장 나중에 입력된 데이터의 위치를 가리킨다.

2 배열 구조에서의 스택의 삽입/삭제(단, top의 초기값은 -1이다)

삽입	삭제

void push(element item)
{ if (top >= MAX_STACK_SIZE-1)
　stackfull();
　stack[++top] = item;
}
	element pop()
	{ if (top == -1)
	　return stackempty();
	　return stack[top--];
	}

3 스택의 응용

복귀 주소 관리(서브루틴 호출), 인터럽트, 순환(recursion), 연산표기식, 이진트리 순회(전위, 중위, 후위), 퀵 정렬, 깊이우선 탐색 등

연산표기식과 이진트리 순회 관계

전위 (루트 → 왼쪽자노드 → 오른쪽자노드)	중위 (왼쪽자노드 → 루트 → 오른쪽자노드)	후위 (왼쪽자노드 → 오른쪽자노드 → 루트)
＋ A B	A ＋ B	A B ＋
연산자-데이터-데이터	데이터-연산자-데이터	데이터-데이터-연산자

＋
├ A
└ B

154　컴퓨터일반

THEMA 57 큐(queue)

1 큐의 특성

① FIFO(First In First Out) : 먼저 입력된 데이터부터 출력하고 입력은 뒤쪽으로 하는 제한된 자료구조
② 주요 작업은 삽입(push) · 삭제(pop)이며 시간복잡도는 O(1)이다.

2 순차큐에서의 삽입/삭제(단, front와 rear의 초기값은 -1이다)

순차 큐에서의 삽입	순차 큐에서의 삭제

``
void addq(element item)
{ /* queue에 item을 삽입 */
  if (rear == MAX_QUEUE_SIZE - 1)
    queueFull();
  queue[++rear] = item;
}
``
	``
	element deleteq()
	{ /* queue의 앞에 있는 원소를 삭제 */
	  if (front == rear)
	    return queueEmpty();
	  return queue[++front];
	}
	``

3 원형큐에서의 삽입/삭제

원형 큐에서의 삽입	원형 큐에서의 삭제

void addq(element item)
{ /* queue에 item을 삽입 */
　if ((rear+1) mod MAX_QUEUE_SIZE == front)
　　queueFull();
　rear = (rear + 1) mod MAX_QUEUE_SIZE;
　queue[rear] = item;
}
	element deleteq()
	{ /* queue의 앞에 있는 원소를 삭제 */
	　if (front == rear)
	　　return queueEmpty();
	　front = (front + 1) mod MAX_QUEUE_SIZE;
	　return queue[front];
	}

- 원형큐가 꽉 찬 상태(Full)

[0]	[1]	[2]	[3]	[4]
data1	data2	data3		data4

　　　　　rear　front

- 원형큐가 빈 상태(Empty)

[0]	[1]	[2]	[3]	[4]

　rear
　front

4 큐의 응용

작업 스케줄링, 그래프의 너비 우선탐색, 트리의 level 순회, 스풀링 등

156

THEMA 58 트리(tree)

1 트리의 정의

① 한 항목(노드) 다음에 다른 항목 하나가 이어지는 선형구조와는 달리 한 항목 다음에 여러 개의 다른 항목이 오면서 계층적인 구조를 갖는다.
② 하나 이상의 유한한 개수의 노드로 구성되며 반드시 근(Root) 노드부터 시작하여 노드와 노드의 관계는 가지(Branch)에 의해 표현된다.
③ 어떠한 두 노드 사이에도 사이클(Cycle)이 존재하지 않는 연결그래프이다.

일반 트리	트리 용어
 level 1 2 3 4	• 근(root) : A • 단말노드(terminal) : K, L, F, G, M, I, J • 비단말노드(non-terminal) : A, B, C, D, E, H • A의 차수(degree) : 3, B의 차수 : 2, H의 차수 : 1 • 트리의 차수 : 3 • 높이(height), 깊이(depth) : 4

2 이진트리(binary tree)

① n개의 노드를 가진 이진트리는 정확하게 n−1개의 간선을 갖는다.
② 이진트리의 레벨 i에서의 최대 노드 수는 $2^{i-1}(i \geq 1)$이다.
③ 깊이가 k인 이진트리의 경우 최소 k개의 노드를 가지며 최대 $2^k-1(k \geq 1)$개의 노드를 갖는다.
④ k개의 노드를 가지는 이진트리의 깊이는 최대 k이거나 최소 $\lceil \log_2(k+1) \rceil$이다.
⑤ 공백이 아닌 모든 이진트리 T에 대하여, n_0는 리프 노드 수, n_2는 차수가 2인 노드 수라고 하면 $n_0 = n_2 + 1$이다.

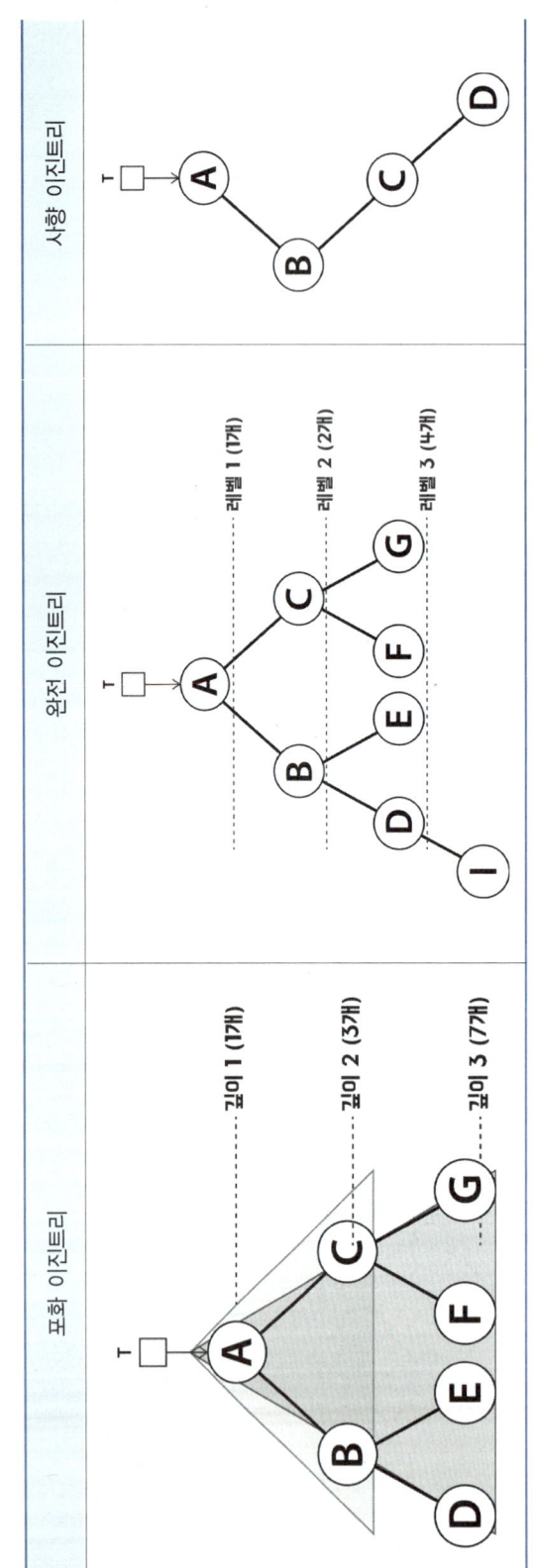

3 이진트리 표현 방법

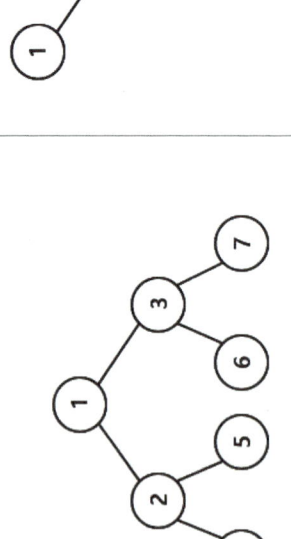

- 노드 i의 부모 노드 인덱스 = $\lfloor \frac{i}{2} \rfloor$
- 노드 i의 왼쪽 자식 노드 인덱스 = $2i$
- 노드 i의 오른쪽 자식 노드 인덱스 = $2i + 1$

- 루트의 인덱스는 1이다. (0번 인덱스는 사용하지 않는다)
- 포화이진트리 또는 완전이진트리는 배열로 표현하는 것이 더 효율적이다.
- 사향이진트리는 연결리스트로 표현하는 것이 더 효율적이다.

THEMA 59 이진트리 순회(traversal)

전위 순회 (preorder)	루트(부노드) - 왼쪽 자노드 - 오른쪽 자노드 A - (B - D) - (C - (E - G) - (F - H))
중위 순회 (inorder)	왼쪽 자노드 - 루트(부노드) - 오른쪽 자노드 (D - B - A - ((E - G) - C - (H - F))
후위 순회 (postorder)	왼쪽 자노드 - 오른쪽 자노드 - 루트(부노드) (D - B) - ((G - E) - (H - F) - C) - A
레벨 순회 (level)	A - B - C - D - E - F - G - H

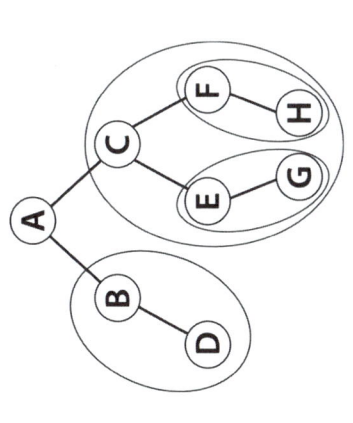

- 전위 순회(preorder traversal)에서 루트를 찾는다. 루트는 A이다.
- 중위 순회(inorder traversal)에서 루트의 왼쪽 서브트리와 오른쪽 서브트리를 구할 수 있다.
- 왼쪽 서브트리는 (D B)이고
- 오른쪽 서브트리는 (E G C H F)이다.

어떤 이진트리에서 중위 순회(inorder traversal)와 전위 순회(preorder traversal)를 수행한 결과가 다음과 같다. 이진트리를 완성하시오.

중위 순회 : D B A E G C H F
전위 순회 : A B D C E G F H

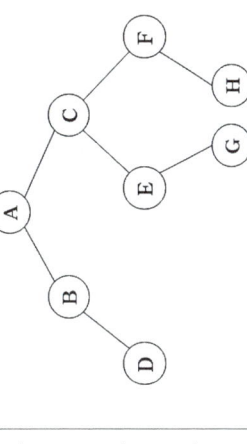

- 왼쪽 서브트리의 루트는 전위 순회를 통해 B임을 알 수 있다.
- 중위 순회에서 D가 B의 왼쪽 자노드임을 알 수 있다.
- 오른쪽 서브트리의 루트는 전위 순회를 통해 C임을 알 수 있다.
- 중위 순회에서 (E G)는 C의 왼쪽 서브트리, (H F)는 오른쪽 서브트리임을 알 수 있다.

THEMA 60 그래프(graph)

1 그래프의 정의

무방향그래프	① 간선을 나타내는 정점의 쌍에 순서가 없다. ② 정점 A와 B를 연결하는 간선 (A, B)와 간선(B, A)은 같은 간선으로 취급된다. ③ n개의 정점을 가진 무방향 그래프에서 최대 간선수는 n(n-1)/2개이다.	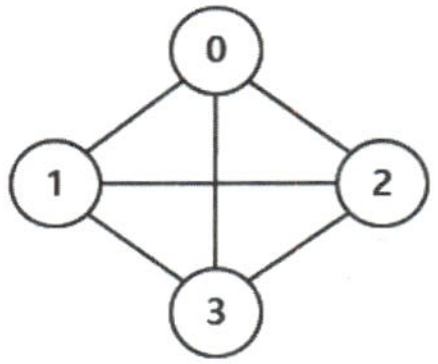 G1 정점 0, 1, 2, 3을 마름모꼴로 연결 $V(G1) = \{0, 1, 2, 3\}$ $E(G1) = \{(0,1), (0,2), (0,3), (1,2), (1,3), (2,3)\}$
		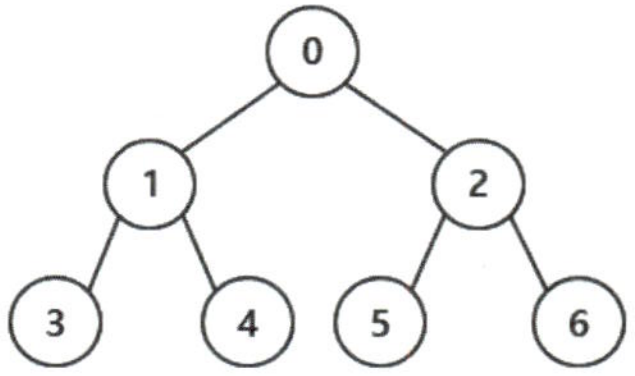 G2 정점 0을 루트로 하는 트리 (0-1, 0-2, 1-3, 1-4, 2-5, 2-6) $V(G2) = \{0,1,2,3,4,5,6\}$ $E(G2) = \{(0,1), (0,2), (1,3), (1,4), (2,5), (2,6)\}$
방향그래프	① 정점 A에서 출발하여 B로 연결되는 간선은 〈A, B〉이다. ② 정점 B에서 출발하여 A로 연결되는 간선은 〈B, A〉이다. ③ n개의 정점을 가진 방향 그래프에서 최대 간선 수는 n(n-1)개이다.	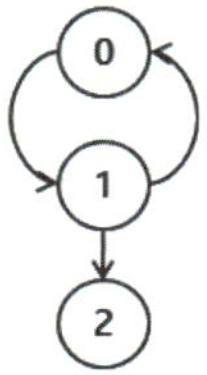 G3 정점 0에 자기 루프, 0→1, 1→0, 1→2 $V(G3) = \{0, 1, 2\}$ $E(G3) = \{\langle 0,1 \rangle, \langle 1,0 \rangle, \langle 1,2 \rangle\}$

2 그래프의 순회

깊이우선순회(depth first traversal)	① 시작 정점의 인접 리스트에 있는 정점 중 하나를 선택한다. ② 방문하는 순서대로 정점을 스택(stack)에 쌓고, 방문이 끝나면 스택에서 pop하는 형태로 구현된다. ③ 하나의 정점에서 다른 정점으로 이동하며 더 이상 깊이 들어갈 수 없을 때까지 이동한 다음 마지막 정점에서 더 이상 방문할 지점이 없으면 이전 정점으로 되돌아와(Backtracking) 다음 정점을 방문한다.
너비우선순회(breadth first traversal)	① 시작 정점을 방문한 후 시작 정점과 인접한 정점들을 우선적으로 방문하는 방식으로 임의의 정점을 방문하면 해당 정점의 인접한 정점을 우선적으로 방문하는 방식의 탐색 알고리즘이다. ② 큐(Queue)의 성질 활용하여 먼저 넣은 정점을 항상 먼저 방문한다.

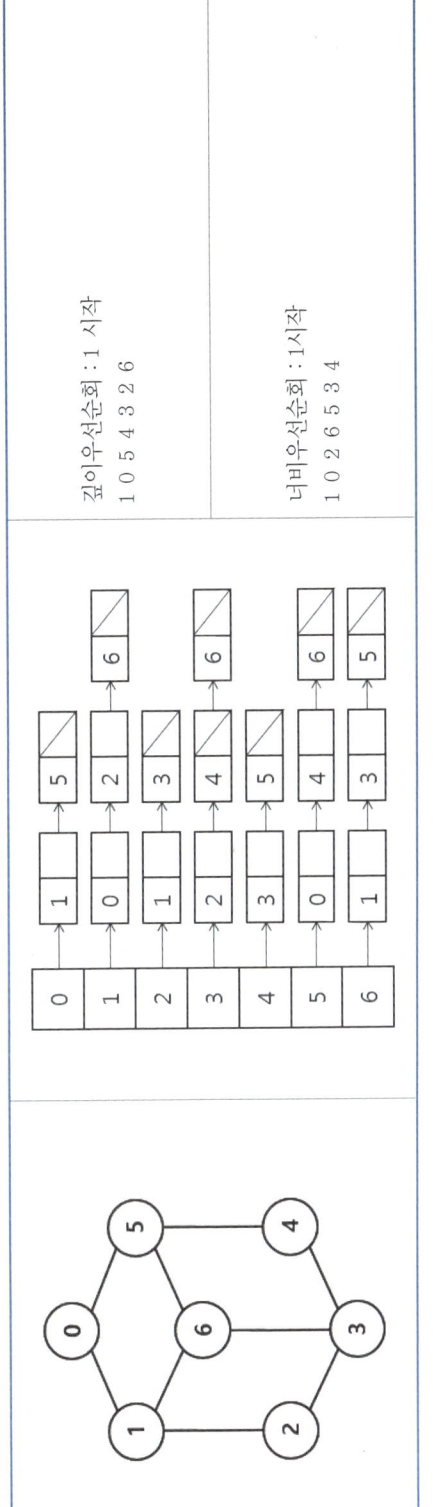

깊이우선순회 : 1 시작
1 0 5 4 3 2 6

너비우선순회 : 1시작
1 0 2 6 5 3 4

THEMA 61 최소 신장트리(MST ; Minimum Spanning Tree)

① 가중치 그래프에서 신장트리가 여러 개 있을 수 있는데, 그 중 모든 간선의 길이의 합이 최소인 것을 최소 신장트리라 한다.
② 트리는 사이클이 없는 연결그래프이며 그래프 G의 신장트리는 그래프 G 내의 모든 정점이 포함된 트리를 말한다. 신장트리의 간선의 수는 n−1개가 된다.

크루스칼(Kruskal)	프림(Prim)
• 간선의 개수가 e개면 $O(e\log e) + O(e) = O(e\log e)$	• 정점의 개수 n개면 $O(n^2)$

① 간선의 가중치 기준으로 오름차순 정렬한다.
② 간선의 가중치가 작은 순서부터 선택한다. (단, 사이클을 만들면 안된다.)
③ 정점이 모두 연결되어 신장트리가 될 때까지 반복한다.
(간선은 총 n−1개가 만들어진다.)

① 시작정점을 기준으로 인접 정점 중 최소 간선을 택한다.
② 연결된 부분과 연결되지 않은 부분을 잇는 간선 중 최소의 간선을 택하고, 연결하지 않은 정점 중 이 간선에 근접한 정점을 연결한 부분으로 포함시킨다.
③ 정점이 연결되어 신장트리가 될 때까지 반복한다.
(간선은 총 n−1개가 만들어진다.)

THEMA 62 AOE(Activity On Edge) 네트워크

임계경로(Critical Path) : 네트워크에서 각 작업들이 병행하여 수행될 수 있으므로 그 프로젝트를 완료하는 최소시간을 말한다. 시작 정점에서 종료 정점까지의 최장 경로 길이이다.

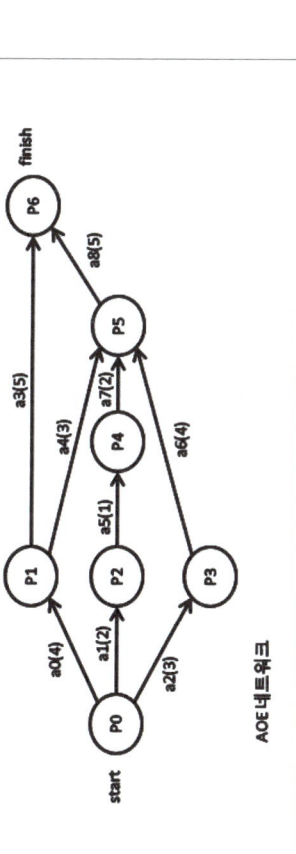

AOE 네트워크

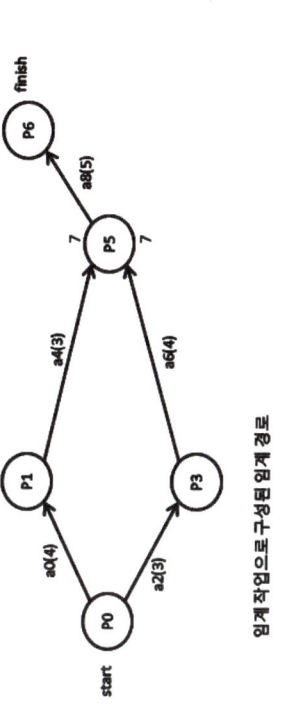

임계작업으로 구성된 임계 경로

작업	작업시간	late	early	여유기간(late-early)	임계작업
a0	4	12−(4+3+5) = 0	0	0	○
a1	2	12−(2+1+2+5) = 2	0	2	
a2	3	12−(3+4+5) = 0	0	0	○
a3	5	12−5 = 7	4	3	
a4	3	12−(3+5) = 4	4	0	○
a5	1	12−(1+2+5) = 4	2	2	
a6	4	12−(4+5) = 3	3	0	○
a7	2	12−(2+5) = 5	3	2	
a8	5	12−5 = 7	7	0	○

THEMA 63 정렬

1 정렬 알고리즘

정렬종류	평균	최악	특징
버블정렬	$O(n^2)$	$O(n^2)$	인접한 i번째 키와 (i+1)번째 키를 비교하여 교환하는 방법 초기 데이터가 원하는 정렬 순서로 입력되면 정렬을 도중에 멈출 수 있다.
선택정렬	$O(n^2)$	$O(n^2)$	키 중 최소값을 선택하여 첫 레코드와 교환하는 방식을 반복한다. 비교횟수가 많을 수 있으나, 이동횟수는 적다.
삽입정렬	$O(n^2)$	$O(n^2)$	초기 상태에서 첫 번째 레코드를 정의된 것으로 본다. 두 번째 레코드부터 키의 순서에 맞는 위치로 삽입시켜가며 정렬한다.
퀵정렬	$O(n\log_2n)$	$O(n^2)$	평균수행시간이 비교에 의한 정렬 방법 중에서 제일 짧다. 정렬된 입력이 들어오면 최악의 경우가 된다.
2-way merge 정렬	$O(n\log_2n)$	$O(n\log_2n)$	2개의 정렬된 파일을 하나의 정렬된 파일로 병합한다.
힙정렬	$O(n\log_2n)$	$O(n\log_2n)$	완전이진트리로 우선순위가 가장 높은 값(최댓값 또는 최솟값)이 있는 힙(heap) 트리의 삭제 동작을 반복한다.
기수정렬	$O(n)$	$O(n)$	분배에 의한 정렬로 비교에 의한 다른 방법들보다 고속 처리된다.

버블 정렬

정렬 전	5	2	3	1	4
1회전	2	3	1	4	5	4번 비교
2회전	2	1	3	4	5	3번 비교
3회전	1	2	3	4	5	2번 비교
4회전	1	2	3	4	5	1번 비교

선택 정렬

정렬 전	5	2	3	1	4
1회전	1	2	3	5	4	4번 비교
2회전	1	2	3	5	4	3번 비교
3회전	1	2	3	5	4	2번 비교
4회전	1	2	3	4	5	1번 비교

삽입 정렬

정렬 전	5	2	3	1	4
1회전	2	5	3	1	4	1번 비교
2회전	2	3	5	1	4	2번 비교
3회전	1	2	3	5	4	3번 비교
4회전	1	2	3	4	5	2번 비교

THEMA 64

퀵 정렬

1	피벗 지정	피벗(pivot)이 가리키는 값을 결정한다.
2	L과 H 교환하기	L이 가리키는 값이 피벗보다 작으면 L은 1증가한다. 아니면 멈춘다. H가 가리키는 값이 피벗보다 크면 H는 1감소한다. 아니면 멈춘다. 모두 멈춘 경우 L이 가리키는 값과 H가 가리키는 값을 교환한다.
3	피벗과 H 교환	1, 2의 동작을 H>=L이 동안 반복한다. H가 L보다 작아지면 피벗과 H가 가리키는 값을 교환하며 한 회전을 완성한다.

0	1	2	3	4	5	6	7	8	9
5	9	3	7	4	1	6	2	10	8
↑피벗	↑초기 L ↑L						↑H		↑초기 H

0	1	2	3	4	5	6	7	8	9
5	2	3	7	4	1	6	9	10	8
↑피벗			↑L		↑H				

0	1	2	3	4	5	6	7	8	9
5	2	3	1	4	7	6	9	10	8
↑피벗				↑H	↑L				

0	1	2	3	4	5	6	7	8	9
4	2	3	1	5	7	6	9	10	8
				↑피벗					

THEMA 65 힙 정렬 / 2-way 합병 정렬 / 기수 정렬

1 힙(heap) 정렬

초기 데이터 {3, 2, 5, 1, 4}로 분배힙에 하나씩 삽입하며 최대힙을 구성한다.

3삽입/2삽입	5삽입	5삽입/4삽입	1삽입/4삽입
		5와 3을 교환	4와 2를 교환

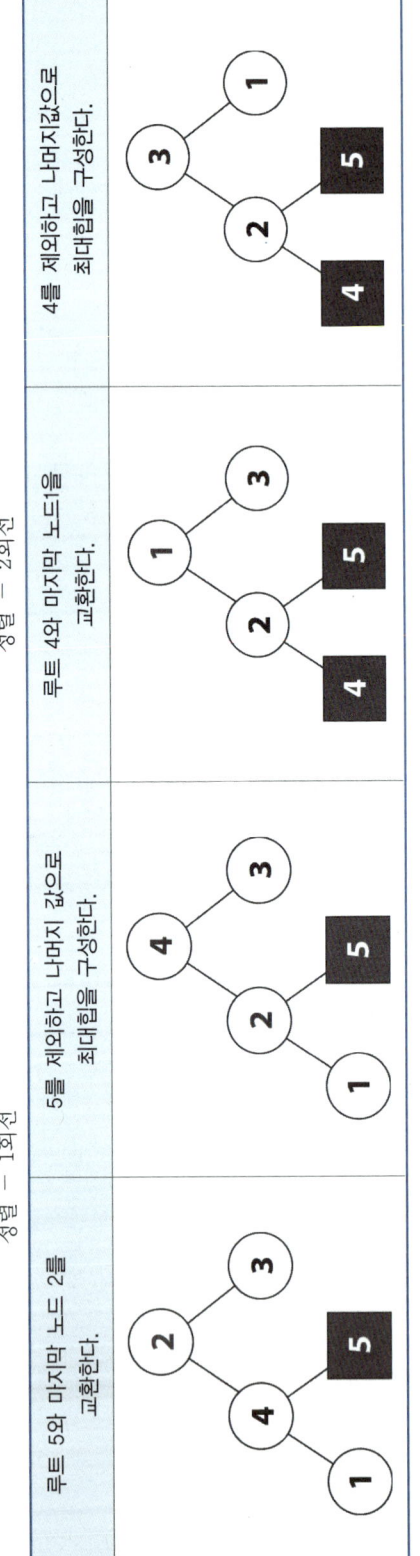

정렬 - 1회전

루트 5와 마지막 노드 2를 교환한다.

5를 제외하고 나머지 값으로 최대힙을 구성한다.

정렬 - 2회전

루트 4와 마지막 노드 1을 교환한다.

4를 제외하고 나머지 값으로 최대힙을 구성한다.

정렬 - 3회전   정렬 - 4회전

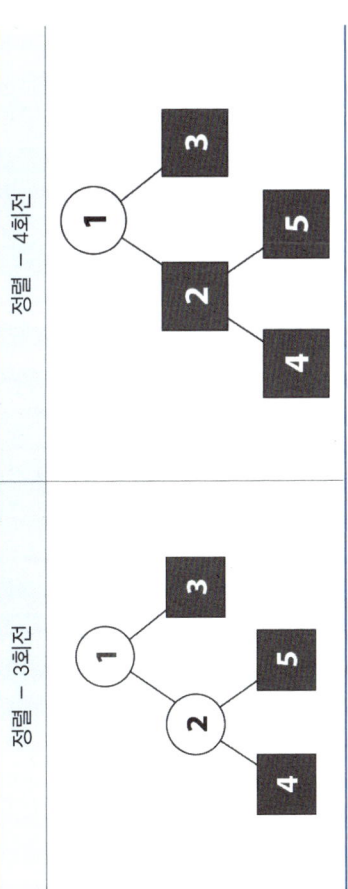

2 2-way 합병 정렬(반복)

초기상태	7	3	1	6	4	2	5
1회전	3	7	1	6	2	4	5
2회전	1	3	6	7	2	4	5
3회전	1	2	3	4	5	6	7

3 기수 정렬

기수 정렬 회전별 큐 상태

	1회전 (1의자리 비교)	2회전 (10의자리 비교)
0		
1		16
2		23
3	53, 23	37
4		
5		53
6	16	
7	37	
8	98	
9		98

→

정렬된 결과 값을 보관하는 큐

초기 데이터	53, 23, 37, 16, 98
1회전 결과	53, 23, 16, 37, 98
2회전 결과	16, 23, 37, 53, 98

- 비교없이 분배로 해결한다.
- 다른 정렬 기법에 비해 공간복잡도가 크다.

THEMA 66 탐색

1 탐색 방식 비교

탐색 방법	시간 복잡도	특징
순차 탐색	O(n)	• 하나의 레코드씩 차례로 k 값이 k와 같은지 비교하여 찾는다. • 정렬되지 않은 파일에도 탐색할 수 있는 방법이다.
이진 탐색	O($\log_2 n$)	• 파일이 반드시 정렬되어 있어야만 가능하다. • 한 번의 비교로 탐색대상이 १/२으로 감소한다. • 데이터의 삽입이나 삭제가 빈번할 시 적합하지 않고 주로 고정된 데이터에 적합하다.
이진 탐색트리	균형적 : O($\log_2 n$) 불균형적 : O(n)	• 첫 번째 삽입되는 데이터는 루트가 된다. • 부노드를 기준으로 자노드 값이 크면 오른쪽, 작으면 왼쪽에 배치한다. • 이진탐색트리는 k 입력순서에 따라 균형형일수도 불균형형일수도 있다. • 중위 순회하면 항상 오름차순으로 정렬된 결과를 얻는다.
해싱	완전 해싱 : O(1) 중돌발생 : O(n)	비교없이 탐색이 가능한 방법으로 해시함수를 이용하여 해시주소를 얻는다.

2 이진탐색

배열인덱스	0	1	2	3	4	5	6	7	8
탐색성공 횟수	3	2	3	4	1	3	2	3	4
	L	$\dfrac{0+3}{2}$		H	$\dfrac{0+8}{2}$	L	$\dfrac{5+8}{2}$		H

- if (k < A[mid]) then H = m − 1;
- if (k > A[mid]) then L = m + 1;
- if (k = A[mid]) then 검색 성공;

THEMA 67 이진탐색트리 / AVL 트리

1 이진탐색트리(binary search tree)

특징		
• 모든 원소는 키(key)를 가지며, 어떤 두 원소도 동일한 키를 갖지 않는다. • 왼쪽 서브트리에 있는 키들은 루트의 키보다 작은 값이다. • 오른쪽 서브트리에 있는 키들은 루트의 키보다 큰 값이다. • 왼쪽 서브트리와 오른쪽 서브트리도 모두 이진탐색트리이다.	삽입 순서 : 30, 50, 10, 60, 40, 80, 70	삽입 순서 : 50, 30, 70, 10, 40, 60, 80

2 AVL 트리

- AVL트리는 항상 균형상태 유지하므로 탐색시간복잡도는 O(logn)을 보장한다.
- 균형인수가 0 또는 ±1을 유지한다.
- 균형인수 : 왼쪽 서브트리 길이 – 오른쪽 서브트리 길이
- 균형이 깨지면 회전을 수행하여 균형적인 트리로 변환한다.

삽입순서 : {10, 30, 20, 25, 28}

| 20 삽입 시 불균형 발생 | RL 회전 | 25 삽입 | 28 삽입 시 불균형 발생 | LR 회전 |

THEMA 68 m차 B-트리(m=3)

- 루트 노드는 적어도 2개의 자식을 갖는다.
- 루트노드와 외부 노드를 제외한 모든 내부 노드는 최소 $\lceil \frac{m}{2} \rceil$개, 최대 m개의 자식노드를 갖는다.
- 모든 외부 노드들은 같은 레벨에 있다.

삽입 순서 : {1, 2, 3, 4, 5, 6, 7, 8, 9, 10}

1, 2, 3 삽입

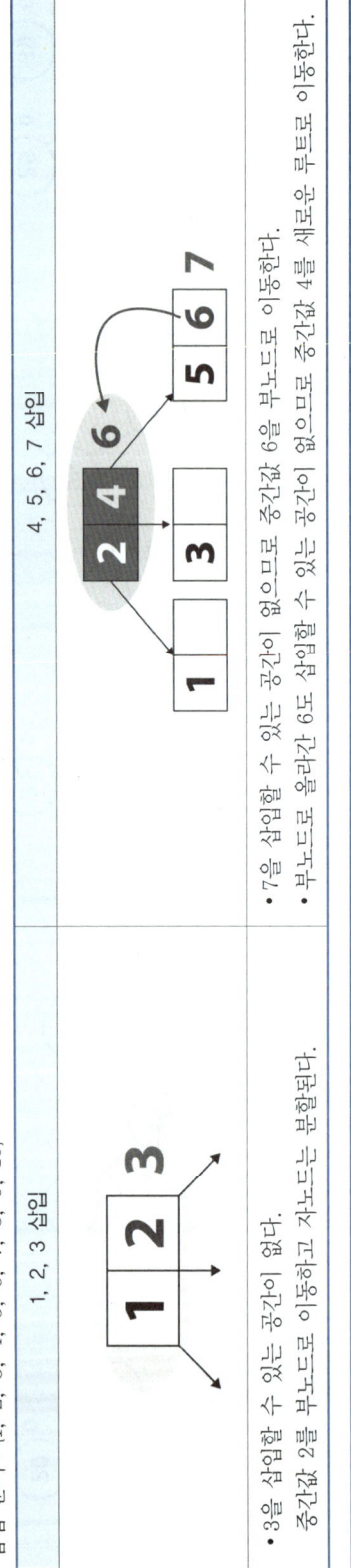

4, 5, 6, 7 삽입

- 3을 삽입할 수 있는 공간이 없다.
중간값 2를 부노드로 이동하고 자노드는 분할된다.

- 7을 삽입할 수 있는 공간이 없으므로 중간값 6을 부노드로 이동한다.
- 부노드로 올라간 6도 삽입할 수 있는 공간이 없으므로 새로운 루트로 이동한다.

8, 9 삽입

10 삽입

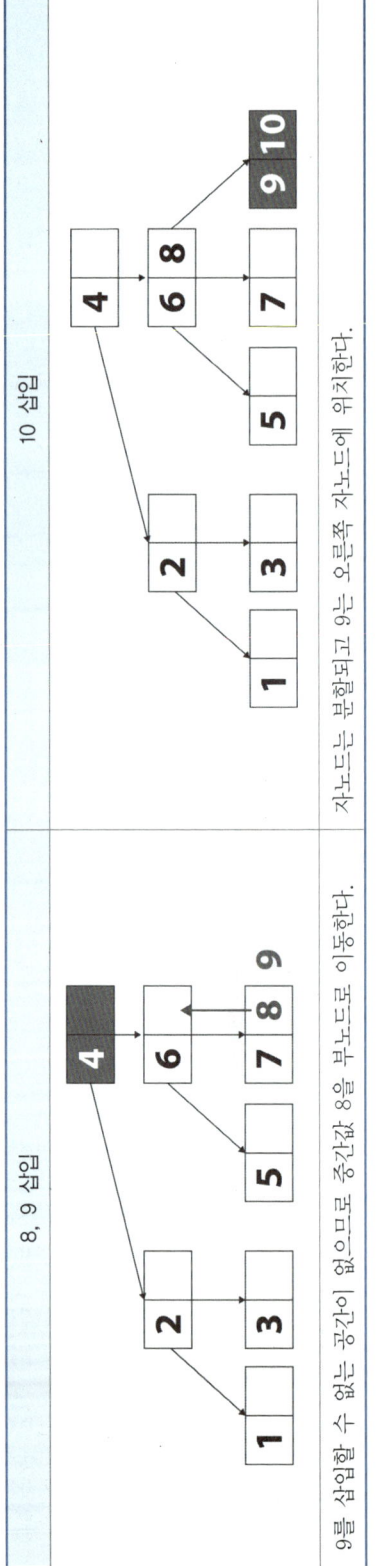

9를 삽입할 수 있는 공간이 없으므로 중간값 8을 부노드로 이동한다.

자노드는 분할되고 9는 오른쪽 자노드에 위치한다.

THEMA 69 해싱(hashing)

1 해싱 절차

키 → 해시 함수 → 해시 주소 → 해시 테이블 저장 / 해시 테이블 탐색

해시 함수:
- 제곱법
- 제산법
- 폴딩법
- 자릿수 분석법
- 진법변환

해시 주소:
- 중돌 시 오버플로우 해결
- 선형조사법(+1)
- 이차조사법($+n^2$)
- 이중해싱
- 연쇄방법(체이닝)

2 해싱 특징/용어

특징
① 탐색목표가 아닌 다른 레코드의 키 값과 비교할 필요가 없다.
② 탐색 시간 복잡도 : O(1)
③ 중돌이 발생하면 탐색의 시간 복잡도는 O(n)이다.

용어
① 버켓(bucket)은 자료를 저장할 기억장소로 1개 이상의 슬롯(slot)으로 구성된다.
② 해시표(Hash table)은 해상함수에 의해 산출된 해시주소의 위치에 해당 자료를 기억시킨 표이다.
③ 해상함수는 키에 대한 해시주소를 구할 때 적용되는 함수이다.
④ 해시주소 : 해상함수에 의해 계산된 번지로 자료가 저장되는 주소이다.
⑤ 중돌(Collision) : 서로 다른 데이터가 동일한 해시 주소를 가지는 경우
⑥ 오버플로(Overflow) : 중돌이 발생하여 자료를 저장할 공간이 없는 경우
⑦ 동의어(Synonym) : 중돌이 발생한 서로 다른 값을 가지는 두 개 이상의 데이터

3 오버플로우 해결

개방주소법	선형조사법	(해시주소 + 1, 2, 3,......) % n
	이차조사법	(해시주소 + 1^2, 2^2, 3^2,......) % n
	이중해싱	(해시주소 + key에 대한 변위) % n, key에 대한 변위는 2차해시함수로 구한다.
폐쇄주소법	체이닝	주소를 변환하지 않고 연결리스트로 구성한다.

4 해시주소 계산

- 해시 테이블의 크기는 7이다.
- 해시 함수 $h(k) = k \% 7$
- 충돌은 선형조사법(linear probing)으로 처리한다.
- 키 값의 입력 순서: 9, 16, 2, 6, 20

선형조사법

9 % 7 = 2
16 % 7 = 2 → 충돌 → (2+1) % 7 = 3
2 % 7 = 2 → 충돌 → (2+1) % 7 = 3 → 충돌 → (2+2) % 7 = 4
6 % 7 = 6
20 % 7 = 6 → 충돌 → (6+1) % 7 = 0

0	20
1	9
2	16
3	2
4	
5	
6	6

이차조사법

9 % 7 = 2
16 % 7 = 2 → 충돌 → (2+1^2) % 7 = 3
2 % 7 = 2 → 충돌 → (2+1^2) % 7 = 3 → 충돌 → (2+2^2) % 7 = 6
6 % 7 = 6 → 충돌 → (6+1^2) % 7 = 0
20 % 7 = 6 → 충돌 → (6+1^2) % 7 = 0 → 충돌
→ (6+2^2) % 7 = 3 → 충돌 → (6+3^2) % 7 = 1

0	6
1	20
2	9
3	16
4	
5	
6	2

이중해싱(2차 해시함수 : 5-(k mod 5))

9 % 7 = 2
16 % 7 = 2 → 충돌 → (2+ (5-(16%5))) % 7 = (2+4) % 7 = 6
2 % 7 = 2 → 충돌 → (2+ (5-(2%5))) % 7 = (2+3) % 7 = 5
6 % 7 = 6 → 충돌 → (6+(5-(6%5))) % 7 = 3
20 % 7 = 6 → 충돌 → (6+(5-(20%5))) % 7 = 4

0	
1	9
2	6
3	20
4	2
5	
6	16

체이닝(chaning)

9 % 7 = 2
16 % 7 = 2
2 % 7 = 2
6 % 7 = 6
20 % 7 = 6

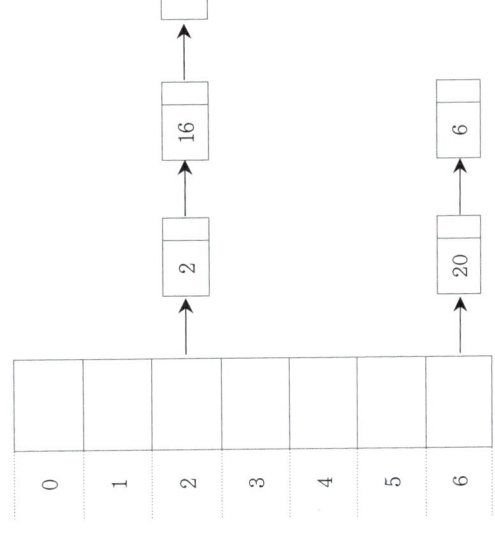

THEMA 70 데이터베이스 개요

1 데이터베이스 정의

통합 데이터(Integrated Data)	데이터의 중복을 최소화한 데이터의 집합
저장 데이터(Stored Data)	컴퓨터가 접근할 수 있는 저장매체에 저장된 데이터
운영 데이터(Operational Data)	조직의 존재 목적이나 기능을 수행하는 데 없어서는 안 될 데이터의 집합
공용 데이터(Shared Data)	한 조직에 있는 여러 응용 시스템들이 공동으로 소유하고 유지하며 이용하는 공용 데이터

2 데이터베이스 특성

실시간 접근성(real-time accessibility)	임의적인 질의(query)에 대하여 실시간 처리로 응답할 수 있어야 한다.
계속적인 변화(continuous evolution)	항상 그 내용이 변하며, 이런 변화 속에서 현재의 정확한 데이터를 유지해야 한다.
동시 공용(concurrent sharing)	여러 사용자가 동시에 자기가 원하는 데이터에 접근하여 이용할 수 있어야 한다.
내용에 의한 참조(contents reference)	사용자가 요구하는 데이터의 내용(data content), 즉 값에 따라 참조된다.

3 데이터베이스 발전 과정

파일 시스템	데이터 종속성과 중복성이 심하다.
계층형 모델	데이터가 계층적으로 상하 종속적인 트리 관계로 구성된다.
망형 모델	그래프 상의 노드 형태로 논리적으로 표현한 데이터 모델
관계형 모델	데이블 형태로 구성한 구조
객체지향형 모델	데이터(속성)과 연산(메소드)로 구성된 객체를 이용한다.
객체관계형 모델	관계형 데이터베이스의 안정된 성능에 기반하면서 객체 지향 데이터베이스의 장점을 도입한 모델이다.

THEMA 71 파일 시스템 / DBMS

1 파일 시스템

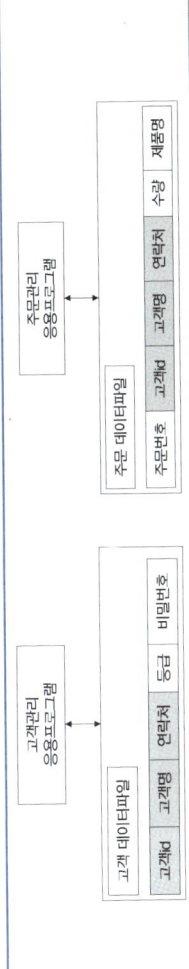

① 데이터 종속성(Data Dependency) : 데이터의 구성 방법이나 접근 방법이 변경으로 관련된 응용 프로그램도 같이 변경해야 한다.
② 데이터 중복성(Data Redundancy) : 한 시스템 내에 같은 내용의 데이터가 중복되어 저장, 관리된다.
③ 데이터 파일에 대한 동시 공유, 보안, 회복 기능이 부족하다.
④ 응용 프로그램 개발이 쉽지 않다.

2 데이터베이스 관리 시스템

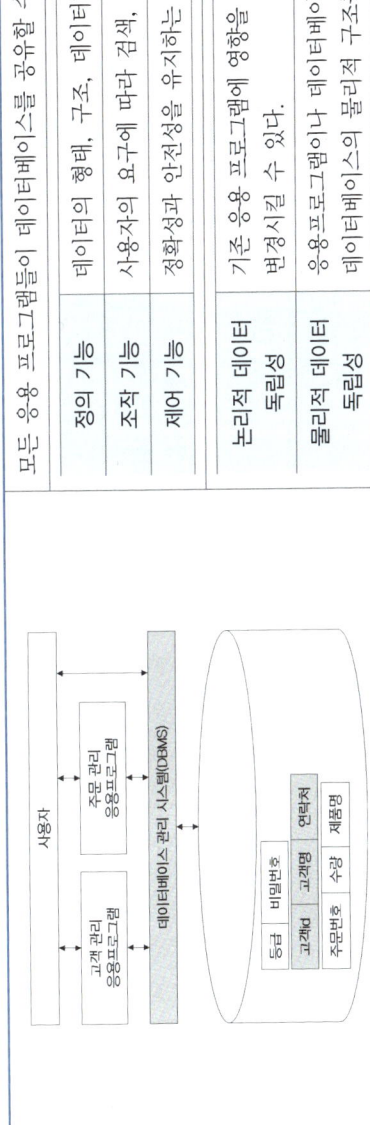

모든 응용 프로그램들이 데이터베이스를 공유할 수 있도록 관리해 주는 소프트웨어 시스템

정의 기능	데이터의 형태, 구조, 데이터베이스의 저장에 관한 내용 정의
조작 기능	사용자의 요구에 따라 검색, 갱신, 삽입, 삭제 등을 지원하는 기능
제어 기능	정확성과 안전성을 유지하는 기능
논리적 데이터 독립성	기존 응용 프로그램에 영향을 주지 않고 데이터베이스의 논리적 구조를 변경시킬 수 있다.
물리적 데이터 독립성	응용프로그램이나 데이터베이스의 논리적 구조에 영향을 주지 않고 데이터베이스의 물리적 구조를 변경할 수 있다.

3 DBMS의 장단점

장점	단점
• 데이터 중복 최소화 • 데이터 공동 이용 • 데이터 일관성 유지 • 데이터 무결성 유지 • 데이터 보안 유지	• 시스템 규모의 방대함과 복잡성 • 구축 및 운영비용 증가 • 백업 및 회복 기법 복잡

THEMA 72 데이터베이스 시스템

1 3단계 스키마

스키마(schema)란 데이터베이스의 구조(개체, 속성, 관계)에 대한 정의와 이에 대한 제약 조건 등을 기술한 것으로 컴파일 되어 데이터 사전에 저장한다.

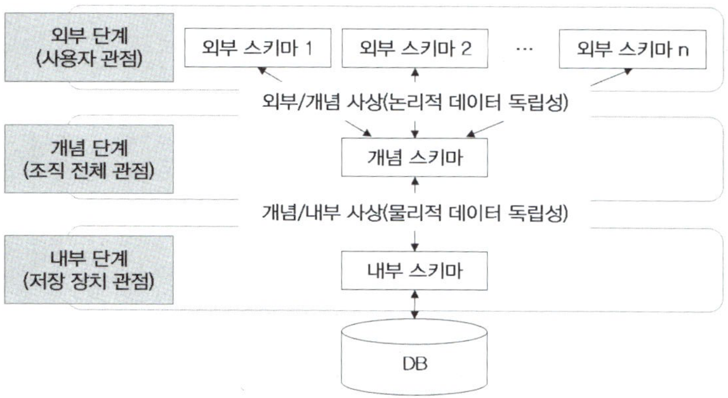

외부 단계 (사용자 관점)	외부 스키마 (external schema)	가장 바깥쪽 스키마로 전체 데이터 중 사용자가 사용하는 한 부분에서 본 구조이다. 서브스키마(sub schema), 뷰(view)
개념 단계 (조직 전체 관점)	개념 스키마 (conceptual schema)	범 기관적 입장에서 데이터베이스를 정의한 것이다. 모든 데이터 개체, 관계, 제약조건, 접근권한, 무결성 규칙, 보안정책 등을 명세한다.
내부 단계 (저장 장치 관점)	내부 스키마 (internal schema)	물리적 저장장치 관점에서 전체 데이터베이스가 저장되는 방법을 명세한다.
	응용 interface (외부스키마 – 개념스키마)	논리적 독립성 지원 (Mapping 정보의 수정을 통해 독립성 확보)
	저장 interface (개념 스키마 – 내부스키마)	물리적 독립성 지원
	장치 interface (내부 스키마 – 장치)	내부 스키마와 물리적인 장치 간의 인터페이스 정의

외부 스키마 1 외부 스키마 2 ... 외부 스키마 n
         ↓
외부/개념 사상(논리적 데이터 독립성)
         ↓
      개념 스키마
         ↓
개념/내부 사상(물리적 데이터 독립성)
         ↓
      내부 스키마
         ↓
        DB

데이터 사전(data dictionary)	시스템 자신이 필요로 하는 스키마 및 여러 가지 객체에 관한 정보를 포함하고 있는 시스템 데이터베이스 시스템 카탈로그에 저장되는 내용을 메타 데이터(meta data)라고도 한다.
데이터 디렉터리(data directory)	데이터 사전에 수록된 데이터를 실제로 접근하는데 필요한 정보를 관리 유지하는 시스템 데이터 사전은 사용자와 시스템이 공동으로 접근할 수 있는 반면, 디렉터리는 시스템만 접근 가능하다.

2 데이터 언어

정의어 (DDL)	데이터베이스의 정의 및 수정 등에 사용한다.	DBA
조작어 (DML)	데이터베이스 내에서 검색, 삽입, 수정, 삭제 등에 사용된다.	응용프로그래머, 일반사용자
제어어 (DCL)	데이터를 보호하고 관리하는 목적으로 사용된다.	DBA

데이터 언어		SQL 명령어
DDL		Create, Alter, Drop, Rename
DML		Select, Insert, Update, Delete
DCL	DCL	Grant, Revoke, Deny
	TCL	Commit, Rollback

일반 사용자(User)	데이터 조작어(비절차적 DML)를 통한 데이터베이스의 접근이 가능
응용 프로그래머 (application programmer)	호스트 프로그래밍 언어에 데이터 조작어(절차적 DML)를 삽입시켜 데이터베이스를 접근
데이터베이스 관리자(DBA)	데이터 정의어(DDL)와 데이터 제어어(DCL)를 통해 데이터베이스를 정의하고 제어하는 사람 또는 그룹

절차적 DML	비절차적 DML
	• 고급 데이터 언어(선언적 언어)
	• 무슨(what) 데이터를 원하는지만 명시
	• 여러 개의 레코드를 검색하여 처리(독자적 사용)
	• 어떻게 데이터를 검색하는지를 DBMS에게 위임함
	• 일반 사용자는 대화식으로 사용

• 초급 데이터 언어
• 무슨(what) 데이터와 그 데이터를 어떻게(how) 접근하는지를 명시
• 한 번에 하나의 레코드를 검색하여 호스트 언어와 함께 처리 (독자적 사용 못함)

THEMA 73 데이터 모델링

1 데이터 모델

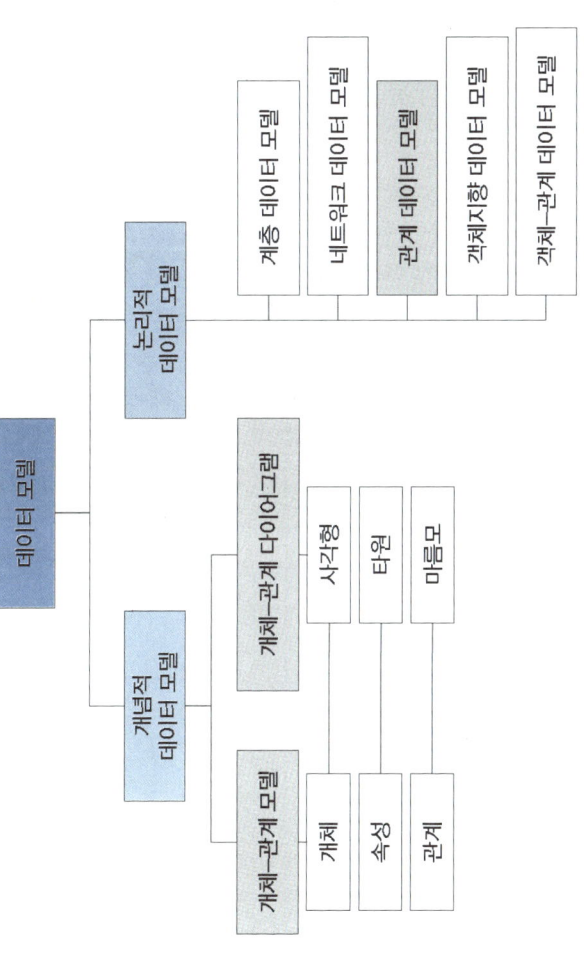

2 개체 – 관계 모델(E-R, Entity-Relationship Model)

개체 타입과 관계 타입을 기본 개념으로 현실 세계를 개념적으로 표현하는 방법

기 호	의 미	기 호	의 미
▭	개체 타입	◯	속성
▭(이중)	약한 개체 타입	◯(이중)	다중속성 : 여러 개의 값을 가질 수 있는 속성.
◇	관계 : 개체간의 상호 작용.	◯(밑줄)	키속성 : 모든 개체들이 모두 다른 값을 갖는 속성.(기본키)
◇(이중)	식별 관계 타입	◯(점선)	부분키 속성
▭–◇	전체참여	◯+◯◯	복합속성 : 하나의 속성을 부분으로 나누어질 수 있는 속성.

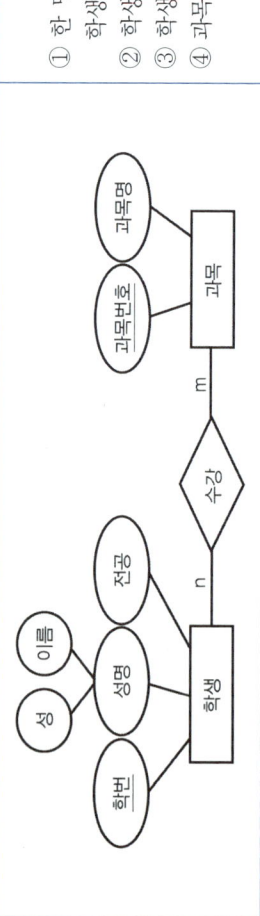

① 한 명의 학생은 여러 과목을 수강할 수 있고, 하나의 과목은 여러 명의 학생이 수강할 수 있다.
② 학생은 고유의 학번을 가지며, 추가로 성명, 전공 등의 정보를 가진다.
③ 학생개체의 성명속성은 복합속성으로 성과 이름으로 나누어질 수 있다.
④ 과목은 고유의 과목번호를 가지며, 추가로 과목명의 정보를 가질 수 있다.

2 논리적 설계 : ER 스키마를 관계 데이터모델의 릴레이션으로 사상

(1) 약한 개체 타입과 단일 값 속성

```
    A                K        A2
    │                │        │
  ┌─┴─┐  1      N  ┌─┴─┐
  │E1 │─────◇─────│E2 │
  └───┘     R     └───┘
    │
   PK1
```

E1(PK1, A), E2(FK1, K, A2)

약한 개체의 기본기 : {PK1, K}

(2) 정규 2진 1 : N 관계 타입

```
   PK1     A                    A    PK2
    │      │                    │     │
  ┌─┴──────┴┐  1      N  ┌──────┴─────┴┐
  │   E1    │────◇──────│     E2      │
  └─────────┘    R      └──────────────┘
```

방법1 : E1(PK1, A) E2(PK2, A, FK1)
방법2 : E1(PK1, A) E2(PK2, A) R(FK1, FK2)

전체 참여인 경우 : 1쪽의 기본기를 n쪽 릴레이션에 외래기로 추가한다.
부분 참여인 경우 : 관계를 위해 별도의 릴레이션을 생성한다.

3 속성 유형

단순 속성	더 이상 의미적으로 분해될 수 없는 속성	학년, 점수	복합 속성	여러 기본 속성으로 구성된 속성	주소, 성명
단일값 속성	특정 개체에 대하여 하나의 값을 갖는 속성	나이, 이름	다중값 속성	여러 개의 값을 가질 수 있는 속성	취미, 학위
저장 속성	저장되는 기본 속성	주민등록번호	유도 속성	다른 관련된 속성 값으로부터 유도된 속성	생년월일

* 널(Null) 애트리뷰트 : 현재 모름 / 해당사항 없음 (공백, 0과는 다른 의미이다)

THEMA 74 관계 데이터 모델

1 관계 데이터 모델 기본 용어

① 릴레이션 : 정보 저장의 기본 형태가 2차원 구조의 테이블
② 애트리뷰트(attribute : 속성) : 테이블의 각 열을 의미한다.
③ 도메인(domain) : 애트리뷰트가 취할 수 있는 값들의 집합.
④ 튜플(tuple) : 테이블이 한 행을 구성하는 속성들의 집합.
⑤ 차수(Degree) : attribute의 개수
⑥ 기수(Cardinality) : tuple의 개수

- 릴레이션 스키마(relation schema)
  릴레이션 이름과 릴레이션에 포함된 모든 속성의 이름으로 정의하는 릴레이션의 논리적 구조이다.
- 릴레이션 인스턴스(relation instance)
  어느 한 시점에 릴레이션에 존재하는 튜플들의 집합이다.

열(attribute)   차수 : 4

학번 char(4)	성명 char(10)	학과 char(10)	학년 int
100	홍길동	컴퓨터	3
101	홍길동	컴퓨터	3
102	이순신	행정학	2
103	김유신	법학	1
104	강감찬	법학	2

기본키 / 튜플(tuple) / 기수 : 5 / 도메인

〈학생〉 릴레이션

2 릴레이션 특성

튜플의 유일성	하나의 릴레이션에는 동일한 튜플이 존재할 수 없다.
튜플의 무순서성	하나의 릴레이션에서 튜플 사이의 순서는 무의미하다.
애트리뷰트의 무순서성	하나의 릴레이션에서 속성 사이의 순서는 무의미하다.
애트리뷰트의 원자성	애트리뷰트는 원자값으로서 분해가 불가능하다.

3 키의 종류

슈퍼키(super key)	유일성은 갖지만 최소성을 만족시키지 못하는 속성의 집합이다.
후보키(candidate key)	튜플의 유일성을 만족시키는 애트리뷰트의 최소성을 만족해야 한다.
기본키(primary key)	튜플을 유일하게 식별할 수 있는 애트리뷰트 집합으로 널(null)과 중복 엔트리를 허용하지 않는다.
대체키(alternate key)	후보키 중에서 기본키를 제외한 나머지 키들을 말한다.
외래키(foreign key)	다른 릴레이션의 기본키와 도메인이 같은 키로 다른 릴레이션과의 관계를 가능하게 한다.

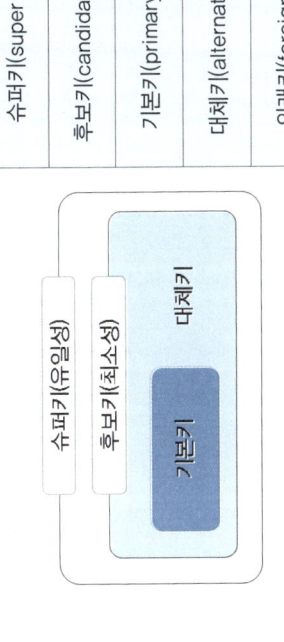

4 데이터 무결성(data integrity) 제약조건

데이터베이스에 저장된 데이터 값과 그것이 표현하는 현실 세계의 실제 값이 일치하는 정확성을 의미한다.

개체 무결성 (entity integrity)	릴레이션의 기본키를 구성하는 어떤 속성도 널(null)일 수 없고, 중복 엔트리되지 않는다.
참조 무결성 (referential integrity)	외래키 값은 널이거나, 참조 릴레이션에 있는 기본키와 같아야 한다.
도메인 무결성 (domain integrity)	특정 속성의 값이 그 속성이 정의된 도메인에 속한 값이어야 한다.

THEMA 75 관계 데이터 연산

관계 데이터 연산 ⇨

관계 대수	원하는 결과를 얻기 위해 데이터의 처리 과정을 순서대로 기술
관계 해석	원하는 결과를 얻기 위해 처리를 원하는 데이터가 무엇인지만 기술

1 관계대수: 릴레이션 조작을 위한 연산의 집합으로 연산자를 이용하여 표현

일반 집합 연산자	합집합(∪), 교집합(∩), 차집합(−), 카티션 프로덕트(×)
순수 관계 연산자	셀렉트(σ), 프로젝트(π), 조인(⋈), 디비전(÷)

(1) 일반 집합 연산자

합집합(Union, ∪)	교집합(Intersection, ∩)	차집합(Difference, −)	카디션 프로덕트(Cartesian Product, ×)
• 두 릴레이션에 존재하는 튜플의 합집합을 구하는 연산 • 결과 릴레이션에서 중복 튜플은 제거됨(중복허용 Union all)	• 두 릴레이션에 존재하는 튜플의 교집합을 구하는 연산 • 결과 릴레이션은 두 릴레이션에서 중복되는 튜플로만 구성	• 두 릴레이션에 존재하는 튜플의 차집합을 구하는 연산	• 두 릴레이션에 정의된 튜플을 곱으로 계산하는 연산

(2) 순수 관계 연산자

셀렉트(SELECT, σ)	선택 조건을 만족하는 릴레이션의 수평적 부분 집합(horizontal subset)을 구한다. σ<선택조건>(릴레이션)
프로젝트(PROJECT, Π)	수직적 부분 집합(vertical subset)으로 중복된 튜플은 제거한다. Π<속성리스트>(릴레이션)
조인(JOIN, ⋈)	두 관계로부터 관련된 튜플들을 하나의 튜플로 결합하는 연산
디비전(DIVISION, ÷)	동시에 포함하는 속성을 구한다.

〈학생〉

학번	성명	학과번호
100	홍길동	1
101	최민우	3
102	박준석	2
103	김인식	2
104	안성호	3

〈학과〉

학과번호	학과명	교사무실
1	컴퓨터	1층
2	국사	2층
3	미술	2층
4	수학	3층

〈등록〉

학번	과목명
100	검일
100	정보
101	검일
101	정보
102	검일

〈과목〉

과목명
검일
정보

〈등록 ÷ 과목〉

학번
100
101

〈학생 ⋈$_N$ 학과〉

학번	성명	학과번호	학과명	교사무실
100	홍길동	1	컴퓨터	1층
101	최민우	3	미술	2층
102	박준석	2	국사	2층
103	김인식	2	국사	2층
104	안성호	3	미술	2층

2. 관계해석
① 원하는 정보가 무엇이라는 것만 선언하는 비절차적 언어
② 종류 : 투플 관계 해석, 도메인 관계 해석
③ 관계해석과 관계대수는 관계 데이터베이스를 처리하는 기능과 능력 면에서 동등

THEMA 76 구조적 질의어(SQL)

1 SQL 분류

DDL(Data Definition Language)		CREATE	스키마, 도메인, 테이블, 뷰, 인덱스 정의
DBMS에서 사용할 데이터베이스의 정의 및 변경을 위해 사용하는 언어		ALTER	테이블 정의 변경
		DROP	스키마, 도메인, 테이블, 뷰, 인덱스 삭제
DML(Data Manipulation Language)		SELECT	검색 연산 : 원하는 투플(레코드) 검색
		INSERT	갱신 연산 : 투플(레코드) 삽입
사용자로 하여금 데이터를 처리할 수 있게 하는 도구 역할을 하는 언어		DELETE	갱신 연산 : 투플(레코드) 삭제
		UPDATE	갱신 연산 : 투플(레코드) 수정
DCL(Data Control Language)	DCL	GRANT	사용권한 부여
		REVOKE	사용권한 취소
다수의 사용자가 데이터베이스를 공용하고 정확성을 유지하기 위한 데이터 제어를 정의하고 기술하는 언어	TCL	COMMIT	정상적인 완료
		ROLLBACK	트랜잭션 실패, 원래의 상태로 돌아감

2 SQL 정의어(DDL)

(1) CREATE 문

```
Create Table Enrol
  (Sno        Int     Not Null,
   Cno        Char(6) Not Null,
   Grade      Int,
   Primary Key (Sno, Cno),
   Foreign Key (Sno)   References Student(Sno)
     On delete Cascade
     On update Cascade,
   Foreign Key (Cno)   References Course
     On delete Cascade
     On update Cascade,
   Check (Grade ≥ 0 And Grade ≤ 100));
```

- 테이블 ENROL을 생성한다.
- Sno과 Cno 속성은 널을 허용하지 않는다.
- Grade 속성은 정수형이다.
- 이 테이블의 기본키는 (Sno, Cno) 복합키 형태이다.
- 기본키는 null과 중복을 허용하지 않는다.
- Sno는 테이블 STUDENT의 기본키인 Sno를 참조한다.
- STUDENT의 Sno가 삭제되면 해당 튜플이 같이 삭제된다.
- STUDENT의 Sno가 수정되면 해당 튜플이 같이 수정된다.
- Cno는 테이블 COURSE의 기본키를 참조한다.
- COURSE의 기본키가 삭제되면 해당 튜플이 같이 삭제된다.
- COURSE의 기본키가 수정되면 해당 튜플이 같이 수정된다.
- Grade 속성은 0 이상이면서 100 이하인 값만을 허용한다.

Cascade	참조되는 릴레이션의 값이 변경되면 참조하는 릴레이션의 값도 함께 변경된다.
No Action	참조되는 릴레이션의 값이 변경되면 동작을 수행하지 않는다.
Set Null	참조되는 릴레이션의 값이 변경되면 참조하는 릴레이션의 해당 속성값은 null이 된다.
Set Default	참조되는 릴레이션의 값이 변경되면 참조하는 릴레이션의 해당 속성값은 default 값이 된다.

(2) ALTER 문 : 기존 테이블에 대해 구조를 변경한다.

```
Alter Table Enrol Add Final Char Default 'F';
```

테이블 Enrol에 Final 속성을 추가한다.
이 속성의 default 값은 'F'이다.

(3) DROP 문 : 스키마, 도메인, 테이블, 뷰, 인덱스를 제거한다.

```
Drop Table Course Cascade;
```

테이블 Course를 제거한다.
참조 중이어도 제거한다.

3 SQL 조작어

(1) 검색문(SELECT)

Select [All | Distinct 열_리스트(검색 대상)]
From 테이블_리스트
[Where 조건]
[Group By 열_이름 [Having 조건]]
[Order By 열_이름 [Asc | Desc]]

〈Where절 연산자〉

연산자	설명	예
=	같음	where 학번 = 100;
◇(!=)	같지 않음	where 학번 ◇ 100;
between	지정된 두 값 사이	where 학번 between 100 and 110;
is null	null값임	where 학과 is null;
in	조건의 범위 지정	where 학과 in ('컴퓨터', '행정');
like	와일드카드 사용	where 이름 like '김%';

〈SQL 집계함수〉

함수	설명
AVG()	열의 평균값을 반환한다.
SUM()	열의 모든 값을 더한 합계를 반환한다.
COUNT()	COUNT(열) : null 제외하고 특정 열에서 값이 있는 행의 개수만 센다. COUNT(*) : null 포함하여 테이블의 모든 행 개수를 센다.
MAX()	지정한 열에서 가장 큰 값을 반환한다.
MIN()	지정한 열에서 가장 작은 값을 반환한다.

(2) 삽입문(INSERT)

• 직접 값을 입력하여 투플 1개 삽입하는 경우	Insert Into 테이블(열_이름…) Values (열값_리스트);	INSERT INTO STUDENT(Sno, Sname, Year, Dept) VALUES (600, '박상철', 1, '컴퓨터');
• 선택된 투플 여러 개를 한꺼번에 삽입하는 경우	Insert Into 테이블(열_이름…) Select 열_이름… From 테이블이름;	INSERT INTO COMPUTER(Sno, Sname, Year) SELECT Sno, Sname, Year FROM STUDENT WHERE Dept = '컴퓨터';

(3) 갱신문(UPDATE) : 기존 레코드 열값을 갱신할 경우 사용한다.

Update 테이블
Set 열_이름=변경_내용
[Where 조건];

(4) 삭제문(DELETE) : 투플을 삭제한다.

Delete From 테이블 [Where 조건];

THEMA 77 뷰(View)

1 뷰의 정의

① 하나 이상의 테이블로부터 유도되어 만들어진 가상 테이블이다.
② 뷰의 정의만 시스템 내에 저장하여 두었다가 실행시간에 테이블을 구축한다.

2 뷰의 특징

① 뷰가 정의된 기본 테이블이 제거(변경)되면, 뷰도 자동적으로 제거(변경)된다.
② 뷰에 대한 검색은 기본 테이블과 거의 동일하지만 삽입, 삭제, 갱신은 제한이 따른다.
③ DBA는 보안측면에서 뷰를 활용할 수 있다.
④ 뷰는 CREATE문에 의해 정의된다.
⑤ 뷰의 정의는 ALTER문을 이용하여 변경할 수 없다.
⑥ 뷰를 제거할 때는 DROP문을 사용한다.
⑦ 하나의 뷰를 제거하면 그 뷰를 기초로 정의된 다른 뷰도 제거된다.
⑧ 뷰를 이용한 또 다른 뷰의 생성이 가능하다.
⑨ 뷰는 독자적인 인덱스를 가질 수 없다.

〈갱신이 불가능한 뷰〉
• 한 릴레이션 위에서 정의되었으나 그 릴레이션의 기본키가 포함되지 않은 경우
• 기본 릴레이션의 애트리뷰트들 중에서 뷰에 포함되지 않은 애트리뷰트에 대해 not null이 지정되어 있을 경우
• 집계함수(SUM, AVG, COUNT, MAX, MIN)가 포함된 경우
• 조인으로 정의된 경우

THEMA 78 데이터베이스 설계

분석 →

개념적 설계

- 개념스키마 모델링
  → 개체관계모델(ERD)
  DB 구조(개체, 속성, 관계)
- 제약조건 정의

트랜잭션 모델링

→ 목표 DBMS 결정

논리적 설계

- 스키마 변환
- DBMS 종속적
- 논리적 데이터 모델

계층형	트리
망형	그래프(네트워크형)
관계형	2차원 테이블
객체지향형	객체(속성+메소드)
객체관계형	객체+테이블

- 테이블
  (튜플, 애트리뷰트, 기본키, 외래키)
- 정규화
  이상현상 발생시키는 함수종속 관계 제거

트랜잭션 인터페이스 설계
(트랜잭션 사용법 설계)

→ H/W 및 OS 결정

물리적 설계

- 저장장치·경로 결정
- 탐색방법 설계
  (Index 설계 등)

트랜잭션 세부 설계

THEMA 79 정규화 체계

1 정규화의 개념

① 이상 문제를 해결하기 위해 애트리뷰트 간의 종속관계를 분석하여 여러 개의 릴레이션으로 분해하는 과정으로 일반적으로 검색 연산시간이 증가한다.
② 논리적 설계 단계에서 수행한다.

2 이상(anomaly) 현상

삽입이상	원하지 않는 정보를 강제 삽입해야 하는 경우와 불필요한 데이터가 함께 삽입되는 경우이다.
삭제이상	튜플을 삭제함으로써 유지되어야 하는 정보까지도 연쇄 삭제(triggered delete)되는 정보의 손실(loss of information)이 발생한다.
갱신이상	중복된 튜플 중에서 일부의 attribute만 갱신시킴으로써 정보의 모순성(inconsistency)이 생기는 현상이다.

3 함수종속의 추론 규칙

재귀 규칙	X ⊇ Y 이면 X → Y 이다.
증가 규칙	X → Y 이면 WX → WY 이고 WX → Y 이다.
이행 규칙	X → Y 이고 Y → Z 이면 X → Z 이다.
결합 규칙	X → Y 이고 X → Z 이면 X → YZ 이다.
분해 규칙	X → YZ 이면 X → Y 와 X → Z 이다.
가이행 규칙	W → X 이고 XY → Z 이면 WY → Z 이다.

4 정규화 체계

구분	내용	이상 현상 원인	
비정규형		원잣값이 아닌 도메인	
제1정규형(1NF)	• 모든 정규화 릴레이션은 1정규형에 속함 릴레이션의 모든 도메인은 원잣값이다.	부분 함수종속	R(A, B, C, D), 기본키 {A, B} {A, B} → C, {A, B} → D, B → D
제2정규형(2NF)	• 부분 함수종속 제거 • 기본키에 속하지 않은 애트리뷰트는 모두 기본키에 완전함수 종속	이행적 함수종속	R(A, B, C), 기본키 {A} A → B, A → C, B → C
제3정규형(3NF)	• 이행적 함수종속 제거 • 기본키에 속하지 않은 애트리뷰트는 모두 기본키에 이행적으로 함수종속되지 않는다.	결정자가 후보키가 아닌 함수 종속	R(A, B, C), 후보키{A, B}, {A, C} 기본키 {A, B} {A, B} → C, C → B
BCNF	• 모든 결정자는 후보키이다.		
제4정규형(4NF)	• 다치종속 제거		
제5정규형(5NF)	• 후보키를 통하지 않은 조인 종속 제거		

THEMA 80 질의어 최적화

1 질의 최적화 과정

과목 'C413'에 등록한 학생의 이름(Sname)을 검색한다.

① SQL	select sname from S, E where S.sno = E.sno and E.cno = "C413";
② 관계대수	$\Pi_{sname}(\sigma_{cno='C413'}(E \bowtie_{sno=sno} S))$
③ 질의트리	(질의 트리 3가지: 초기 트리, 선택 연산을 아래로 내린 트리, 프로젝트 연산을 추가한 최적화 트리)

2 질의트리 구성

- 단말 노드 : 릴레이션
- 루트 노드 : 검색 결과값
- 부노드 : 조인
- 부노드가 아닌 비단말 노드
  : 셀렉트나 프로젝트로 릴레이션 분할

```
        π (검색결과값)
            |
          ⋈ (조인)
         /      \
    π (수직분할)  릴레이션
    σ (수평분할)
    릴레이션
```

- Π(프로젝트)는 가능한 먼저 수행한다.
- 결과를 얻기 위한 프로젝트 연산은 당연히 가장 나중에 수행된다.
- σ(셀렉트)는 가능한 먼저 수행한다.
- ⋈(조인)은 가능한 나중에 수행한다.

3 경험적 기법에 따른 질의 최적화

① 논리곱으로 된 조건을 가진 셀렉트 연산은 분해, 일련의 개별적 셀렉트 연산으로 변환한다.
② 셀렉트 연산의 교환법칙을 이용해서 셀렉트 연산을 트리의 가능한 한 아래까지 내린다.
③ 가장 제한적인 셀렉트 연산(가장 작은 투플수 또는 가장 작은 선택도)이 먼저 수행될 수 있도록 단말 노드를 정렬한다.
④ 프로젝트(Π) 연산은 가능한 한 프로젝트 셀렉트 애트리뷰트를 분해하여 개별적 프로젝트로 만들어 이를 먼저 실행할 수 있도록 트리의 아래로 내린다.
⑤ 카티션 프로덕트(×)와 해당 셀렉트(σ) 연산을 조인(⋈) 연산으로 통합한다.

THEMA 81 트랜잭션

1 트랜잭션

① 한꺼번에 모두 수행되어야 할 일련의 데이터베이스 연산들.
② 병행 제어 및 회복 작업의 논리적 단위이다.

2 트랜잭션의 성질

원자성(Atomicity)	트랜잭션은 전부, 전무의 실행만이 있지 일부 실행으로 트랜잭션의 기능을 가질 수는 없다.
일관성(Consistency)	트랜잭션이 그 실행을 성공적으로 완료하면 언제나 일관된 데이터베이스 상태로 된다.
격리성(Isolation)	연산의 중간 결과에 다른 트랜잭션은 접근할 수 없다.
영속성(Durability)	트랜잭션이 일단 그 실행을 성공적으로 끝내면 그 결과를 어떠한 경우에라도 보장받는다.

3 트랜잭션의 상태

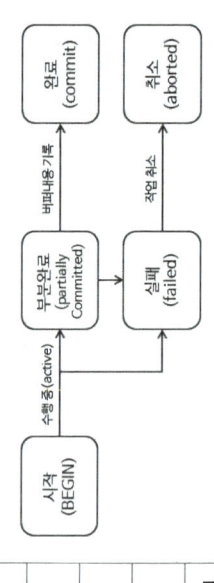

활동(active)	트랜잭션이 실행을 시작하여 실행 중인 상태
부분 완료(partially committed)	트랜잭션이 마지막 명령문을 실행한 직후의 상태
장애(failed)	정상적 실행을 더 이상 계속할 수 없어서 중단한 상태
철회(aborted)	트랜잭션이 실행에 실패하여 rollback 연산을 수행한 상태
완료(commit)	트랜잭션이 실행을 성공적으로 완료하여 commit 연산을 수행한 상태

THEMA 82 회복 / 동시성 제어

1 회복

① 트랜잭션 장애, 시스템 장애, 미디어 장애
③ 장애가 발생 시 회복을 위해 redo(재실행), undo(취소) 연산

REDO 아카이브 사본 + 로그 → 회복된 데이터베이스
- DB 내용 자체가 손상이 된 경우
- 가장 최근의 복제본을 적재시킨 뒤 이 복제본 이후에 일어난 변경만을 로그를 이용하여 재실행한다.

UNDO 로그 + 후향(backward) 취소 연산 → 시작 상태
- DB 내용 자체는 손상되지 않았지만 변경 중이거나 변경된 내용에 대한 신뢰성을 잃어버린 경우
- 로그를 이용하여 모든 변경들을 취소하여 원래의 DB 상태로 복원한다.

2 회복 종류

	즉시 갱신	지연 갱신
체크포인트 이전 commit된 트랜잭션	No-Operation	No-Operation
체크포인트 이후 commit된 트랜잭션	REDO	REDO
체크포인트 이후 commit되지 않은 트랜잭션	UNDO	No-Operation

시간　　checkpoint　　system crash
T1
T2
T3
T4
T5

3 동시성 제어

동시에 실행되는 트랜잭션들을 일관성 있게 처리하기 위해 트랜잭션 간의 상호작용을 제어하는 것

동시성 제어 장점	동시성 제어를 안했을 때의 문제점
① 데이터베이스의 공유 최대화	① 갱신 손실(lost update)
② 시스템의 활용도 최대화	② 모순성(inconsistency)
③ 데이터베이스의 일관성 유지	③ 연쇄 복귀(cascading rollback)
④ 사용자에 대한 응답시간 최소화	

4 로킹(locking) 단위 : 로킹의 대상이 되는 개체의 크기

로킹 단위	로크의 수	병행 제어 기법	로킹 오버헤드	병행성 수준
커짐	적어짐	단순	감소	낮아짐
작아짐	많아짐	복잡	증가	높아짐

5 2단계 로킹 규약(2PLP : two-phase locking protocol)

① 모든 트랜잭션들이 lock과 unlock 연산을 다음과 같이 두 단계로 구분하여 실행해야 한다.

확장 단계(growing phase : lock 수행)	트랜잭션은 새로운 lock 연산만 실행할 수 있고 unlock 연산은 수행할 수 없는 단계이다.
축소 단계(shrinking phase : unlock 수행)	트랜잭션은 unlock 연산만 실행할 수 있고 lock 연산은 더 이상 실행할 수 없는 단계이다.

② 모든 트랜잭션이 2단계 로킹 규약을 준수하면 직렬 가능성을 갖는다.
③ 교착상태 문제를 내포하고 있다.

THEMA 83 분산 데이터베이스

1 분산 데이터베이스 정의

① 컴퓨터 네트워크를 기반으로 데이터가 물리적으로 분산되어있는 여러 시스템을 논리적으로 하나의 통합 DB인 것처럼 구성한 데이터베이스
② 분산 DBMS는 분산 데이터베이스를 관리하고 데이터의 분산을 사용자에게 투명하게 만들어 주는 소프트웨어 시스템

2 분산 데이터베이스의 구성 요소

분산 처리기	지리적으로 분산되어 있는 컴퓨터 시스템
분산 데이터베이스	지리적으로 분산되어 있는 지역 데이터베이스
통신 네트워크	지리적으로 분산된 자치 분산 처리기들을 통신으로 연결시켜 자원을 공유하게 함으로 논리적으로 하나의 시스템 기능을 할 수 있게 한다.

3 분산 DB시스템의 목표

위치 투명성	• 사용하려는 데이터가 저장되어 있는 사이트를 사용자가 알 필요가 없다. • 위치에 대한 정보는 시스템 카탈로그에 유지된다.
중복 투명성	• 하나의 논리적 데이터 객체가 여러 상이한 사이트에 중복될 수 있다. • 중복의 이점 : 성능 향상, 가용성 증진
병행 투명성	• 다수의 트랜잭션들이 동시에 수행되더라도 그 트랜잭션의 결과는 영향을 받지 않는다.
장애 투명성	• 트랜잭션, DBMS, 네트워크, 컴퓨터의 장애에 불구하고 트랜잭션을 정확하게 처리한다.

4 분산 데이터베이스의 장·단점

장점	단점
• 지역 자치성(의존도 감소) • 신뢰성 및 가용성 증가 • 점진적인 시스템 용량 확장 • 효율성 및 융통성 • 자료 공유와 분산제어	• 소프트웨어 개발 비용 증가 • 잠재적 오류 가능성 증가 • 메시지 교환 비용, 조정을 위한 계산 비용, 처리 오버헤드 증가 • 같은 수준의 보안등급 유지 어려움 • 중앙 집중 DB에서 분산 DB로 변경하는 작업이 어려움

5 2단계 완료 규약

① 분산 데이터베이스 환경에서 데이터의 일관성과 무결성을 보장하기 위한 트랜잭션 보장 방법이다.
② 지역의 모든 노드가 commit될 때까지 일괄 commit을 허용한다.
③ 지역의 노드 중 하나라도 commit되지 않을 경우 모두 rollback 처리를 한다.

1단계	① 특정 지역노드가 commit을 요청한다. ② 전역 조정자는 모든 지역노드에 commit 준비가 되었는지 메시지를 전송한다. ③ 지역노드는 commit 준비여부를 회신한다.
2단계	① 모든 지역노드의 응답이 'OK'일 때 전역 조정자는 commit 명령을 한다. ② 지역노드의 응답 중 하나라도 'Not OK'가 존재할 경우 전역 조정자는 rollback 명령을 한다.

THEMA 84 데이터 웨어하우스(Data Warehouse)

1 데이터 웨어하우스의 특징

의사 결정 지원을 위한 주제 지향의 통합적이고 영속적이면서 시간에 따라 변하는 데이터의 집합

주제 지향적	• Subject-Oriented • 업무 중심이 아닌 특정 주제 지향적
불변적	• Non-Volatile • 갱신이 발생하지 않는 조회 전용
통합적	• Integrated • 필요한 데이터를 원하는 형태로 통합
시계열적	• Time-Variant • 시점별 분석이 가능(추가정보, 혼합정보 등)

2 OLAP(On Line Analytical Processing)

① 추출된 데이터 웨어하우스 데이터의 다차원 정보에 최종사용자가 직접 접근하여 대화식으로 데이터를 분석하여 의사결정에 활용할 수 있는 도구
② 대규모의 다차원 데이터를 동적으로 온라인에서 분석, 통합하여 보고서를 만드는 과정

유형	ROLAP	MOLAP	HOLAP
기본 구조	관계형 DB	다차원 DB	관계형 DB + 다차원 DB
장점	대용량 데이터 처리 원시 데이터 조회 가능	다차원 분석의 빠른 수행 복합적인 회귀 분석 가능	ROLAP와 MOLAP의 장점 수용
단점	복합적인 분석 어려움	대용량 처리의 한계	ROLAP와 MOLAP 간 상호 연계 및 데이터 변환 번거로움

⟨OLAP 주요 기능⟩

피벗(pivot)	OLAP 데이터베이스의 데이터를 다차원 큐브로 보고 이 차원들의 일부를 검색하는 것
롤업(roll-up)	상세한 집합에서부터 보다 일반적인 집합으로 하는 것
드릴 다운(drill-down)	일반적인 것에서부터 상세한 것으로 집계를 하는 것
슬라이싱(slicing)	다차원 모델에서 한 차원을 잘라보고 동시에 다른 차원을 자르면서 데이터의 범위를 좁혀가는 작업
다이싱(dicing)	규브 데이터에 대해 차원의 값을 어떤 범위로 제한해서 부분 규브 데이터를 생성한다.
레포트(report)	차트, 그래프 등의 형식을 분석 결과 보고서로 생성

3 데이터 마이닝(Data Mining)

대용량의 데이터로부터 이들 데이터 내 존재하는 관계, 패턴, 규칙 등을 찾아 모형화함으로써 잠재된 의미 정보 및 유용한 지식을 추출하는 일련의 과정

연관(association)	두 가지 이상의 사건이 동시에 일어날 가능성 및 패턴을 찾음	• 셔츠 → 넥타이, 기저귀 → 맥주
순차(sequential)	시계열적으로 분석하여 향후 미래를 예측	• 세차 → 캠핑장비
군집(cluster)	유사 특성을 가진 집단으로 분류하여 특성에 맞는 상품 및 서비스 제공	• 동호회
분류(classification)	특정 목표가 일어날 가능성에 따른 분류	• 고객 등급

⟨연관 규칙⟩

지지도(support)	전체 거래(트랜잭션) 중 A와 B를 동시에 포함하는 거래의 비율	$\dfrac{\{A, B\} \text{ 거래}}{\text{전체 거래}} \times 100(\%)$
신뢰도(confidence)	어떤 아이템 A를 포함하는 거래 중 B가 포함된 거래의 비율	$\dfrac{\{A, B\} \text{ 거래}}{A \text{ 거래}} \times 100(\%)$

THEMA 85 소프트웨어 개발 생명주기(SDLC)

계획
- 비용계획
  LOC, COCOMO, 기능점수
- 일정계획
  WBS, CPM, PERT, 간트 차트
- 조직계획
  책임프로그래머형, 분산형, 혼합형

⇩

분석
- 기능적 요구
- 비기능적 요구
- 구조적 분석도구
  자료흐름도, 자료사전, 소단위 명세서
- 객체지향적 분석도구
  사용사례 다이어그램

⇩

설계
- 상위 설계 : 아키텍처 설계 / 디자인 패턴
- 하위 설계 : 모듈 설계(결합도/응집도)
- 구조적 설계도구
  구조도, HIPO, NS 차트
- 객체지향적 설계도구(UML)
  시퀀스 다이어그램, 클래스 다이어그램

⇩

구현
- 리팩토링

⇩

테스트
- 정적 테스트
- 동적 테스트 : 블랙박스 테스트 / 화이트박스 테스트
- 단위 테스트 → 통합 테스트 → 시스템 테스트 → 인수 테스트

⇩

유지보수
- 수정 유지보수, 완전 유지보수, 적응 유지보수, 예방 유지보수
- 리그레션 테스트

THEMA 86 소프트웨어 개발 방법론

- 소프트웨어 프로세스의 전형적인 초기 모델
- 요구사항 분석 → 설계 → 구현 → 테스팅 → 유지보수 단계를 순차적으로 접근한다.
- 각 단계별로 체계적인 문서화(산출물)을 제도화함으로써 프로젝트 진행을 명확하게 할 수 있다.
- 응용 분야가 단순하거나 내용을 잘 알고 있는 경우 적용한다.

폭포수 모형

〈폭포수 모형의 단점〉
- 각 단계는 앞 단계가 완료될 때까지 대기 상태에 있어야 한다.
- 실제적으로 작동하는 소프트웨어를 개발 후반부에서야 볼 수 있다.
- 개발 과정 중에 발생하는 새로운 요구나 경험을 설계에 반영하기 힘들다.

프로토타입 모형

- 폭포수 모형의 단점을 보완하기 위한 것으로 점진적으로 시스템을 개발해나가는 접근 방법이다.
- 고객이 제공한 초기 요구사항으로부터 빠른 설계 과정을 거쳐 프로토타임(prototype)을 만든다.
- 프로토타임을 고객과 사용자가 함께 평가한 후 소프트웨어의 요구사항을 정제하여, 보다 완전한 명세서를 완성한다.
- 프로토타임 모델에서 개발자는 시제품을 빨리 완성하기 위해 효율성과 무관한 알고리즘을 사용해도 되며, 프로토타임의 내부적 구조는 크게 상관하지 않아도 된다.

나선형 모형

- 폭포수 모형과 프로토타임 모형의 장점을 수용하고, 위험 분석(risk analysis)을 추가한 점증적 개발 모형이다.
- 계획 및 정의 → 위험 분석 → 개발 → 고객 평가를 반복한다.(순환)
- 반복적으로 개발되므로 소프트웨어의 품질을 강인성을 향상시킬 수 있는 방법이 된다.

V 모형

- 개발 작업과 검증 작업 사이의 관계를 명백히 드러내 놓은 폭포수 모형의 변형이다.
- 높은 신뢰성이 요구되는 분야에 적합하다.

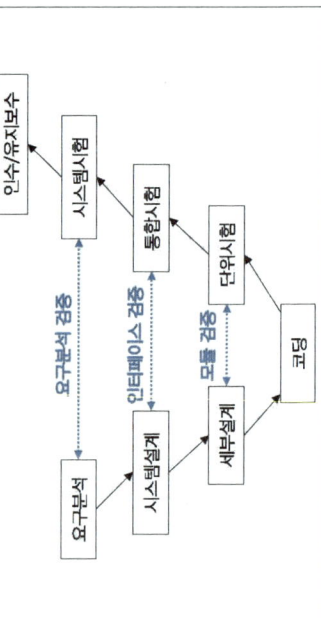

206

통합 프로세스

- 객체지향 소프트웨어 개발 방법론
- 반복적이고 점진적인 개발 방법이다.
- 유스케이스(use case)를 기반으로 한다.
- 아키텍처 중심의 개발을 지향한다.
- 위험 관리를 중시한다.

UP의 개발 활동

도입(inception)	소프트웨어 개발에 관련된 사람들과 개발을 준비하는 단계 요구사항 관련 작업의 비중이 높다.
상세(elaboration)	대부분의 요구사항들과 개발 시스템에 대한 기본적인 아키텍처가 작성되는 단계 분석, 설계 관련 작업의 비중이 높다.
구축(construction)	설계를 기반으로 시스템을 구축하는 단계 시스템을 구현하고 평가하는 작업의 비중이 높다.
이행(transition)	제품의 완성 단계 설계, 구현, 평가활동의 비중이 높다. 사용자에게 제품을 인도한다.

애자일 연합

가볍고 비교적 변화를 수용하기 쉬운 방법론
익스트림 프로그래밍(XP), 스크럼(scrum) 등

애자일의 기본 가치

- 프로세스와 도구 중심이 아닌, 개개인과의 상호 소통을 중시한다.
- 문서 중심이 아닌, 실행 가능한 소프트웨어를 중시한다.
- 계약과 협상 중심이 아닌, 고객과의 협력을 중시한다.
- 계획 중심이 아닌, 변화에 대한 민첩한 대응을 중시한다.

애자일 기법의 원칙

- 고객 참여
- 변화 수용
- 점증적 인도
- 단순성 유지
- 프로세스가 아닌 사람

익스트림 프로그래밍(XP)

의사소통 개선과 즉각적인 피드백에 의한 단순한 코딩으로 소프트웨어 품질을 높이기 위한 방법론

5가지 가치 : 용기, 단순성, 의사소통, 피드백, 존중

〈XP 실무관행〉

공동 소유권, 연속적 통합, 점증적 계획, 고객 참여, 짝 프로그래밍, 리팩토링
단순한 설계, 소규모 릴리스, 유지할 수 있는 속도, 테스트 우선 개발

스크럼(scrum)

매일 정해진 시간에 정해진 장소에서 짧은 시간의 개발을 하는 팀을 위한 프로젝트 관리 중심의 방법론

- 백로그(backlog) : 제품과 프로젝트에 대한 요구사항
- 스프린트(sprint) : 30일 단위의 짧은 개발기간으로 반복 수행

THEMA 87 프로젝트 관리

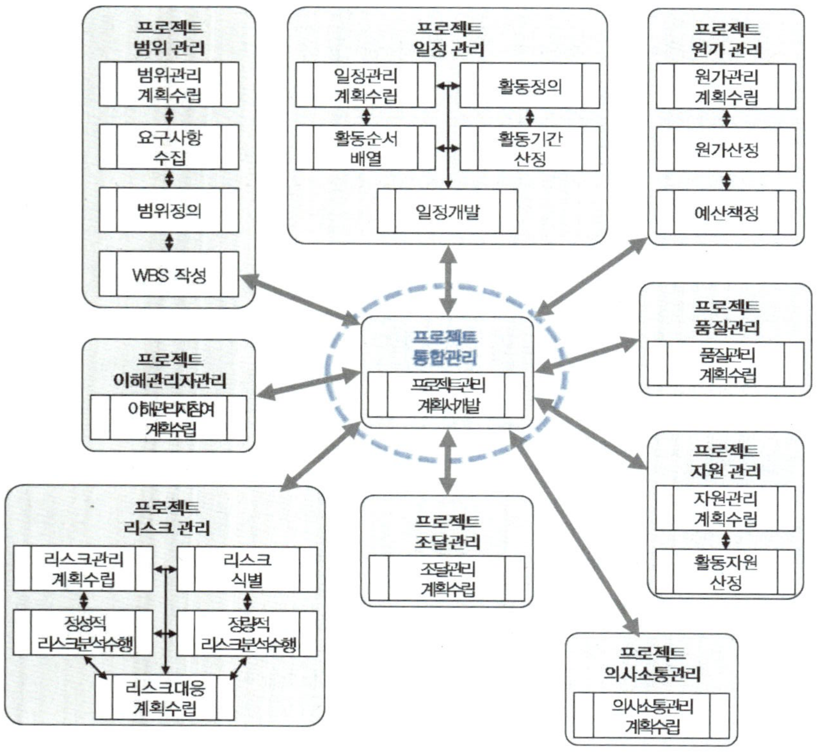

지식영역	내용
프로젝트 통합관리	프로젝트 관리 프로세스 그룹 내의 프로젝트 관리 요소들을 통합하는 프로세스 및 활동에 대해 다룬다.
프로젝트 범위관리	프로젝트를 성공적으로 완수하기 위해 반드시 필요한 작업을 프로젝트에 포함시키는 활동에 대해 다룬다.
프로젝트 일정관리	프로젝트를 주어진 시간 내에 완료하기 위한 활동에 대해 다룬다.
프로젝트 원가관리	승인된 예산안에서 프로젝트를 완료하기 위한 계획, 산정, 예산 편성 및 통제 등의 활동에 대해 다룬다.
프로젝트 품질관리	프로젝트의 요구사항을 만족하여 수행 목표를 달성하기 위한 활동에 대해 다룬다.
프로젝트 자원관리	프로젝트 팀을 구성하고 관리하기 위한 활동을 다룬다. 인적자원 뿐만 아니라 모든 자원을 포함한다.
프로젝트 의사소통관리	적합한 프로젝트 정보를 시기적절하게 생성, 수집, 배포 및 저장하고 최종 폐기하는 업무와 관련된 활동에 대해 다룬다.
프로젝트 리스크관리	프로젝트의 위험 관리 업무와 관련된 활동에 대해 다룬다.
프로젝트 조달관리	제품, 서비스 또는 결과물을 구매 또는 조달하는 프로세스와 계약 관리 활동에 대해 다룬다.
프로젝트 이해관계자관리	프로젝트의 의사결정, 활동, 산출물에 영향을 주거나 이에 의해 영향을 받는 모든 사람, 집단, 조직에 대한 활동을 다룬다.

THEMA 88 계획

1 노력 추정

원시코드 라인수 (LOC)

- 추정 LOC = ((낙관적 LOC)*1 + (중간치 LOC)*4 + (비관적 LOC)*1)/6
- LOC = LOC/MM(man-month) * 프로그래머 명수(man) * 개발기간(month)

COCOMO

- 완성될 소프트웨어의 크기(LOC)를 추정하고 이를 준비된 식에 대입하여 개발에 필요한 MM(man-month)을 예측한다.
- LOC 예측 소프트웨어 자체가 힘들기 때문에 라인수를 입력으로 요구하는 것은 큰 단점이다.

프로젝트 유형	비용 승수 요소	MM(man-month) 공식
단순형(organic) : 5만 라인 이하	제품의 특성	$2.4 * LOC^{1.05}$ * 노력조정수지
중간형(semi-detached) : 30만 라인 이하	컴퓨터의 특성 개발요원의 특성	$3.0 * LOC^{1.12}$ * 노력조정수지
내장형(embedded) : 30만 라인 이상	프로젝트 성격	$3.6 * LOC^{1.20}$ * 노력조정수지

기능 점수

- 시스템이 사용자에게 제공하는 기능을 기초로 응용 소프트웨어의 규모를 측정한다.

데이터 기능 점수	내부 논리 파일(ILF)	애플리케이션 내에 존재하는 데이터를 모아놓은 것
	외부 연계 파일(EIF)	측정 대상 애플리케이션에서는 참조만 하고 다른 애플리케이션에서 유지되는 파일
트랜잭션 기능 점수	외부 입력(EI)	데이터를 등록, 수정, 삭제하는 것
	외부 출력(EO)	데이터나 제어정보를 외부로 보내 사용자의 요구를 처리한다.
	외부 조회(EQ)	데이터나 제어정보를 단순히 사용자에게 제공한다.

2 일정 계획

WBS

- 프로젝트 완성에 필요한 소작업들의 계층적인 목록이다.
- 소작업들에 대한 소요 일정이 예측되어야 전체 프로젝트의 일정을 예측할 수 있다.

CPM

- 관리자의 일정 계획에 도움을 준다.
- 프로젝트의 작업 사이의 관계를 나타내어 최장 경로를 파악할 수 있게 한다.
- 병행 작업을 할 수 있도록 계획하고 이를 위해 자원 할당을 가능하게 한다.

〈소작업 리스트〉

소작업	선행작업	소요기간(일)
A	없음	15
B	없음	10
C	A,B	10
D	B	25
E	C	15

〈CPM 네트워크〉

〈임계 경로(critical path)〉

- S → A → C → E → X (15+10+15 = 40)
- S → B → C → E → X (10+10+15 = 35)
- S → B → D → X (10+25 = 35)

소작업	early	late	여유기간(late-early)	임계작업
A	0	40−(15+10+15) = 0	0	√
B	0	40−(10+10+15) = 5	5	
C	15	40−(10+15) = 15	0	√
D	10	40−25 = 15	5	
E	25	40−15 = 25	0	√

간트 차트

- 소작업별로 작업의 시작과 끝을 나타낸 막대 도표이다.
- 프로젝트 일정 계획, 자원 활용 계획을 세우는데 유리하다.
- 작업들 사이의 관계를 직접 보여 주지 못한다.

THEMA 89 위험 관리 프로세스

위험 평가 (risk assessment)

위험 요소 식별

종류	위험요소	내용
프로젝트 위험	인력부족	경험있는 실무자가 프로젝트 완료전에 개발팀을 사직
	관리 변화	조직 내에서 관리의 우선순위 변화
	하드웨어 미비	개발에 필수적인 하드웨어의 수급이 배달 지연 등으로 부족
	규모의 과소평가	시스템 크기의 과소평가
제품 위험	요구변경	계속적인 요구사항 변경
	명세서 지연	기본적인 인터페이스 명세서가 일정대로 작성되지 못함
	기술변화	기반 기술을 신기술로 대체하지 못한 기술적 취약
비즈니스 위험	생산품 경쟁	경쟁 상품이 먼저 출시

위험 분석
위험 요소가 발생할 가능성과 영향력을 판단한다.

위험 우선순위 결정

위험 통제 (risk control)

위험관리 계획 수립	위험 관리를 위한 대응 방안을 결정한다.
발생된 위험 해결	
위험 요소에 대한 지속적인 모니터링	식별된 위험 요소의 발생 확률과 변화 등을 관리한다.

THEMA 90 요구분석

1 요구분석

① 사용자의 요구를 이해하는 단계이다.
② '무엇을(what)'에 초점을 두어 작업한다.
③ 요구분석 명세서는 완성될 소프트웨어가 어떤 기능을 가져야 하는지를 정확하게 기술한다.

기능적 요구	비기능적 요구
• 시스템이 제공해야 하는 서비스 • 시스템이 특정 입력에 대해 어떻게 반응하는지에 관한 사항 • 시스템이 특정 상황에서 어떻게 동작해야 하는지에 관한 사항	• 시스템에서 제공되는 서비스나 기능에 대한 제약 • 성능, 신뢰도, 기밀 보안성, 개발계획 • 개발비용, 환경, 교육

신뢰도	MTBF(Mean Time Between Failure)	고장과 또 하나의 고장 사이의 평균 시간
	MTTF(Mean Time To Failure)	주어진 시각에서 고장이 발생할 때까지의 평균 시간
	MTTR(Mean Time To Repair)	고장이 발생한 시점에서 결함을 제거 후, 수리 시까지의 평균 시간
	MTBF = MTTF + MTTR	
이용도(가용도)	이용도 = MTTF / (MTTF + MTTR) × 100 (%)	

2 구조적 분석 – 문제를 기능적 관점의 프로세스로 나누고 프로세스에 어떤 입력 자료와 출력 자료가 필요한지 고려한다.

〈구조적 분석 순서〉
① 배경도 작성
② 상위 자료 흐름도 작성
③ 하위 자료 흐름도 작성
④ 자료 사전 작성
⑤ 소단위 명세서 작성

〈구조적 분석 도구〉

자료 흐름도 (Data Flow Diagram)	○ 프로세스 → 자료 흐름 = 또는 ▭ 파일 또는 저장소 ▭ 자료출처와 도착지
자료 사전(Data Dictionary)	자료 흐름도에 있는 자료 흐름이나 자료 저장소들의 의미를 서술한다.
소단위 명세서(mini-spec)	최하위 프로세스가 어떤 기능을 하는가를 구조적 영어(순차, 선택, 반복)로 기술한다.

3 객체지향 분석 – 사용자의 기능적 관점을 파악하여 UML의 사용사례 다이어그램으로 나타낸다.

① 액터(actor)는 시스템과 상호 작용하는 것으로 사용자나 다른 시스템 또는 시스템의 환경을 의미한다.
② 사용사례(use case)란 시스템이 수행할 것으로 기대되는 기능이다.

객체지향 분석 절차
① 액터 찾기
② 시나리오 찾기
③ 사용 사례 찾기
④ 사용 사례 구체화
⑤ 사용 사례의 관계 찾기
⑥ 비기능적 요구 찾기

〈포함(include) 관계〉
- 하나의 사용 사례를 수행할 때, 다른 사용 사례의 행동을 포함하는 관계를 말한다.
- 이벤트의 중복을 방지한다.
- 포함 관계의 화살표 방향은 기본 사용 사례에서 포함 사용 사례 방향이다.

〈확장(extend) 관계〉
- 특정한 조건에서 다른 사용 사례 행동으로 확장되는 관계
- 확장될 때의 조건을 확장점(extension point)이라 하고 기본 사용 사례에 표시한다.
- 확장 관계를 설정할 때의 화살표 방향은 확장 사용 사례에서 기본 사용 사례 방향이다.

4 요구분석 명세서

무결성/완벽성	사용자의 요구를 완벽하게 반영하여야 한다.
명확성	요구분석서의 내용이 여러 의미로 해석되지 않아야 한다.
일관성	요구분석서 내의 내용이 서로 모순되지 않아야 한다.
기능적	'어떻게'보다 '무엇을'에 관점을 두고 기술되어야 한다.
검증 가능성	사용자의 요구를 만족시키는지 검증할 수 있어야 한다.
추적 가능성	요구분석 명세서를 체계적으로 작성하여 추적이 가능해야 한다.

THEMA 91 설계

1 설계 종류

상위 설계	아키텍처 설계	시스템의 전체적인 구조를 나타낸다.
	사용자 인터페이스 설계	사용자가 익숙하고 편리하게 사용할 수 있도록 설계한다.
하위 설계	모듈 설계	모듈 단위로 설계한다.
	알고리즘 설계	각 모듈의 내부를 알고리즘 형태로 표현한다.

2 설계 원리

단순성	복잡한 여러 요소를 정리하여 단순화하거나 복잡함을 최소화한다.
효율성	사용하는 자원이 적정하고 효과적이어야 한다.
분할/계층화	다루기 쉬운 단위로 분리하여 계층화한다.
추상화	자세한 부분에 좌우되지 않게 설계 컴포넌트를 정의한다.
모듈화	각 모듈이 외부와의 결합이 낮고 내부 요소가 응집되도록 한다.

〈구조적 설계 도구〉

구조도	시스템 기능을 몇 개의 기능으로 분할하여 모듈로 나타내고, 모듈간의 인터페이스를 계층 구조로 표현한 도형
HIPO	프로그램 논리의 문서화와 설계를 위해 도식적인 방법을 제공
N-S Chart	논리 기술에 중점을 둔 도형식 표현 도구 순차, 선택, 반복의 3가지 제어구조를 표현한다. 화살표나 GOTO 문은 사용하지 않는다.

3 소프트웨어 아키텍처

정의	• 외부에서 인식할 수 있는 특성을 가진 소프트웨어 구성 요소들의 기본구조 • 소프트웨어에서 수행하는 여러 기능들을 각 서브시스템 또는 컴포넌트에 적절히 할당하는 것
특징	① 의사소통 도구로 활용할 수 있어야 한다. ② 구현에 대한 제약사항을 정의해야 한다. ③ 품질 속성을 결정해야 한다. ④ 재사용할 수 있게 설계해야 한다.

THEMA 92 UML(Unified Modeling Language)

사용사례(use-case) 다이어그램	• 시스템이 어떤 기능을 수행하고, 주위에 어떤 것이 관련되어 있는지를 나타낸다. • 시스템의 기능을 나타내기 위해 사용자의 요구를 추출하고 분석하는데 사용한다.
순서(sequence) 다이어그램	• 객체간의 메시지 통신을 분석하기 위한 것이다. • 시스템의 동적인 면을 정형화하고 객체들의 메시지 교환을 시각화하여 나타낸다.
클래스(class) 다이어그램	• 객체, 클래스, 속성, 오퍼레이션, 연관관계를 이용하여 시스템을 표현한다. • 보기 쉽게 원하는 시스템의 구조를 정의할 수 있다.
협동(collaboration) 다이어그램	• 객체간의 상호 작용을 나타낸다. • 순서 다이어그램이 객체 간의 메시지 처리에 대한 순서에 중심을 둔 반면, 협동 다이어그램은 관련 객체와의 연관성 분석에 중점을 둔다.
상태(state) 다이어그램	• 객체가 가질 수 있는 가능한 상태들과 그 변화를 나타낸다. • 외부 이벤트에 의한 자극에 대해 객체들이 반응할 때 어떻게 상태의 변화가 일어나는지를 모델링한다.
활동(activity) 다이어그램	• 시스템의 흐름 전체를 파악하기 용이하도록 행위를 흐름을 중심으로 표현한다.
패키지(package) 다이어그램	• 하나의 패키지는 여러 개의 서브 패키지나 클래스를 가질 수 있다. • 복잡한 클래스들 묶어 서브시스템을 조직화하는 데 사용된다.
컴포넌트(component) 다이어그램	• 각 컴포넌트와 그들 간의 의존성 관계를 나타낸다.
배치(deployment) 다이어그램	• 분산 시스템의 각 컴퓨팅 노드, 컴포넌트, 커넥터 등 시스템의 물리적 자원 배치를 나타낸다.

THEMA 93 디자인 패턴

1 디자인 패턴 개요

정의	장점	단점
• 자주 사용하는 설계 형태를 정해서 이를 유형별로 설계 템플릿을 만들어둔 것 • 효율성과 재사용성을 높인다.	• 개발자(설계자) 간의 원활한 의사소통 • 소프트웨어 구조 파악 용이 • 재사용을 통한 개발 시간 단축 • 설계 변경 요청에 대한 유연한 대처	• 객체지향 설계/구현 위주 • 초기 투자비용 부담

2 생성 패턴

객체를 생성하는 것과 관련된 패턴
객체의 생성과 변경이 전체 시스템에 미치는 영향을 최소화하도록 만들어준다.

• factory method	상위 클래스에서 객체를 생성하는 인터페이스를 정의하고 하위 클래스에서 인스턴스를 생성하도록 한다. 생성자와는 별도로 객체 생성 메서드들을 두어 기존 클래스로부터 파생클래스를 생성하도록 한다. 특정 객체를 생성하고자 할 때 사용
• singleton	객체를 하나만 생성하는 클래스를 정의한다.
• prototype	일반적인 프로토타입을 만들어놓고, 그것을 복사한 후 필요한 부분만 수정하여 객체를 생성한다.
• builder	복잡한 인스턴스를 조립하여 만드는 구조
• abstraction factory	객체 그룹의 추상화 객체의 구체적인 클래스를 명시하지 않고 그 객체와 관계되거나 의존하는 그룹을 생성하는 인터페이스를 제공한다.

217

3 구조 패턴

프로그램 내의 자료구조나 인터페이스 구조 등 프로그램의 구조를 설계하는데 활용된다.
복잡한 형태의 구조를 짓는 시스템을 개발하기 쉽게 만들어주는 패턴이다.

• composite	단일 객체와 복합 객체 모두 동일하게 다루도록 한다.
• adapter	기존 클래스를 이를 포함하는 컨테이너 클래스를 구현하지 않고 처리하는 재귀적 합성을 할 수 있다. 기존 클래스를 재사용할 수 있도록 중간에서 맞춰준다.
• bridge	호환성이 없는 기존 클래스의 인터페이스 변환해 재사용할 수 있도록 해준다. 구현과 추상화된 부분을 분리할 수 있고, 추상화된 부분과 실제 구현 부분을 독립적으로 확장할 수 있다.
• decorator	기본 내용을 코어 객체로 하고 주가할 객체를 데코레이터로 만든 후 필요할 때마다 합성한다.
• facade	서브시스템의 내부가 복잡하여 클라이언트 코드가 사용하기 힘들 때 사용한다. 모든 관계가 전면에 세워진 facade 객체를 통해서만 이루어질 수 있게 단순한 인터페이스를 제공한다.

4 행위 패턴

반복적으로 사용되는 객체들의 상호작용을 패턴화한 것으로 클래스나 객체들이 상호 작용하는 방법을 정의한다.
여러 가지 행위 관련 패턴을 사용하여 독립적으로 일을 처리하려고 할 때 사용한다.

• template method	상위 클래스에서는 추상적으로 표현하고 하위 클래스에서 구체적인 내용을 정의한다. 상속의 개념이 있는 상위 클래스와 하위 클래스의 구조에서 접근하도록 한다.
• iterator	반복이 필요한 자료구조를 모두 동일한 인터페이스를 통해 접근하도록 한다.
• observer	어떤 클래스에 변화가 일어났을 때 이를 감지하여 다른 클래스에 통보해준다. 1대다의 객체 의존관계를 정의한 것으로 한 객체가 상태를 변화시켰을 때 이존 관계에 있는 다른 객체들에게 자동적으로 통지하고 변경시킨다.
• strategy	알고리즘이 사용되는 곳과 알고리즘을 제공하는 곳을 분리시킨 구조로 알고리즘을 동적으로 교체할 수 있다. 클라이언트에게 영향 받지 않고 알고리즘이 사용하는 데이터나 따로 복잡한 확장할 때 사용한다.
• visitor	객체의 구조는 변경하지 않으면서 기능만 따로 추가하거나 확장할 때 사용한다.
• mediator	서로 관계된 객체의 수가 많아질 경우 복잡한 통신을 중간에서 중계하고 통제하는 역할을 한다.

218

THEMA 94 모듈 설계

1 결합도(coupling)

① 모듈과 모듈 사이의 관련 정도를 나타낸다.
② 모듈 간에는 관련이 적을수록 상호 의존성이 줄어 모듈의 독립성이 높아지고 좋은 설계가 된다.

↑약

자료 결합도	모듈들이 매개변수를 통해 데이터만 주고받음으로써 서로 간섭을 최소화한다.
스탬프 결합도	레코드, 배열, 구조체 등의 데이터 구조를 매개변수로 사용한다.
제어 결합도	제어 플래그(switch, tag, flag)를 매개변수로 사용한다. 호출하는 모듈이 호출되는 모듈의 내부 구조를 알고 논리적 흐름을 변경하는 관계로 묶이게 된다.
외부 결합도	운영체제, 공유라이브러리, 하드웨어 등 시스템 범위 밖의 요소에 의존하는 경우
공통 결합도	모듈들이 전역변수를 사용한다. 전역변수의 값이 바뀌면 모든 모듈이 영향을 받게 된다.
내용 결합도	모듈 간 인터페이스를 사용하지 않고 직접 참조한다.

↓강

2 응집력(cohesion)

① 모듈 내부에 존재하는 구성 요소들 사이의 밀접한 정도를 나타낸다.
② 응집도가 높을수록 구성요소들이 꼭 필요한 것들로만 모여있고, 응집도가 낮을수록 서로 관련성이 적은 요소들이 모여있다.

↑강

기능적 응집도	단일 기능의 요소들 하나의 모듈로 구성한다.
순차적 응집도	한 소작업의 출력이 다른 소작업의 입력으로 동작되어 두 소작업을 하나의 모듈로 구성한다.
교환적 응집도	같은 입력을 사용하는 구성 요소 또는 동일한 출력을 만드는 구성요소들을 하나의 모듈로 구성한다.
절차적 응집도	순서가 정해진 몇 개의 구성 요소를 하나의 모듈로 구성한다.
시간적 응집도	같은 시간대에 실행된다는 이유로 하나의 모듈로 구성한다.
논리적 응집도	유사 성격 작업을 한 모듈로 구성한다.
우연적 응집도	아무 관계없이 처리 요소들로 모듈을 구성한다.

↓약

THEMA 95 객체지향 기본 개념

객체 (object)	• 현실세계에 존재할 수 있는 유형, 무형의 모든 대상 • 속성(데이터)과 메서드(연산)로 정의된다.
속성 (attribute)	객체가 가지고 있는 특성으로, 현재 상태(객체의 상태)를 의미한다.
클래스 (class)	• 공통된 행위와 특성을 갖는 객체의 집합 • 동일한 타입의 객체들의 메소드와 변수들을 정의하는 템플릿 • 클래스내의 모든 객체들은 속성 값만 다르탈 뿐, 동일한 속성과 행위를 갖게 된다.
	추상 클래스 (abstract class) — • 하나 이상의 추상 메소드를 포함한 클래스 • 객체를 생성할 수 없다.
메시지 (message)	한 객체가 다른 객체의 메소드를 부르는 과정으로, 외부에서 하나의 객체에 보내지는 메소드의 요구이다.
메소드 (method)	객체가 어떻게 동작하는지를 구정하고 속성의 값을 변경시킨다.
다형성 (polymorphism)	• 같은 메시지에 대해 각 클래스가 가지고 있는 고유한 방법으로 응답할 수 있는 능력을 의미한다. • 두 개 이상의 클래스에서 똑같은 메시지에 대해 객체가 서로 다르게 반응한다.
상속 (inheritance)	• 새로운 클래스를 정의할 때 기존의 클래스들의 속성을 상속받고 필요한 부분을 추가한다. • 하위 계층은 상위 계층의 세분화(specialization) 계층이 되며, 상위 계층은 하위 계층의 일반화(generalization) 계층이 된다.
캡슐화 (encapsulation)	객체를 정의할 때 서로 관련성이 많은 데이터들과 이와 연관된 함수들을 하나로 묶는다.
정보은닉 (information hiding)	외부에서 알아야 하는 부분만 공개하고 그렇지 않은 부분은 숨김으로써 대상을 단순화시킨다.

THEMA 96 테스트

1 테스트 방법에 의한 분류

정적 테스트		프로그램 코드를 실행하지 않고 여러 참여자가 모여 소프트웨어 개발 중에 생성되는 모든 명세나 코드를 검토한다. 검토회의(walk-through), 소프트웨어 인스펙션(software inspection)	
동적 테스트		입력값에 대한 예상 출력값을 정해놓고 그대로 결과가 나오는지를 확인한다.	
	블랙박스 테스트	프로그램 내부의 구조나 알고리즘을 보지 않고, 요구분석 명세서나 설계 사양서에서 테스트 케이스를 추출하여 테스트한다.	
		동등 분할 (equivalence partitioning)	테스트 대상의 입출력 값을 포함한 후 각각의 클래스로부터 대푯값을 추출한다.
		경곗값 분석 (boundary value analysis)	동등 분할 기법을 확장시킨 것으로 분할된 클래스의 경계에 대한 값들까지 검사하는 기법
		인과 그래프 (cause-effect graph)	입력 데이터 간 관계가 출력에 영향을 미치는 상황을 체계적으로 분석하여 테스트 케이스를 도출하는 기법
		비교 검사 (comparison test)	Back-to-Back 시험 소프트웨어의 신뢰성이 중요한 경우 독립은 기능의 소프트웨어를 비교한다.
	화이트박스 테스트	프로그램 로직이나 코드 구조에서 테스트 케이스를 선택한다.	
		문장 검증 기준 (statement coverage)	프로그램 내의 모든 문장이 최소한 한 번은 실행될 수 있도록 테스트 케이스를 설계
		분기 검증 기준 (branch coverage)	원시코드에 존재하는 조건문에 대해 T가 되는 경우와 F가 되는 경우가 최소한 한 번은 실행되도록 테스트 케이스를 설계
		조건 검증 기준 (condition coverage)	전체 조건식은 무시하고, 개별 조건식들에 대해서만 T와 F에 대해 최소한 한 번은 수행할 수 있도록 테스트 케이스를 설계
		기본 경로 테스트 (basic path test)	원시코드의 독립적인 경로를 최소한 한 번은 실행하는 테스트 케이스를 설계
		자료 흐름 테스트 (data flow test)	프로그램 내의 데이터 흐름을 분석하고 데이터 흐름을 중심으로 테스트 케이스를 설계

2 테스트 수행 단계에 의한 분류

단위 테스트 (Unit Test)
- 모듈에 대해 검사를 수행
- 주로 화이트박스 테스트 기법 이용
- 상위 가상 모듈 : 드라이버, 하위 가상 모듈 : 스텁

```
┌─────────────┐
│ 드라이버 모듈 │
└──────┬──────┘
       ↓
┌─────────────┐
│ 테스트 대상 모듈 │
└─────────────┘
┌─────────────┐
│   스텁 모듈   │
└─────────────┘
```

통합 테스트 (Integration Test)
- 단위 검사가 끝난 모듈들을 통합하여 모듈 간의 인터페이스 관련 오류를 찾는다.
- 하향식(스텁), 상향식(드라이버), 빅뱅
- 깊이우선, 너비우선

시스템 테스트 (System Test)
- 개발된 소프트웨어가 운용되는 컴퓨터 시스템에서 완벽히 수행되는지 검사를 수행
- 요구분석 명세서의 내용을 모두 만족하는지를 평가

인수 테스트 (Validation Test)
- 사용자측 관점에서 소프트웨어가 요구를 충족시키는가를 평가

알파 테스트	특정 사용자 – 개발자 환경에서 테스트
베타 테스트	최종 사용자 – 사용자 환경에서 테스트

THEMA 97 유지보수/형상관리

1 유지보수

수정 유지보수	시스템을 운영하면서 검사 단계에서 발견하지 못한 오류를 찾아 수정
적응 유지보수	S/W 수명기간 중에 발생하는 환경의 변화를 기존의 S/W 에 반영하기 위하여 수행하는 활동
완전 유지보수	S/W의 본래 기능에 새로운 기능을 추가하거나 성능을 개선하기 위해 S/W를 확장
예방 유지보수	미래에 유지보수를 용이하게 하거나 기능을 향상시키기 위해 S/W를 변경

2 소프트웨어의 형상관리(SCM, Software Configuration Management)

① 소프트웨어에 대한 변경을 철저히 관리하기 위해 개발된 일련의 활동
② 소프트웨어를 이루는 부품의 Baseline(변경통제 시점)을 정하고 변경을 철저히 통제하는 것
③ 형상관리를 위한 조직 : 분석가, 프로그래머, 프로그램 사서
④ 형상관리 항목과 기능

항목(SCI : Software Configuration Item)	기능
분석서 설계서 프로그램 (원시·목적 코드, 명령어·자료·테스트 파일, 사용자 지침서)	• 형상 식별(Identification) • 형상 통제(Control) • 형상 감사(Auditing) • 형상 보고(Status Accountion)

THEMA 98 프로세스 품질 평가 모델

ISO 12207

소프트웨어 개발 생명주기 프로세스
실무자들에게 공통 사항에 대한 프레임워크를 제공해준다.

기본 생명주기	획득 프로세스, 공급 프로세스, 개발 프로세스, 유지보수 프로세스, 운영 프로세스
지원 생명주기	품질 보증 프로세스, 검증 프로세스, 문서화 프로세스, 형상관리 프로세스
조직 생명주기	관리 프로세스, 훈련 프로세스, 개선 프로세스

CMMI

소프트웨어 제품 또는 서비스의 개발, 획득, 유지보수를 위한 조직의 공정 및 품질 관리 능력을 향상시키기 위한 가이드를 제공한다.
프로세스 표준화의 기준과 방향을 제시하므로 조직 프로세스에 대한 측정 뿐 아니라 평가 지표로 활용한다.

<소프트웨어 프로세스 성숙도>

단계	프로세스	예측/통제 불가능
초기 단계	프로세스 없음	
관리 단계	규칙화된 프로세스	기본적인 프로젝트 관리 체계 수립
정의 단계	표준화된 프로세스	조직 자원의 표준 프로세스를 통한 프로젝트 지원
정량적 단계	예측 가능한 프로세스	정량적으로 프로세스 측정/통제
최적화 단계	지속적 개선 프로세스	프로세스 개선 활동

SPICE (ISO 15504)

소프트웨어 프로세스 평가를 위한 프레임워크를 제공한다.
정보 시스템 분야에 특화된 품질 표준이자 인증 규격의 역할을 한다.

단계		내용
레벨0: 불완전(incomplete) 단계	미구현 또는 미달성	• 프로세스가 구현되지 않음. • 프로세스가 목적을 달성하지 못함.
레벨1: 수행(performed) 단계	프로세스 수행 및 목적 달성	• 프로세스를 수행하고 목적을 달성함. • 프로세스가 정의된 산출물을 생산함.
레벨2: 관리(managed) 단계	프로세스 수행 계획 및 관리	• 정의된 자원의 한도 내에서 그 프로세스가 작업 산출물을 인도함.
레벨3: 확립(established) 단계	정의된 표준 프로세스 사용	• 소프트웨어 공학 원칙에 기반으로 정의된 프로세스를 수행함.
레벨4: 예측(predictable) 단계	프로세스의 정량적 이해 및 통제	• 프로세스가 목적 달성을 위해 통제됨. • 프로세스가 양적 측정을 통해 일관되게 수행됨
레벨5: 최적화(optimizing) 단계	프로세스를 지속적으로 개선	• 프로세스 수행을 최적화함. • 지속적 개선을 통해 업무 목적을 만족시킴.

THEMA 99 프로그래밍 언어

1 프로그래밍 언어

저급 언어(low level language)	고급 언어(high level language)
• 하드웨어 지향의 기계 중심 언어 • 컴퓨터 기종에 따라 다르게 표현되고 복잡하다. • 기계어, 어셈블리어	• 사람이 사용하는 기호 체계와 매우 흡사 • 기종에 관계없이 거의 통일하게 표현 • C, C++, Java 등

2 시대별 프로그래밍 언어

시기	특징	주요 PL
1950년대	최초의 PL	어셈블리 언어, Fortran, LISP, APL
1960년대	PL의 다양화	ALGOL 60, COBOL, Basic, PL/1
1970년대	단순성, 추상화	Pascal, C, Smalltalk, Prolog
1980년대	객체지향	Ada, C++, Perl, Python
1990년대	통합, 스크립트, 인터넷	VB, Java, JavaScript

	서버 측 스크립트 언어	ASP, JSP, CGI, PHP
	클라이언트 측 스크립트 언어	Javascript, VBScript
마크업 언어	SGML	모든 태그 포함
	HTML	필요한 태그만 추출
	XML	DB 연동 / 사용자 정의 태그

3 프로그래밍 패러다임

명령형 프로그래밍	• 명령의 순차적인 실행, 메모리 위치를 의미하는 변수의 사용, 변수의 값을 바꾸는 배정문의 사용을 특징으로 갖는다. • Cobol, Fortran, C, Ada, Perl
객체지향형 프로그래밍	• 상태를 변환시키는 메시지를 주고받으며 상호 교류하는 객체의 모임이다. • 객체지향 언어이는 다른 패러다임과는 독립적인 패러다임이므로, 명령형 언어, 함수 언어, 논리 언어 어느 것과도 결합이 가능하다. • Smalltalk, C++, Java, C#
함수형 프로그래밍	• 함수는 함수 합성, 조건식, 재귀를 사용하여 서로 교류하고 결합한다. • 변수, 배정문 등을 사용하지 않고 프로그램을 구성한다. • Lisp, Scheme
논리형 프로그래밍	• 기호 논리의 원리를 기반으로 하여, 개체에 대한 사실과 개체 사이의 관계 규칙을 이용하여 원하는 결과를 얻어낸다. • Prolog

THEMA 100 언어 번역

1 컴파일 기법

어휘 분석기 (lexical analyzer)
- 원시 프로그램에 포함된 문자들을 토큰(token)으로 분리
- 토큰과 관련 정보를 구문 분석 단계로 전달한다.

구문 분석기 (syntax analyzer)
- 토큰들이 문법적으로 옳은지 검사
- 오류가 없으면 이들을 이용하여 파스 트리(parse tree)를 생성한다.

중간 코드 생성기 (intermediate code generator) / 의미 분석기 (semantic analyzer)
- 어느 기계에도 의존적이지 않으면서 기계어에 가까운 중간 코드로 구성된 프로그램을 생성한다.
- 이미 분석까지는 구문 분석 시 탐지하기 어려운 오류를 검사한다.

최적화 (optimization)
- 컴파일러의 선택 사항
- 중간 코드에서 불필요한 코드를 제거하거나 더 효율적인 코드로 개선

코드 생성기 (code generator)
- 해당 컴퓨터가 인식할 수 있는 목적 프로그램을 생성한다.

링커(linker)	여러 목적 모듈을 통합하여 실행 가능한 하나의 모듈로 변환
로더(loader)	실행 가능한 모듈을 주기억장치에 적재

로더 기능
- 할당(allocation)
- 연결(linking)
- 재배치(relocation)
- 적재(loading)

목적 프로그램 → 연계 편집기(linkage editor) → 로더(loader) → 적재·실행

2 순수 해석(pure interpreter) 기법

- 컴파일된 시스템보다 실행 시간이 매우 느리다.
- 1960년대 초반의 단순한 언어들(APL, SNOBOL, LISP, Scheme)이 순수 해석으로 구현되었다.
- 최근 들어 자바스크립트와 같은 웹 스크립트 언어가 해석 기법으로 구현되고 있다.

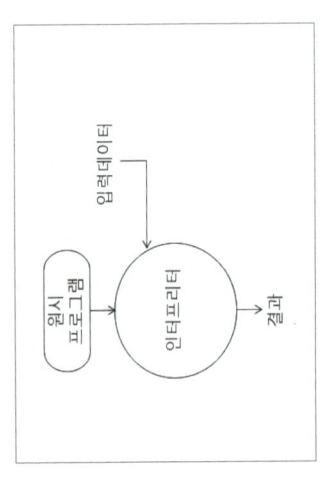

3 하이브리드 기법

- Java는 대표적인 하이브리드 기법을 사용한다.
- 바이트 코드라 불리는 중간 코드로 번역하고
- 운영체제마다 별도로 존재하는 자바 가상 기계(JVM)가 바이트 코드를 실행한다.

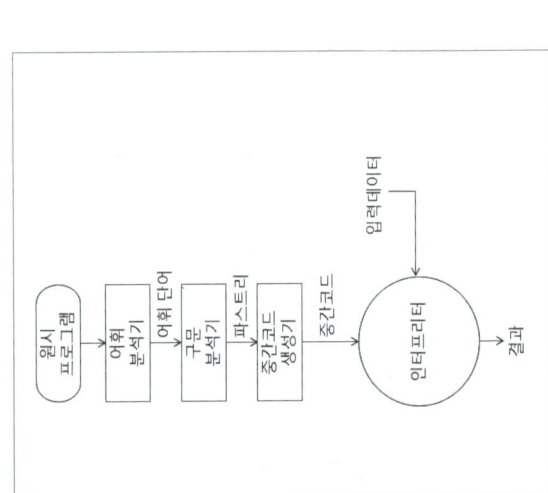

THEMA 101 문법

1 문법의 구성요소

문법 G = {비단말기호 집함, 단말기호 집합, 생성규칙 집합, 시작기호}로 정의

G = ({S, A}, {a, b}, P, S)
P : S → aAS, S → a
   A → SbA, A → ba, A → SS

nonterminal 집합은 {S, A}
terminal 집합은 {a, b}
시작심볼은 S
생성 규칙은 다섯 개

2 촘스키 문법 분류

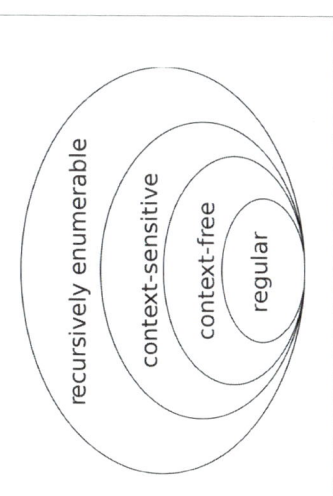

Type 0	무제한 문법
Type 1	문맥 의존 문법
Type 2	문맥 자유 문법
Type 3	정규 문법

구문분석 : BNF(Backus–Naur Form), 파스트리, EBNF, 구문도표
어휘분석 : 정규식, 정규표현식, 유한오토마타

THEMA 102 C언어

1 변수

int x;
- 이름 : x
- 주소 : 변수값이 저장될 메모리 주소
- 값 : 배정문(x = 20;)에 의해 부여
- 타입 : 변수가 가질 수 있는 값의 범위, 이 값에 대한 연산들의 집합
- 영역 : 변수 x의 사용이 허락되는 범위
- 수명 : 변수 x가 메모리 주소에 할당되어 있는 기간

이름(name)	〈변수명 작성 규칙〉 • 영문자, 숫자, _를 사용할 수 있다. • 변수명의 첫 글자로 숫자를 사용할 수 없다. • 공백, 특수문자를 사용할 수 없다. • 예약어를 사용할 수 없다. • 대소문자를 구분한다.
주소(address)	int x; char c; x는 4바이트 크기이고 c는 1바이트 크기이다. &x는 0x1011이고 &c는 0x1015이다. 0x1011 0x1012 0x1013　　x 0x1014 0x1015　　c
값			l-value	r-value
		x = 20;	변수 x의 주소	값 20
		x = y;	변수 x의 주소	y의 값
	변수 x의 주소에 값 20을 저장한다. 변수 x의 주소에 변수 y의 값을 저장한다.
타입(type)	변수가 가질 수 있는 값의 범위와 그 값에 대해 수행할 수 있는 연산의 집합을 의미한다.

2 블록

a{
```
integer i, j;
    b{
        real x, y;
        :
    };
:
};
```

① 일련의 문장 집합으로 자체적인 선언을 가질 수 있는 프로그램 단편을 블록(block)이라 한다.
② 임의의 블록 내의 선언을 지역적(local)이라 하고, 블록 밖의 선언을 비지역적(nonlocal)이라 한다.
③ 변수 i와 j는 블록 a에 대해 지역적이지만 블록 b에 대해서는 비지역적이다.
④ C기반 언어의 블록은 복합문(compound statement)이라 하며 중괄호로 묶어 표현한다.

3 할당

① 기억장소 할당(allocation)은 변수에 메모리 공간을 바인딩하는 과정이다.
② 회수(deallocation)는 변수로부터 바인딩이 해제된 메모리 공간을 가용 공간으로 돌려주는 과정이다.

정적할당 (static allocation)	• 변수에 메모리 공간을 정적으로 할당되는 것 • 한번 할당되면 프로그램 실행이 종료될 때까지 할당 상태가 그대로 유지된다. • 정적할당이 이루어지는 메모리 공간은 정적 영역이며, 주로 전역변수가 정적 할당을 한다. • static을 이용하여 지역변수를 정적으로 할당할 수 있다.
스택기반 할당 (stack based allocation)	사용되는 메모리 공간은 스택이며, 주로 지역변수가 스택 기반 할당을 한다.
동적 할당 (dynamic allocation)	• 힙(heap) 영역을 사용하며, 포인터나 참조 변수를 통해 참조한다. • C에서는 동적 할당을 위한 함수로 malloc(memory allocation)을 제공한다. • 동적으로 할당된 영역을 회수하는 함수로 free를 제공한다. • C++에서는 new(할당)와 delete(해제)를 제공한다. • 실행 시간 중에 삽입 삭제가 자주 발생하는 연결 리스트나 트리 구조에서 자주 사용된다.

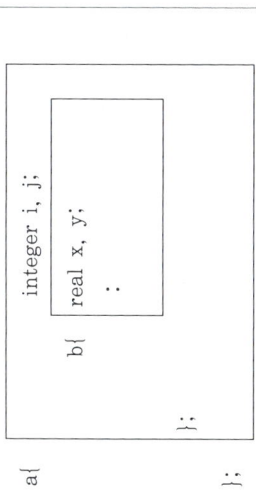

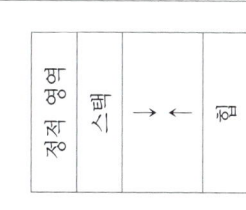

4 변수 종류

지역변수(local variable)	실행 단위 블록 내에서만 유효하며 선언된 블록의 영역을 넘어가면 효력이 없다. 각 블록의 지역변수로 선언한 변수명은 서로 같을 수 있지만 서로 별개의 변수이다.
전역 변수(global variable)	모든 블록에서 사용할 수 있으며 다른 파일에서도 사용할 수 있다. 프로그램이 시작되어 변수가 선언된 후에 프로그램이 종료될 때까지 사용된다.
정적 변수(static variable)	프로그램이 실행이 끝날 때까지 메모리에 계속 보존되는 변수로 전역변수와 생명력이 동일하다. 변수가 사용될 수 있는 유효 영역은 선언되는 위치에 따라 다르다.

5 연산자 우선순위

단항 연산자	단항 연산자	!(논리부정), ~(비트부정), ++, --, sizeof
이항 연산자	산술 연산자	*, /, %
		+, -
	쉬프트 연산자	<<, >>
	관계 연산자	<, <=, >=, >
		==, !=
	비트논리 연산자	&, ^, |
	논리 연산자	&&, ||
삼항 연산자	조건 연산자	? :
대입 연산자	대입 연산자	=, +=, -=,…
콤마 연산자	콤마 연산자	,

6 C언어의 표준 입출력

printf() 함수

모니터로 자료를 출력하는 함수
printf("문자열");
printf("제어문자열", 변수나 표현식);

%d	매개변수의 내용을 부호있는 10진 정수로 변환하여 출력한다.
%o	매개변수의 내용을 부호없는 8진 정수로 변환하여 출력한다.
%x	매개변수의 내용을 부호없는 16진 정수로 변환하여 출력한다.
%e	매개변수의 내용을 지수 형태로 출력한다.
%f	매개변수의 내용을 실수 형태로 출력한다.
%c	매개변수의 내용을 한 개의 문자로 인식하여 출력한다.
%s	매개변수의 내용을 문자열로 인식하여 출력한다.

printf("%6d", 30);

				3	0

printf("%+6d", 30);

			+	3	0

printf("%-6d", 30);

3	0				

printf("%f", 5.12);

5	.	1	2	0	0	0	0

printf("%6.1f", 5.12);

		5	.	1

scanf() 함수

키보드로부터 자료를 읽어들이는 함수
scanf("제어문자열", &변수);

7 선택 제어문

if문

if (조건식) {
　문장1;
　문장2;
}

조건이 맞으면 문장1과 문장2를 실행하고 아니면 두 문장 모두 실행하지 않는다.

if (조건식) 　문장1; 　문장2;

조건이 맞으면 문장1과 문장2를 실행하고 아니면 문장2만 실행된다.

if (조건식)
　문장1
else
　문장2;

if문의 조건식이 참이면 문장1을 수행하고, 거짓이면 else문의 문장2를 수행한다.

switch ~ case 선택문

switch (정수의 식)
{
　case 상수값1 :
　　명령문 블록1;
　　break;
　case 상수값2 :
　　명령문 블록2;
　　break;
　……
　default :
　　명령문 블록n;
　　break;
}

- switch문은 정수의 식을 먼저 평가한 후 그 값으로 일치하는 case 문으로 분기하여 명령문을 실행한다.
- break문은 제어문을 강제로 종료시키는 역할을 한다.

8 반복 제어문

for문	```for (초기화; 조건식; 증감식) { 　명령문; }``` 〈for문의 수행 순서〉 ① 초기화 : 변수의 초기값을 지정해준다. ② 조건식 : 조건식이 참이면 반복을 계속하고 아니면 멈춘다. ③ 명령문 : 조건식이 참일 때 실행한다. ④ 증감식 : 변수의 값을 증감식에 따라 증가 또는 감소시킨다. ⑤ 초기화 → 조건식 → 명령문 → 증감식 → 조건식 → 명령문 → 증감식 순으로 진행된다.
while문	횟수를 정확하게 알지는 못하지만 반복의 조건을 알고 있을 경우 사용한다. ```while (조건식) { 　명령문; 　증감식; }```
do~while문	일단 do의 명령문을 실행하고, 나중에 while문의 조건식을 비교한다. ```do { 　명령문; } while (조건식);```
break문	루프나 switch문의 정상적인 흐름을 변경시킨다.
continue문	break문과 달리 반복문을 빠져나오지 않고 해당 반복문의 처음으로 제어를 이동시킨다.

9 배열

동일한 종류, 즉 동일한 자료형의 데이터를 메모리 내에 일련의 구조화된 집단으로 구성한다.

배열의 선언	자료형 배열명[배열크기];	

배열의 초기화	〈성공 예〉
	int a[3];
	a[0] = 10;
	a[1] = 15;
	a[2] = 20;
	int a[] = {5, 10, 15, 20, 25};　　int a[3] = {10, 15, 20};
		〈실패 예〉
		int a[3] = {10, 15, 20, 30};
		int a[];
		a[0] = 10;
		a[1] = 15;
		a[2] = 20;

2차원 배열	int a[3][4]; |	0열	1열	2열	3열 | |---|---|---|---|---| | 0행 | a[0][0] | a[0][1] | a[0][2] | a[0][3] | | 1행 | a[1][0] | a[1][1] | a[1][2] | a[1][3] | | 2행 | a[2][0] | a[2][1] | a[2][2] | a[2][3] |	int a[2][3] = {{1, 2, 3}, {4, 5, 6}}; int a[2][3] = {1, 2, 3, 4, 5, 6}; int a[ ][3] = {1, 2, 3, 4, 5, 6};
문자열 배열	C언어에서는 연속된 문자를 표현하는 방법이 없기 때문에 char형의 배열을 이용한다. 문자열의 끝에 항상 문자코드 '\0'(null)을 추가해야 한다. char str[ ] = {'H', 'E', 'L', 'L', 'O', '\0'}; char str[ ] = "HELLO"; char *str = "HELLO";	char str[ ] = "HELLO"; str → | 1000 | 1001 | 1002 | 1003 | 1004 | 1005 | 　　　| H | E | L | L | O | \0 | 　　　str[0] str[1] str[2] str[3] str[4] str[5] char *str = "HELLO"; str |1000| → | 1000 | 1001 | 1002 | 1003 | 1004 | 1005 | 　　　　　　| H | E | L | L | O | \0 |

10 함수

- 함수는 특정한 기능을 수행하고, 그 수행 결과로 어떤 값을 반환하는 부프로그램이다.
- 프로그램 실행 중 함수명과 동일한 부분을 만나면, 해당 함수로 분기하여 함수를 실행하고, 함수의 실행이 끝나면 다시 메인 함수로 되돌아온다.

매개변수 전달 방법	값에 의한 호출(call by value)	함수가 호출되면, 매개변수 값을 스택 기억장소 영역에 복사한다. 값을 복사하기 때문에 호출된 함수에서 매개변수값을 바꾸더라도 호출한 함수에는 영향을 주지 않는다.
	주소에 의한 호출(call by reference)	전달하고자 하는 값의 주소를 함수에 전달한다. 실매개변수 : &를 이용하여 주소를 넘겨준다. 형식매개변수 : *를 이용하여 주소를 포인터로 받아 저장한다. 호출된 함수에서 매개변수값을 바꾸면 호출한 함수의 변수값도 함께 변한다.
재귀함수 (recursion function)	• 순환 함수라고도 하며 자기 자신을 반복해서 호출하는 함수이다. • 재귀 함수는 반드시 자신의 호출을 멈출 수 있는 종료 조건이 있어야 한다. • 그렇지 않으면 무한 재귀를 반복한 결과로 '스택 오버플로'가 발생하게 된다.	

THEMA 103 JAVA

1 자바의 주요 특징

플랫폼 독립	자바 실행 환경이 설치되어 있는 컴퓨터라면 플랫폼과 상관없이 자바 프로그램을 곧바로 실행시킬 수 있다.
객체 지향 언어	자바는 객체 지향 언어의 요소인 캡슐화, 상속, 다형성 등을 갖는다. 자바 프로그램은 객체로만 구현되며, 객체는 속성(attributes)을 의미하는 변수(variables)와 행위(behavior)를 의미하는 메소드(method)로 구성된다.
단순한 구조	자바는 C, C++, Small talk에 기초를 두고 있지만 잘 사용되지 않는 기능을 제외시켜 보다 단순한 구조로 만들었다. 〈C 또는 C++과의 차이점〉 • 포인터 연산이 없다. • Struct 문을 사용하지 않는다. • Typedef 문을 사용하지 않는다. • 전처리(선행처리) 기능이 없다. • 예외처리를 제공한다.
메모리 자동관리	더 이상 사용하지 않는 자원이 있으면 쓰레기 수집기가 자동으로 메모리를 해제한다.
네트워크와 분산처리	TCP/IP 네트워킹 기능을 포함하고 있어 프로세스 간이나 애플릿과 프로세스 간의 네트워크 프로그램을 쉽게 개발할 수 있다. HTTP와 FTP같은 프로토콜에 대한 라이브러리를 제공하고 있어 분산 처리를 쉽게 구현할 수 있다.
멀티스레드 지원	멀티스레드가 지원되어 하나의 스레드가 종료되기 전에 다른 스레드를 시작할 수 있다.
신뢰성과 안정성	프로그램을 컴파일할 때 자료형을 엄격하게 검사하여 프로그램 실행 시에 발생할 수 있는 비정상적인 예외 상황 등을 방지할 수 있다.

2 자바의 기본 자료형

자료형	크기
byte	1바이트 정수 자료형
short	2바이트 정수 자료형
int	4바이트 정수 자료형
long	8바이트 정수 자료형
float	4바이트 실수 자료형
double	8바이트 실수 자료형
boolean	1바이트 논리 자료형
char	2바이트 문자 자료형

3 자바 예약어

기능	예약어	설명
제어문	if	조건문인 if문 시작
	switch	조건문인 switch문 시작
	case	switch문과 함께 사용
	for	반복문인 for문 시작
	while	반복문인 while문 시작
	do	반복문인 do-while문 시작
	continue	제어문을 계속 진행할 때 사용
	break	제어문을 종료할 때 사용
	return	제어문을 반환
예외처리	try	예외처리문인 try문 시작
	catch	예외처리를 담당하는 catch 구문 시작
	finally	예외발생과 상관없이 항상 처리되는 구문
	throws	자신을 호출한 곳으로 예외상황을 전달

기능	예약어	설명
제어자	abstract	추상메소드나 추상클래스 정의
	final	클래스, 변수, 메소드 등을 변경하지 못하게 함
	private	해당 클래스 내에서만 제어가 가능
	protected	같은 패키지 내에서만 제어가 가능
	public	어느 곳에서나 제어가 가능
	static	정적인 객체, 변수, 메소드를 선언
	synchronized	동기화 메소드를 선언
객체지향	class	클래스형을 선언
	extends	클래스를 상속할 때 사용
	implements	인터페이스의 메소드를 구현할 때 사용
	import	패키지나 클래스를 사용한다는 의미
	instanceof	객체가 클래스의 인스턴스일 경우 true 반환
	interface	인터페이스 선언
	new	새로운 객체나 배열을 선언
	null	객체를 참조하지 않는다는 의미
	package	패키지를 선언
	super	상위 클래스를 참조
	this	자기 자신을 참조

4 클래스

클래스의 개념	클래스는 데이터와 처리동작을 하나로 모은 것이다. 데이터를 필드, 처리동작을 메소드라고 하며 이들은 클래스의 멤버이다.
클래스의 정의	접근 지정자, 기타 지정자는 필요한 경우에 사용할 수 있고 예약어 class와 클래스 이름을 입력한다. 클래스 이름은 일반적으로 영문자의 첫 글자를 대문자로 사용한다. 클래스 이름 뒤의 클래스 블록 내부에 필드, 생성자, 메소드를 정의한다. 생성자는 클래스와 같은 이름의 메소드로 반환자료형이 없으며 객체를 생성할 때 멤버변수 초기화 등의 용도로 사용된다. 매개변수가 없는 생성자는 자동으로 호출되지만 매개변수가 있으면 직접 호출해줘야 한다.

접근지정자 (access modifier)

접근 지정자	클래스 내부	같은 패키지 내 클래스	다른 패키지 내 자식 클래스	모든 클래스
private	○	×	×	×
default	○	○	×	×
protected	○	○	○	×
public	○	○	○	○

기타 지정자

final	• final로 지정된 클래스, 멤버변수, 메소드는 더 이상 변경할 수 없다. • final 클래스는 자식 클래스를 만들 수 없고, final 멤버변수는 값을 변경할 수 없는 상수가 되며 final 메소드는 자식 클래스에서 오버라이딩할 수 없다.
abstract	• abstract로 지정된 클래스는 객체를 생성할 수 없는 추상 클래스가 된다. • 메소드인 경우 내부 구현부가 없는 추상 메소드가 된다.
static	• static으로 지정된 멤버변수나 메소드는 같은 클래스에서 생성된 모든 객체가 공유하기 때문에 별도의 객체를 생성하지 않아도 사용이 가능하다. • static 멤버변수나 메소드는 클래스가 로드될 때 자동으로 생성되므로 별도의 객체를 생성하지 않아도 클래스 이름으로 참조가 가능하다. • static이 아닌 멤버변수나 메소드는 같은 클래스에서 생성된 객체를 생성한 후에 객체 이름으로 참조해야 사용할 수 있다.

5 상속 / 다형성

상속 (inheritance)	• 다른 클래스의 멤버를 계승하는 기능이다. • 물려준 클래스는 슈퍼 클래스(부모 클래스), 슈퍼 클래스로부터 물려받아 만든 클래스를 서브 클래스(자식 클래스)라고 한다. • 서브 클래스는 얼마든지 만들 수 있지만 상속해 주는 부모 클래스는 하나이다. • 서브 클래스를 만들기 위해서는 extends를 사용한다.
다형성 (polymorphism)	메소드 오버라이딩 (overriding)	• 상속된 메소드와 동일한 이름, 동일한 인수를 갖는 메소드를 정의하여 메소드를 덮어쓴다. • 반환값의 형도 같아야 한다.
	메소드 오버로딩 (overloading)	• 하나의 클래스 내에 인수의 개수나 형이 다른 동일한 이름의 메소드를 여러 개 정의한다. • 메소드를 호출할 때 주어진 인수의 수와 형이 일치하는 메소드가 호출된다.

6 추상 클래스

• 추상 메소드는 처리 내용을 기술하지 않고, 호출하는 방법만을 정의한 메소드이다.
• 추상 메소드를 가진 클래스를 추상 클래스라고 한다.
• abstract 키워드를 붙인다.
• 추상클래스의 객체는 생성할 수 없다.
• 상속받은 추상 메소드는 오버라이딩한다.

7 인터페이스(interface)

- 인터페이스는 상수와 추상메서드로만 구성된 것으로 클래스의 경우에는 다중상속이 불가능하지만 인터페이스는 가능하다.
- 자식 클래스에서 인터페이스를 상속하려면 키워드 implements 를 사용해 하며 반드시 인터페이스에서 선언한 추상 메서드들을 모두 구현해야 한다.
- 추상 클래스와 마찬가지로 인터페이스도 공통된 부분을 정의하면 클래스들의 재사용성과 생산성을 높일 수 있고 보다 일관성 있는 클래스 설계가 가능해진다.
- 인터페이스는 다중상속이 가능하므로 자바에서 금지된 클래스 다중상속도 우회적으로 지원이 가능하다.

8 예외처리

- 예외(exception)는 프로그램 자체적으로 처리할 수 있는 오류를 의미한다.
- 프로그램 실행 중에 발생하는 예외, 정수를 0.0으로 나누거나 배열의 크기보다 큰 인덱스로 배열을 참조할 때 발생하는 예외 등은 미리 수정할 수 없기 때문에 프로그램 내에서 예외처리를 이용하여 해결할 수 있다.

try-catch문	• try 블록에는 예외가 발생할 수 있는 문장들을 기술하고 발생 가능한 예외들을 catch 블록에서 처리한다. • finally 블록에는 예외 발생 여부와 관계없이 반드시 처리해야할 문장들을 기술한다.
throws문	throws문을 사용하여 메서드 안에서 발생한 예외를 메서드를 호출한 곳으로 보낸다.

THEMA 104 스프레드시트 주요 함수

날짜/시간 함수

함수	설명
=NOW()	현재 날짜와 시간을 구한다.
=TODAY()	현재 날짜를 구한다.
=YEAR(날짜)	날짜에서 연도를 추출한다.
=MONTH(날짜)	날짜에서 월을 추출한다.
=DAY(날짜)	날짜에서 일을 추출한다.
=DATE(연도, 월, 일)	연도, 월, 일을 일련번호 날짜로 표현한다.
=HOUR(시간)	시간에서 시를 0부터 23 사이의 값으로 표현한다.
=MINUTE(시간)	시간에서 분을 0부터 59 사이의 값으로 표현한다.
=SECOND(시간)	시간에서 초를 0부터 59 사이의 값으로 표현한다.
=TIME(시, 분, 초)	시, 분, 초를 일련번호 시간으로 표현한다.

논리함수

함수	설명
=AND(인수1, 인수2, …)	인수가 모두 참(True)이면 참을 반환한다.
=OR(인수1, 인수2, …)	인수 중 하나라도 참(True)이면 참을 반환한다.
=NOT(논리)	입력이 True면 False를, 입력이 False면 True를 반환한다.
=IF(논리, 참의 결과, 거짓의 결과)	논리 검사를 수행하여 True나 False에 해당하는 값을 반환한다.

텍스트 함수

함수	설명
=LEFT(텍스트, 추출문자수)	텍스트 문자열의 시작지점부터 지정한 수만큼의 문자를 반환한다.
=RIGHT(텍스트, 추출문자수)	텍스트 문자열의 끝지점부터 지정한 수만큼의 문자를 반환한다.
=MID(텍스트, 시작지점, 추출문자수)	텍스트 문자열의 지정 위치에서 지정한 문자를 지정한 개수만큼 반환한다.
=LEN(텍스트)	텍스트 문자열 내에 문자 개수를 구한다.
=LOWER(텍스트)	텍스트 문자열 내에 모든 문자를 소문자로 변환한다.
=UPPER(텍스트)	텍스트 문자열 내에 모든 문자를 대문자로 변환한다.
=PROPER(텍스트)	각 단어의 첫째 문자를 대문자로, 나머지는 소문자로 변환한다.

계리직 핵심테마 끝내다

수학/삼각 함수	=SUM(인수1, 인수2, ...)	인수들의 합을 구한다.
	=SUM(인수1 : 인수2)	인수1부터 인수2 범위의 합을 구한다.
	=SUMIF(조건검사 영역, 조건, 합 영역)	주어진 조건을 조건 검사 할 영역에서 수행하여 합 영역에서의 그 행에 해당하는 값의 합을 구한다.
	=INT(숫자)	소수점 아래를 버리고 가장 가까운 정수로 내림한다.
	=ROUND(숫자, 자릿수)	숫자를 지정한 자릿수로 반올림한다.
	=ROUNDUP(숫자, 자릿수)	숫자를 지정한 자릿수로 올림한다.
	=ROUNDDOWN(숫자, 자릿수)	숫자를 지정한 자릿수로 내림한다.
	=TRUNC(숫자, [자릿수])	숫자를 지정한 자릿수만큼 남기고 나머지 자리를 버림한다.
	=POWER(밑수, 거듭제곱수)	밑수를 거듭제곱한 값을 구한다.
	=GCD(정수1, 정수2, ...)	두 개 이상의 정수의 최대공약수를 구한다.
	=LCM(정수1, 정수2, ...)	두 개 이상의 정수의 최소공배수를 구한다.
	=FACT(정수)	정수의 계승값을 구한다.
	=MOD(숫자, 나누는 값)	숫자를 나눠 나머지를 구한다.
재무 함수	=PMT(월이율, 월기간, 금액, [미래가치], [유형])	주기적이고 고정적인 지급액과 고정적인 이율에 의거한 대출상환금을 계산한다. [유형 : 월말이면 0 또는 생략, 월초면 1]
	=PV(월이율, 월기간, 금액, [미래가치], [유형])	주기적이고 고정적인 지급액과 고정적인 이율에 의거한 투자의 현재가치를 계산한다. [유형 : 월말이면 0 또는 생략, 월초면 1]
	=FV(월이율, 월기간, 금액, [현재가치], [유형])	주기적이고 고정적인 지급액과 고정적인 이율에 의거한 투자의 미래가치를 계산한다. [유형 : 월말이면 0 또는 생략, 월초면 1]
통계 함수	=AVERAGE(숫자1, 숫자2, ...)	인수인 숫자들의 평균을 구한다.
	=MAX(숫자1, 숫자2, ...)	인수인 숫자들의 최대값을 구한다.
	=MIN(숫자1, 숫자2, ...)	인수인 숫자들의 최소값을 구한다.
	=LARGE(배열, k)	배열 내에서 k번째로 큰 값을 구한다.
	=SMALL(배열, k)	배열 내에서 k번째로 작은 값을 구한다.
	=MEDIAN(숫자1, 숫자2, ...)	주어진 수들의 중간값을 구한다.
	=MODE(숫자1, 숫자2, ...)	데이터 집합에서 가장 많이 발생하는 값(최빈수)을 구한다.

245 컴퓨터일반

통계 함수	=COUNT(값1, 값2, …)	범위에서 숫자(날짜, 시간 포함)가 포함된 셀의 개수를 구한다.
	=COUNTA(값1, 값2, …)	범위에서 비어있지 않은 셀의 개수를 구한다.
	=COUNTBLANK(범위)	범위에서 비어있는 셀의 개수를 구한다.
	=COUNTIF(조건 검사영역, 조건)	지정한 영역 내에서 조건에 맞는 셀의 개수를 구한다.
	=AVERAGEIF(조건 검사영역, 조건, 평균구할 영역)	주어진 조건을 조건 검사 영역에서 추출하여 평균을 구할 영역에서의 그 행에 해당하는 값의 평균을 구한다.

찾기/참조 함수	=VLOOKUP(찾으려는 값, 데이터테이블 찾아 결과를 얻을 수 있는 테이블, 열 번호, 검색 방법)	테이블 영역의 첫 열에서 값을 검색하여, 지정한 열의 같은 행에서 데이터를 찾는다. 검색 방법 : 정확하게 일치하는 값을 찾으려면 False 또는 0 비슷하게 일치하는 값을 찾으려면 True, 1, 또는 생략
	=HLOOKUP(찾으려는 값, 데이터테이블 찾아 결과를 얻을 수 있는 테이블, 행 번호, 검색 방법)	테이블 영역의 첫 행에서 값을 검색하여, 지정한 행의 같은 열에서 데이터를 찾는다. 검색 방법 : 정확하게 일치하는 값을 찾으려면 False 또는 0 비슷하게 일치하는 값을 찾으려면 True, 1, 또는 생략
	=MATCH(찾으려는 값, 검색범위, 일치방법)	검색범위에서 찾고자 하는 값이 존재하는 상대위치를 구한다. 일치 방법 : 0(정확한 값), 1 (범위가 오름차순, 유사한 값), -1(범위가 내림차순, 유사한 값)
	=INDEX(배열, 행 번호, 열 번호)	배열범위에서 해당하는 행과 열이 교차되는 위치의 값을 구한다.
	=CHOOSE(인덱스번호, 값1, 값2, …)	값들 중에서 인덱스 번호에 해당하는 값을 구한다.
	=OFFSET(기준셀, 행, 열)	기준셀에서 지정한 행과 열만큼 떨어진 위치에 있는 값을 구한다.

246

정당정치

02

케리직 핵심 테마 필더넘

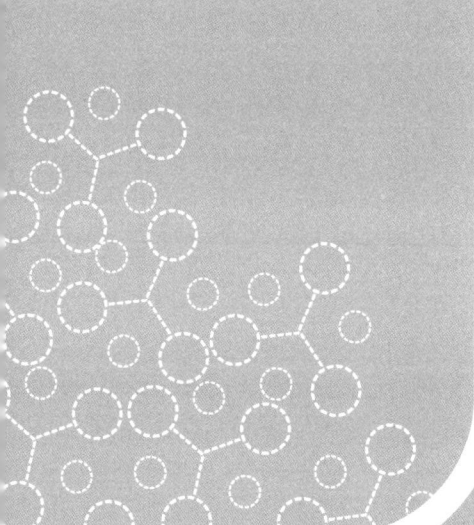

THEMA ① 정보보호 목표

기본 목표	내용	위험 유형
기밀성 (Confidentiality)	정보는 소유자의 인증을 받은 사람만 접근할 수 있다. 인증되지 않은 많은 정보는 절대로 공개되어서는 안된다.	• 노출/유출 • 도청 • 분석/감시
무결성 (Integrity)	인증되지 않은 사용자가 데이터를 불법적인 방법으로 변경, 수정, 삭제하지 못하게 한다. 정보의 정확성, 안전성을 보장해야 한다.	• 훼손, 변조
가용성 (Availability)	정당한 방법으로 권한을 받은 사용자가 정보 또는 자원을 필요로 할 때 아무런 방해 없이 정보에 접근하고 사용할 수 있음을 보장한다.	• 무력화 • 서비스 거부
인증성 (Authentication)	어떤 주체나 객체가 틀림없음을 보장할 수 있다. 정보시스템 상에서 이루어지는 어떤 활동이 정상적이고 합법적으로 이루어진 것을 보장한다. • 메시지 출처 인증 • 메시지 인증 - 메시지 무결성과 연결	• masquerade (신분위장) • 위조
책임추적성 (Accountability)	각 객체의 행위를 유일하게 추적할 수 있음을 보장하는 것으로 정보나 정보시스템의 사용에 대해서 누가 언제 어떤 목적으로 어떤 방법을 통하여 그들을 사용했는지를 추적할 수 있어야 한다.	• 송수신사실 부인
신뢰성 (Reliability)	오류 발생없이 계획된 활동을 수행하여 결과를 얻을 수 있는 환경을 유지한다.	

THEMA ② 정보보호 침해 유형

1 정보보호 침해 유형

기밀성 위협
• 스니핑(sniffing) • 스누핑(snooping) • 메시지 내용 공개(release of message contents) • 트래픽 분석(traffic analysis)

무결성 위협
• 메시지 변조(modification) • 신분위장(masquerade) • 재전송(replay) • 부인(repudiation)

가용성 위협
• 서비스 거부(denial of service)

2 보안 공격

	소극적 공격	적극적 공격
특징	직접적인 피해 없다	직접적인 피해 있다
탐지	어렵다	쉽다
조치	암호화 / 트래픽 패딩 이용 예방이 가능하다.	예방은 힘들다. 빠른 회복/복구에 우선을 둔다.
예	메시지 내용 공개 트래픽 분석	신분위장 재전송 메시지 변조 서비스 거부

3 네트워크 보안 침해 유형

가로막기 (Interruption)	송신자의 데이터를 수신자에게 전달하지 못하도록 시스템의 일부를 파괴하거나 사용할 수 없게 하는 것이다.
가로채기 (Interception)	송신자의 데이터를 수신자에게 전달할 때 통신 선로 등을 가로채서 송수신자 모르게 데이터를 가로채는 것이다.
변조 (Modification)	송신자의 데이터를 수신자에게 전달할 때 권한이 없는 주체가 시스템에 불법으로 접근하여 데이터를 변경하는 것이다.
위조 (Fabrication)	송신자의 데이터를 수신자에게 전달할 때 허가되지 않은 주체가 시스템에 가짜 정보를 삽입하여 수신자가 착각하게 만드는 것이다.

THEMA 3 암호 시스템

1 암호화와 복호화

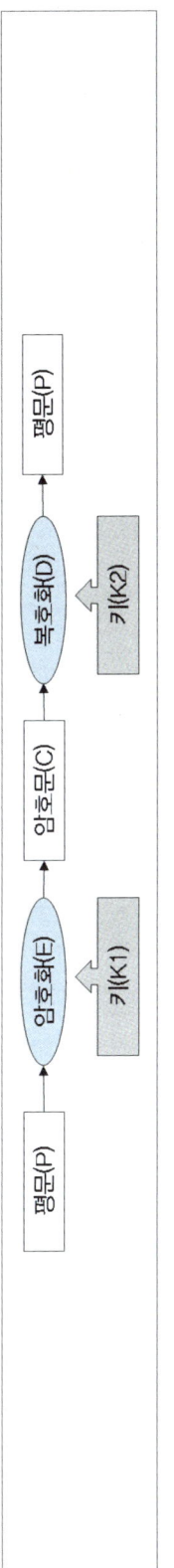

암호화 $C = E(K1, P)$ 평문 P를 키 K1을 이용하여 암호화(Encryption)하여 암호문(C : cipher text)를 얻는다.

복호화 $P = D(K2, C)$ 암호문 C를 키 K2를 이용하여 복호화(Decryption)하여 평문(P : plain text)를 얻는다.

- 대칭키 암호 시스템에서는 암호화 키인 K1과 복호화 키인 K2가 동일하다.
- 공개키 암호 시스템에서는 암호화 키인 K1과 복호화 키인 K2가 서로 다르다.

2 암호 시스템 비교

대칭키 암호화

① 동일한 암호키와 복호키를 사용하는 대칭적 암호화이다.
② 보내는 사람과 받는 사람이 같은 키를 가지고 있다.
③ 알고리즘이 단순하고 처리속도가 빠르다.
④ 키 관리가 어렵고 기본배를 먼저 수행해야 한다.
⑤ DES, AES 알고리즘이 대표적이다.

- 사용자가 n명일 때 $n(n-1)/2$개의 키(key)를 사용한다.

공개키 암호화

① 두 개의 분리된 키를 사용하는 비대칭적 암호화이다.
② 한 쌍의 키 중 한 개의 키에 의해 암호화된 자료는 남은 다른 키에 의해서만 복호화 가능하다.
③ 암호화의 처리속도가 대칭키 암호화에 비해 비교적 느리다.
④ 전자서명이 가능하다.
⑤ RSA, Elgamal, Diffie-Hellman 알고리즘이 대표적이다.

- 사용자가 n명일 때 $2n$개의 키(key)를 사용한다.

THEMA 4 대칭키 암호

1 스트림 암호

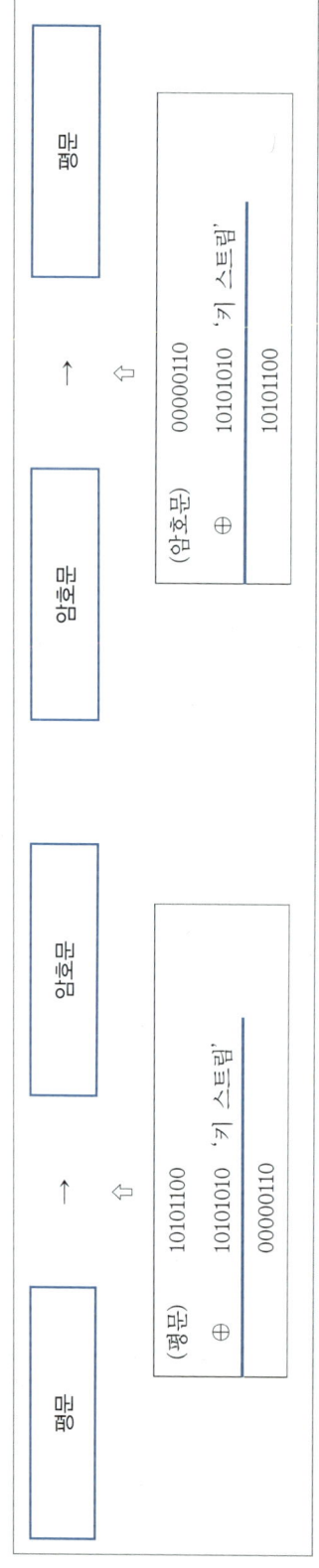

⟨RC4 알고리즘⟩
① Ron Rivest가 1987년 RSA Security에 있으면서 설계한 스트림 암호이다.
② 바이트(8비트) 단위로 작동되도록 만들어진 다양한 크기의 키를 사용하는 스트림 암호이다.
③ 사용된 알고리즘은 랜덤 치환에 기초해서 만들어졌다.
④ RC4는 웹 브라우저와 서버 사이의 통신에 정의된 SSL/TLS 표준에서 사용된다.
⑤ 802.11 무선랜 표준인 WEP(Wired Equivalent Privacy) 프로토콜과 WPA(WiFi Protected Access) 프로토콜에서 사용된다.

2 블록 암호

대칭키 알고리즘	블록길이	키길이	라운드수
DES	64비트	56비트	16
AES	128비트	128/192/256비트	10/12/14
SEED	128비트	128/256비트	16/24
ARIA	128비트	128/192/256비트	12/14/16
IDEA	64비트	128비트	8
Blowfish	64비트	32~448비트	16
Skipjack	64비트	80비트	32
RC5	32/64/128비트	0~2048비트	0~255

HIGHT	64비트 블록 - 128비트 키 32라운드 페이스텔 변형
LEA	128비트 블록 128/192/256 키 24/28/32 라운드 ARX(Add, Rotation, XOR) 연산

THEMA 5 공개키 암호

1 공개키 암호 알고리즘

특성 원리 (키 생성 시만)	알고리즘	암호/복호	전자서명	키 교환
이산대수의 어려움	DH	X	X	O
	ElGamal	O	O	O
	ECC	O	O	O
	DSS	X	O	X
	KCDSA	X	O	X
소인수분해의 어려움	RSA	O	O	O
	Rabin	O	O	O
	Knapsack	O	X	X

254

2 공개키 암호화 방식

메시지 암호화

송신측	메시지 암호화	수신측 공개키
수신측	메시지 복호화	수신측 개인키

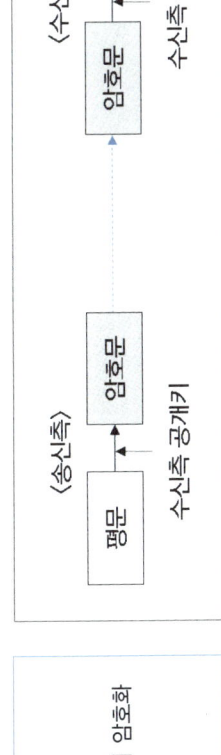

전자서명

송신측	전자서명 생성	송신측 개인키
수신측	전자서명 검증	송신측 공개키

THEMA 6 하이브리드 암호 시스템

〈하이브리드 암호화 특징〉
- 메시지는 고속의 대칭 암호로 암호화한다.
- 메시지를 암호화할 때 사용한 대칭 암호키를 공개키 암호로 암호화하는 것이다.
- 공개키 암호의 처리 속도가 느린 것을 대칭 암호로 해결하고, 대칭 암호의 키 배송 문제를 공개키 암호로 해결한다.

〈하이브리드 암복호화 순서〉
① 송신측에서 생성한 1회용 메시징키인 세션키를 이용하여 메시지를 암호화한다.
② 세션키는 수신측의 공개키로 암호화한다.
③ 암호문과 암호화된 세션키를 함께 전송한다.
④ 암호화된 세션키는 수신측의 개인키로 복호화한다.
⑤ 복호화된 세션키로 암호문을 복호화하여 평문을 얻는다.

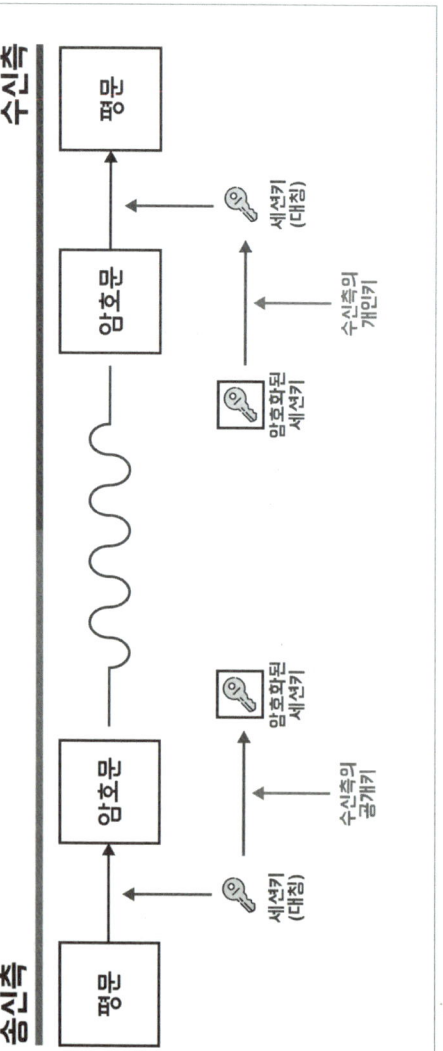

THEMA 7 대표공격

1 재전송 공격(Replay attack)

〈공격 순서〉	〈재전송 공격 대응책〉

1. A가 B에게 암호화된 문장을 전송한다.
2. C가 전송 중에 있는 암호문을 도청한다.
3. 암호문을 보관하고 있다가 시간이 지난 뒤 재전송한다.
   - 공격자 C는 암호문을 해독하지 않는다.
   - B는 암호문을 A가 보냈다고 여긴다.
	• 타임스탬프(TimeStamp)
	• 순서번호(Sequence Number)
	• 일회용 비밀번호(One Time Password)

A → B, C (재전송 관계도)

2 중간자 공격(Man In The Middle attack)

① 철수가 영희에게 공개키를 요청한다.

② 영희가 공개키를 전송하지만, 순이가 영희의 공개키를 빼앗아 철수에게 도달되지 않는다.

③ 순이가 영희 행세를 하며 철수에게 순이의 공개키를 보낸다.

④ 철수는 공격자(순이)의 공개키로 메시지를 암호화한다.

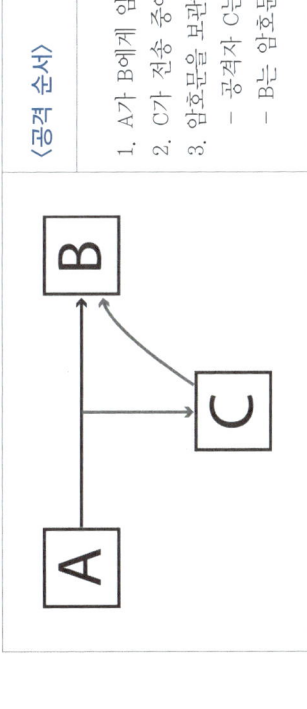

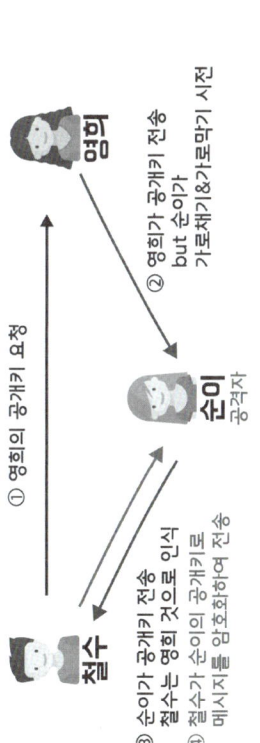

① 영희의 공개키 요청

② 영희가 공개키 전송 but 순이가 가로채기&가로막기 시전

③ 순이가 공개키 전송 철수는 영희 것으로 인식

④ 철수가 순이의 공개키로 메시지를 암호화하여 전송

THEMA 8 일방향 해시함수

일방향 해시함수

- 전송된 메시지의 무결성(integrity)을 보장한다.
- 메시지와 함께 전송된 메시지 다이제스트와 전송된 메시지로부터 계산된 메시지 다이제스트를 비교하여 같으면 그 메시지를 사용하고 다르면 전송 메시지는 사용하지 않는다.
- 키(key)를 사용하지 않으므로 출처 인증에 대한 정보는 제공하지 않는다.

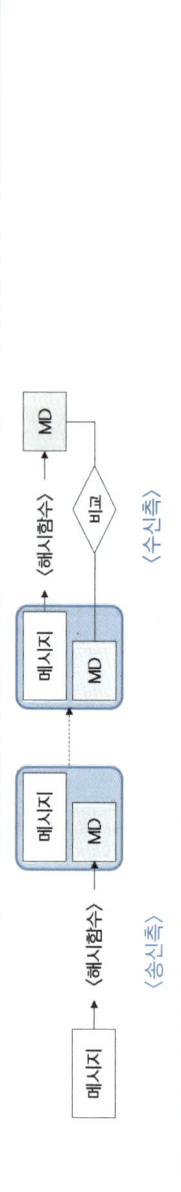

〈송신측〉

〈수신측〉

임의의 길이 메시지로부터 고정 길이의 해시 값을 계산한다.

일방향성(one-way)	해시값으로부터 메시지를 역산할 수 없음을 의미한다.
선이미지 회피성	어떤 주어진 값 h에 대하여 $H(x) = h$가 성립되는 x를 찾는 것은 계산적으로 불가능해야 한다.

메시지가 다르면 해시 값도 다르다. 두 개의 다른 메시지가 같은 해시 값을 갖는 것을 충돌(collision)이라 한다.

약한 충돌 내성 (weak collision resistance)	임의 값과 해당 해시 값이 있을 때 이 해시 값에 해당하는 또 다른 입력 값을 구하는 것은 계산상으로 불가능해야 한다.
2차 선이미지 회피성	어떤 주어진 값 x에 대하여 $H(x) = H(y)$를 만족하는 $y \neq x$인 y를 찾는 것은 계산적으로 불가능해야 한다.
강한 충돌 내성 (strong collision resistance)	같은 해시값을 갖는 두 개의 서로 다른 입력 값을 발견하는 것은 계산상으로 불가능해야 한다.
충돌 회피성	$H(x) = H(y)$를 만족하는 쌍 (x, y)를 찾는 것은 계산적으로 불가능해야 한다.

해시 값의 고속 계산이 가능하다.

〈해시함수 종류〉

해시함수	메시지 다이제스트 길이	입력메시지 최대 길이	블록 길이	라운드 수
MD5	128비트	-	512비트	64라운드(4*16)
SHA-1	160비트	$< 2^{64}$ 비트	512비트	80라운드(4*20)
SHA-224	224비트	$< 2^{64}$ 비트	512비트	64라운드
SHA-256	256비트	$< 2^{64}$ 비트	512비트	64라운드
SHA-384	384비트	$< 2^{128}$ 비트	1024비트	80라운드
SHA-512	512비트	$< 2^{128}$ 비트	1024비트	80라운드
HAVAL	128,160,192, 224, 256 비트	-	1024비트	3/4/5라운드

THEMA 9 메시지 인증 코드(MAC)

메시지 인증 코드

- 태깅기 기술에 의해 메시지 인증을 제공한다.
- 어떤 추가적인 절차 추가 없이 데이터 무결성과 데이터 생성인증에 관한 보장을 용이하게 한다.
- MAC은 메시징 방식에서 식별기능을 제공한다.
  - 메시지의 무결성을 확인한다.
  - 메시지의 출처를 확신할 수 있다. (상호 인증)

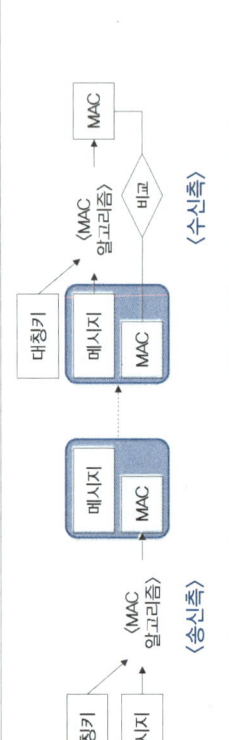

⟨송신측⟩

⟨수신측⟩

일방향 해시함수와의 차이점

- 일방향 해시함수로 해시값을 계산할 때는 키를 사용하지 않는다.
- 메시지 인증코드는 송신자와 수신자가 공유하는 키를 사용한다.

일방향 해시함수와의 공통점

- 일방향 해시함수는 전송 시 메시지와 함께 메시지 다이제스트를 보내고 이것으로 메시지 무결성을 확인한다.
- 메시지 인증코드는 전송 시 메시지와 함께 메시지 인증코드를 보내고 이것으로 메시지 무결성을 확인한다.

HMAC(Hashed MAC)	CMAC(Cipher-based MAC) / CBCMAC
• 일방향 해시함수를 이용하여 메시지 인증코드를 구한다. • HMAC = hash(opadkey ‖ hash(ipadkey ‖ 메시지)) • (단, ipadkey = key ⊕ ipad, opadkey = key ⊕ opad)	• CBC 모드와 유사한 방법을 이용하여 메시지 인증코드를 구한다. • E(key, E(key, 메시지블럭1) ⊕ 메시지블럭2)..... ⊕ 메시지블럭n ⊕ k) • 마지막 암호화 후 왼쪽에서 n비트를 얻은 것이 CMAC이다. • (단, k는 key부터 유도된 값으로 메시지블럭 n번째에만 XOR 입력으로 추가된다.)

THEMA 10 전자 서명(Digital Signature)

전자서명

- 서명자 인증 : 전자 서명에 기재된 작성자 사람이 그 전자 문서를 작성하였다는 사실을 증명한다.
- 메시지 무결성 : 송수신 과정에서 메시지의 내용이 위변조되지 않았다는 사실을 증명한다.
- 부인방지 : 작성자가 전자 문서 작성 사실을 나중에 부인할 수 없도록 한다.

전자 서명 특징

- 위조 불가(unforgeable) : 서명은 서명자 이외의 다른 사람이 생성할 수 없어야 한다.
- 서명자 인증(authentic) : 서명은 서명자의 의도에 따라 서명된 것임을 불특정 다수가 확인할 수 있어야 한다.
- 부인 방지(non-repudiation) : 서명자가 자신이 서명한 사실을 부인할 수 없어야 한다.
- 변경 불가(unalterable) : 서명한 문서의 내용을 변경할 수 없어야 한다.
- 재사용 불가(not reusable) : 한 문서의 서명을 다른 문서의 서명으로 사용할 수 없어야 한다.

전자서명 생성 1

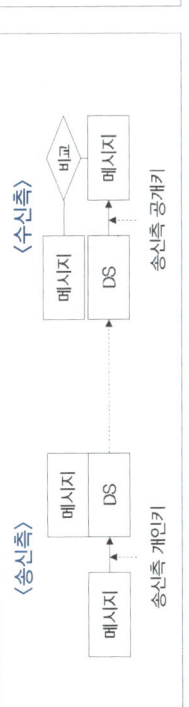

① 메시지에 대한 메시지 다이제스트(MD)를 구한다.
② 서명자는 자신의 개인키로 메시지 대신 MD를 암호화하여 서명을 생성한다.
③ 메시지와 전자서명을 함께 전송한다.
④ 검증자는 서명자의 공개키를 이용하여 전자서명을 복호화하고 전송받은 메시지로부터 새로운 MD를 구한다.
⑤ 복호화를 통해 얻은 MD와 새롭게 구한 MD를 비교한다.

전자서명 생성 2

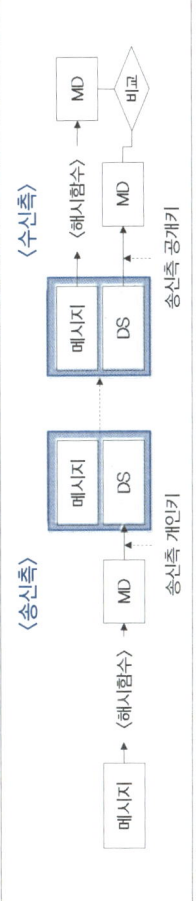

① 서명자는 자신의 개인키로 메시지를 암호화하여 전자서명을 생성한다.
② 메시지와 전자서명을 함께 전송한다.
③ 검증자는 서명자의 공개키를 이용하여 전자서명을 복호화한다.
④ 복호화를 통해 얻은 메시지와 전송받은 메시지를 비교한다.

THEMA 11 인증서(Certificate)

인증서

- 개인 또는 단체의 공개키를 인증하는 전자적인 증명 문서이다.
- 공개키의 무결성을 보장한다.

ITU-T X.509 인증서

버전 1
인증서 일련번호
서명 알고리즘 식별자
발행자 이름
유효기간
주체이름
주체 공개키 정보
서명

버전 2
인증서 일련번호
서명 알고리즘 식별자
발행자 이름
유효기간
주체이름
주체 공개키 정보
발행자 유일식별자
주체 유일식별자
서명

버전 3
인증서 일련번호
서명 알고리즘 식별자
발행자 이름
유효기간
주체이름
주체 공개키 정보
발행자 유일식별자
주체 유일식별자
확장
서명

확장(v3) 내용
- 인증서 정책
- 기관 키 식별자 (Authority key identifier)
- 주체 키 식별자 (subject key identifier)
- 개인키 유효기간 (Private-key usage period)
- 주체 대체 이름 (Subject alternative name)
- 발행자 대체 이름 (Issuer alternative name)
- 키 용도 (key usage)

인증서 취소 목록 (CRL)

서명 알고리즘 식별자
발행자 이름
이번 업데이트 일시
다음 업데이트 일시
취소된인증서 일련번호
취소일시
취소된 인증서 일련번호
취소일시
서명

- CRL(Certificate Revocation List)은 인증기관이 폐지한 인증서 목록이다.
- 폐지된 인증서의 일련번호 목록에 대해 인증기관이 전자서명을 붙인 것이다.
- 이용자는 인증기관으로부터 최신의 CRL을 입수하여 자신이 검증 또는 암호화에 사용하려는 공개키 인증서의 폐지여부를 알아봐야 한다.

- OCSP(Online Certificate Status Protocol)
전자 서명 인증서 목록의 갱신 주기성 문제를 해결하기 위해 폐지/효력 정지 상태를 파악하여 사용자가 실시간으로 인증서를 검증할 수 있는 프로토콜.

전자서명법	
제1조 (목적)	이 법은 전자문서의 안전성과 신뢰성을 확보하고 그 이용을 활성화하기 위하여 전자서명에 관한 기본적인 사항을 정함으로써 국가와 사회의 정보화를 촉진하고 국민생활의 편익을 증진함을 목적으로 한다.

제2조
(정의)
	1. "전자문서"란 정보처리시스템에 의하여 전자적 형태로 작성되어 송신 또는 수신되거나 저장된 정보를 말한다.
	2. "전자서명"이란 다음 각 목의 사항을 나타내는 데 이용하기 위하여 전자문서에 첨부되거나 논리적으로 결합된 전자적 형태의 정보를 말한다.
	  가. 서명자의 신원
	  나. 서명자가 해당 전자문서에 서명하였다는 사실
	3. "전자서명생성정보"란 전자서명을 생성하기 위하여 이용하는 전자적 정보를 말한다.
	4. "전자서명수단"이란 전자서명을 하기 위하여 이용하는 전자적 수단을 말한다.
	5. "전자서명생성정보"란 전자서명생성정보가 가입자에게 유일하게 속한다는 사실을 확인하고 이를 증명하는 행위를 말한다.
	6. "인증서"란 전자서명생성정보가 가입자에게 유일하게 속한다는 사실 등을 증명하는 전자적 정보를 말한다.
	7. "전자서명인증업무"란 전자서명인증, 전자서명인증 관련 기록의 관리 등 전자서명인증서비스를 제공하는 업무를 말한다.
	8. "전자서명인증사업자"란 전자서명인증업무를 하는 자를 말한다.
	9. "가입자"란 전자서명생성정보에 대하여 전자서명인증사업자로부터 전자서명인증을 받은 자를 말한다.
	10. "이용자"란 전자서명인증사업자가 제공하는 전자서명인증서비스를 이용하는 자를 말한다.

제3조 (전자서명의 효력)	① 전자서명은 전자적 형태라는 이유만으로 서명, 서명날인 또는 기명날인으로서의 효력이 부인되지 아니한다. ② 법령의 규정 또는 당사자 간의 약정에 따라 서명, 서명날인 또는 기명날인의 방식으로 전자서명을 선택한 경우 그 전자서명은 서명, 서명날인 또는 기명날인으로서의 효력을 가진다.
제6조 (다양한 전자서명수단의 이용 활성화)	① 국가는 생체인증, 블록체인 등 다양한 전자서명수단의 이용 활성화를 위하여 노력하여야 한다. ② 국가는 벤처, 중소기업, 대통령인, 현재편의규정, 중앙선거관리위원회규칙, 대통령령 또는 감사원규칙에서 전자서명수단을 특정하는 경우를 제외하고는 특정한 전자서명수단의 이용을 제한하여서는 아니 된다.

제7조
(전자서명인증업무 운영기준 등)
	① 과학기술정보통신부장관은 전자서명의 신뢰성을 높이고 가입자 및 이용자가 합리적으로 전자서명인증서비스를 선택할 수 있도록 정보를 제공하기 위하여 필요한 조치를 마련하여야 한다.
	② 과학기술정보통신부장관은 전자서명인증업무 운영에 다음 각 호의 사항이 포함된 전자서명인증업무 운영기준(이하 "운영기준"이라 한다)을 정하여 고시한다. 이 경우 운영기준은 국제적으로 인정되는 기준 등을 고려하여 정하여야 한다.
	  1. 전자서명 및 전자문서의 위조·변조 방지대책
	  2. 전자서명인증서비스의 가입·이용 절차 및 가입자 확인방법
	  3. 전자서명인증업무의 휴지·폐지 절차
	  4. 전자서명인증업무 관련 시설기준 및 자료의 보호방법
	  5. 가입자 및 이용자의 권리 보호대책
	  6. 그 밖에 전자서명인증업무의 운영·관리에 관한 사항

제8조 (운영기준 준수사실의 인정)	① 전자서명인증사업자(전자서명인증업무를 하려는 자를 포함한다. 이하 제8조부터 제11조까지에서 같다)는 제9조에 따른 인정기관으로부터 운영기준의 준수사실에 대한 인정을 받을 수 있다. 이 경우 제10조에 따른 평가기관으로부터 운영기준의 준수 여부에 대한 평가를 먼저 받아야 한다. ② 제1항 전단에 따른 인정(이하 "운영기준 준수사실의 인정"이라 한다)을 받으려는 전자서명인증사업자는 국가기관, 지방자치단체 또는 법인이어야 한다.
제9조 (인정기관)	① 과학기술정보통신부장관은 「정보통신망 이용촉진 및 정보보호 등에 관한 법률」 제52조에 따른 한국인터넷진흥원(이하 "한국인터넷진흥원"이라 한다)을 운영기준 준수사실의 인정에 관한 업무를 수행하는 기관(이하 "인정기관"이라 한다)으로 지정할 수 있다. ② 인정기관은 제10조제3항에 따라 평가기관이 제출한 그 평가 결과와 운영기준 준수사실의 인정을 받으려는 전자서명인증사업자가 제출한 자료를 검토하여 운영기준 준수사실의 인정 여부를 결정하여야 한다. ③ 인정기관은 제2항에 따라 운영기준 준수사실을 인정하는 경우 그 인정내용 및 유효기간 등 기재된 운영기준 준수사실 인정서를 발급하여야 한다. 이 경우 대통령령으로 정하는 바에 따라 운영기준 준수사실 인정사실을 공고하여야 한다. ④ 인정기관은 해당 전자서명인증사업자에게 제3항에 따른 업무를 수행하는 데 필요한 비용을 징수할 수 있다. ⑤ 운영기준 준수사실의 인정 여부 결정 및 인정 취소 등 업무수행방법, 운영기준 준수사실 인정의 유효기간, 그 밖에 필요한 사항은 대통령령으로 정한다.
제10조 (평가기관)	① 과학기술정보통신부장관은 제8조제1항 후단에 따른 평가 업무를 수행하는 기관(이하 "평가기관"이라 한다)을 선정하여 고시할 수 있다. ② 운영기준 준수사실의 인정을 받으려는 전자서명인증사업자는 전자서명인증업무의 운영기준 준수 여부에 대한 평가를 평가기관에 신청하여야 한다. ③ 평가기관은 제2항에 따른 평가를 신청한 전자서명인증사업자의 운영기준 준수 여부에 대한 평가를 하고, 그 결과를 인정기관에 제출하여야 한다. ④ 평가기관은 전자서명인증사업자에게 제3항의 업무를 수행하는 데 필요한 비용을 징수할 수 있다. ⑤ 평가기관의 선정기준·절차, 평가방법 등 업무수행방법, 운영기준 준수 여부에 대한 평가기준·절차, 그 밖에 필요한 사항은 대통령령으로 정한다.
제18조 (전자문서의 시점확인)	전자서명인증사업자는 가입자 또는 이용자의 요청이 있는 경우 전자문서가 해당 전자서명인증사업자에게 제시되는 시점을 전자서명하여 확인할 수 있다.
제19조 (전자서명생성정보의 보호 등)	① 누구든지 타인의 전자서명생성정보를 도용하거나 누설해서는 아니 된다. ② 누구든지 운영기준 준수사실의 인정을 받은 전자서명인증사업자가 발급하는 인증서와 관련하여 다음 각 호에 해당하는 행위를 하여서는 아니 된다. 1. 거짓이나 그 밖의 부정한 방법으로 타인의 명의로 인증서를 발급받거나 발급받을 수 있도록 하는 행위 2. 부정하게 행사하게 할 목적으로 인증서를 타인에게 양도 또는 대여하거나, 부정하게 행사할 목적으로 인증서를 타인으로부터 양도 또는 대여받는 행위

THEMA 12 공개키 기반구조(PKI : Public Key Infrastructure)

공개키 기반구조

- 공개키 암호방식에서 사용자의 공개키를 안전하고 신뢰성있게 인증하는 수단을 제공한다.
- 안전하고 편리하게 공개키를 획득하는 것이 주요 목적이다.

공개키 기반구조 구성요소

- 이용자 : 공개키 기반구조를 이용하는 사람
- 인증기관 : 인증서를 발행하는 곳
- 저장소 : 인증서를 보관하는 데이터베이스

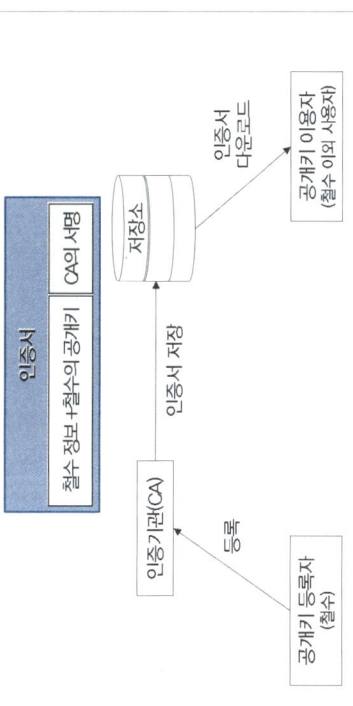

인증서 등록	이용자를 인증하고, 인증서를 작성한다. 인증서를 작성할 때에는 인증기관의 개인키를 사용해서 전자서명을 한다.
인증서 폐지와 CRL	인증서를 폐지하는 경우 인증기관은 인증서 폐지 목록(certificate revocation list)을 작성한다. CRL로 폐지된 인증서의 일련번호가 목록에 대해 인증기관의 전자서명을 붙인 것이다.
키 쌍의 작성	인증기관이 이용자의 키 쌍을 작성할 경우 인증기관은 '개인키를 이용자에게 보내는' 일을 할 필요가 있다.

인증기관
(Certification Authority)

- PAA(Policy Approval Authorities, 정책승인기관) : 공인인증서에 대한 정책을 결정하고, 하위기관의 정책을 승인한다.
- PCA(Policy Certification Authorities, 정책인증기관) : 루트CA를 발급하고 기본 정책을 수립한다.
- CA(Certification Authority, 인증기관) : 인증서 발급과 취소 등 실질적인 업무를 수행한다.
- RA(Registration Authority, 등록기관) : 인증기관을 대신해 사용자의 신분을 확인하고, 발급된 인증서 및 해당 CA 또는 상위 기관의 공개키를 사용자에게 전달하는 역할을 수행한다.

THEMA 13 사용자 인증

사용자 신분 인증

- 식별(identification) : 사용자의 신분(identity)을 시스템에 제공한다.
- 인증(authentication) : 사용자 신분의 유효성을 확인한다.

고정 패스워드 인증

사용자 ID	패스워드	사용자가 보낸 패스워드가 표에 있는 패스워드와 일치한다면 접속을 허락한다.
사용자 ID	패스워드의 해시	패스워드를 평문으로 저장하는 대신 패스워드의 해시를 저장한다. 해시함수는 일방향이므로 패스워드 값을 추측하기 힘들다.
사용자 ID	솔트 [패스워드와 솔트의 해시]	사용자가 접근을 요청하면 시스템은 솔트를 추출해내고 수신된 패스워드에 붙인 다음 그것의 해시를 계산한다. 이전에 저장해놓았던 해시와 비교하여 일치하면 접속을 허락한다.

솔트(salt)

- 암호화된 패스워드는 평문의 솔트와 함께 사용자 ID에 대응하는 패스워드 파일에 저장된다.
- 두 사용자가 동일한 패스워드를 사용하여도 두 사용자의 확장된 패스워드는 달라진다.
- 사용자에게 추가적인 문자들을 기억하게 하지 않으면서도 패스워드의 길이를 늘이는 효과가 있다.

사용자 인증 유형

지식 기반 인증	• 사용자가 알고 있는 정보를 이용 • 패스워드, 패스프레이즈, PIN	사용자가 잊어버릴 가능성이 있다.
소유 기반 인증	• 사용자가 갖고 있는 정보를 이용 • 열쇠, 암호 키, 신분증	매체의 손상이나 분실, 복제 가능성이 있다.
생체 기반 인증	• 사용자가 누구인지 자체를 증명할 수 있는 정보를 이용 • 지문, 홍채	다른 인증에 비해 비싸다. 인증도구의 민감도에 따라 오류가 발생한다.

생체인식도구의 성능측정	생체인식 정확도		
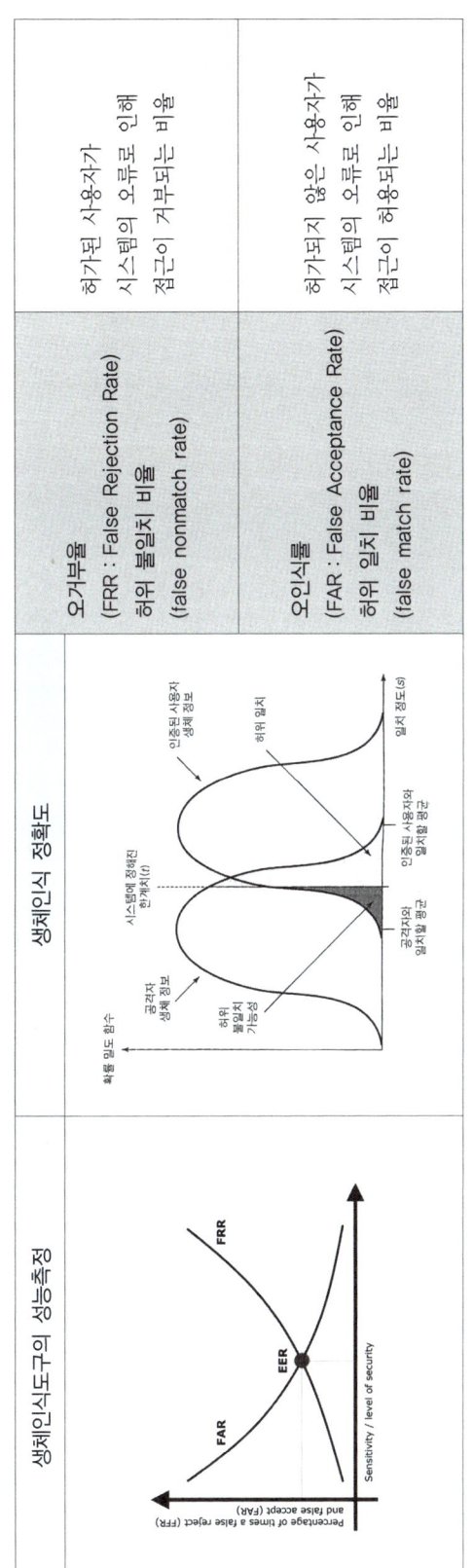		오거부율 (FRR : False Rejection Rate) 허위 불일치 비율 (false nonmatch rate)	허가된 사용자가 시스템의 오류로 인해 접근이 거부되는 비율
		오인식률 (FAR : False Acceptance Rate) 허위 일치 비율 (false match rate)	허가되지 않은 사용자가 시스템의 오류로 인해 접근이 허용되는 비율

THEMA 14 OTP(One-Time Password)

OTP(일회용 패스워드)
- 오직 한 번만 사용되는 패스워드이다.
- 도청이나 도난이 무의미해지므로 재사용이 불가능하다.
- 다른 인증 방식에 비해 보안성이 높다.

OTP 생성 방식

S/KEY 방식
- 해시함수를 이용하여 순차적으로 일회이트번 패스워드를 생성한다.
- 사용자와 시스템은 원래의 패스워드 P0와 카운터 n에 동의한다.
- 생성했던 OTP를 모두 소진하면 다시 설정해야 한다.

시도-응답 방식 (Challenge-Response)
- 주장자가 자신의 비밀을 노출하지 않으면서도 자신이 알고 있는 것을 증명해 보일 수 있다.
- 시도는 검증자가 보내는 시간에 따라 변하는 값이고 응답은 이 시도에 함수를 적용하여 얻은 결과이다.
- 대칭키를 이용하는 방법, 비대칭키를 이용하는 방법 모두 사용 가능하다.

시간 동기화 방식
- OTP 생성을 위해 시간(time)을 이용한다.
- 클라이언트와 서버의 시간 동기화가 정확하게 한다.

이벤트 동기화 방식
- 클라이언트와 서버가 동일하게 증가시켜 이 값으로 OTP를 생성한다.
- 클라이언트와 서버가 잘 설계하여 비밀이 노출되거나 추측되지 못하도록 한다.

영지식 인증 (Zero-Knowledge Authentication)
- 주장자는 검증자에게 자신이 자신이 비밀을 노출하지 않으면서 그 비밀을 알고 있다는 사실만을 증명한다.
- 서로 주고받는 과정을 잘 설계하여 비밀이 노출되거나 추측되지 못하도록 한다.

완전성(completeness)	어떤 조건이 참이라면 신뢰할 수 있는 검증자(honest verifier)는 신뢰할 수 있는 증명자(honest prover)에 의해 이 사실을 납득할 수 있어야 한다.
건전성(soundness)	어떤 조건이 거짓이면 신뢰할 수 없는 증명자(dishonest prover)는 거짓말을 통해 검증자에게 조건이 참임을 절대 납득시킬 수 없다.
영지식성(zero-knowledge)	어떤 조건이 참일 때, 검증자는 이 조건에 참이라는 사실 이외의 아무 정보를 알 수 없다.

THEMA 15 접근 제어(Access Control) / 보안 모델

접근 제어(Access Control)

- **강제적 접근제어 (Mandatory Access Control)**
  - 규칙 기반(Rule-based): 조직의 중앙에서 데이터를 분류하고 각각 데이터에 레이블(label)을 붙여 이에 대해 정책적으로 접근 제어를 하는 방식이다.

- **임의적 접근제어 (Discretionary Access Control)**
  - 신분 기반(Identity-based): 객체의 소유주에 의하여 접근 제한이 변경 가능한 각 주체와 각 객체간의 접근 통제 관계를 정의한다.

- **비임의적 접근제어 (Non-Discretionary Access Control)**
  - 역할 기반(Role-based): 사용자가 적절한 역할(role)에 할당되고 역할에 적절한 접근 권한이 할당된 경우에만 사용자가 특정한 모드로 정보에 접근할 수 있다.

- **속성기반 접근제어 (Attribute-Based Access Control)**
  - (주체, 객체, 환경)의 상태에 따라 권한을 다르게 부여

보안 모델

벨 라파둘라 모델
: 기밀성 중심

Simple security property : ss-속성

	NRU (No Read-Up)	높은 등급의 데이터를 읽을 수 없다. 같거나 낮은 등급의 데이터는 읽을 수 있다.
	NRD (No Read-Down)	낮은 등급의 데이터를 읽을 수 없다. 같거나 높은 등급의 데이터는 읽을 수 있다.

*-property : *-속성

	NWD (No Write-Down)	낮은 등급의 데이터에 쓸 수 없다. 같거나 높은 등급의 데이터에 쓸 수 있다.
	NWU (No Write-Up)	높은 등급의 데이터에 쓸 수 없다. 같거나 낮은 등급의 데이터에 쓸 수 있다.

비바 모델
: 무결성 중심

- 금융자산의 관리 및 회계 분야에서 사용
- 비인가자의 데이터 변경 방지
- 내/외부의 일관성 유지
- 합법적인 사람에 의한 불법적인 수정 방지

클락-윌슨 모델
: 상업적 무결성

- 잘 구성된 트랜잭션 : 모든 트랜잭션(거래) 사실을 구조화되고 예측가능하며 안전하게 거래
- 직무 분리 : 여러 사람이 나누어 부분별로 관리하여 자료의 무결성 침해를 방지
- 응용 프로그램을 통한 데이터 접근 : 사용자가 직접 객체로 접근하는 것을 금지

만리장성 모델

- 비즈니스영역상에서 직무분리 개념을 적용.
- 이해가 충돌되는 회사 간의 정보흐름이 일어나지 않도록 접근 통제 기능을 제공한다.

THEMA 16 OSI 7계층과 TCP/IP 인터넷 구조 비교

		OSI 7계층			TCP/IP(인터넷) 계층	
상위 계층 프로세스 간 통신 〈처리〉	인터페이스	사용자가 사용하는 서비스 WWW, E-mail, 파일전송, 원격접속	응용	7	응용	HTTP – 웹 페이지 전달 SMTP – 이메일 송신 POP3, IMAP – 이메일 수신 MIME – 멀티미디어+이메일 PGP, S/MIME, PEM – 이메일 보안 FTP – 파일전송 TELNET – 원격접속	DHCP – 동적 IP할당 DNS – 도메인이름↔IP주소 SNMP – 망관리 TFTP – 간이파일전송 RTP – 실시간전송 VoIP – 음성데이터 전송
		코드변환, 압축, 암호화 수신측 코드로 변환	표현	6			
		프로세스 간 연결·전달·활성화된 상태 대화관리, 복구를 위한 동기점 관리	세션	5			
		종단 간 전송보장, 신뢰성 향상 순서·오류·흐름·연결 제어 세그먼트 단위, 포트번호	전송	4	보안계층	SSL/TLS	DTLS
					전송	TCP(연결형)	UDP(비연결형)
					보안계층	IPSec – 기밀성(ESP), 인증(AH), 키관리(IKE) : 보안연계(SA)	
하위 계층 시스템 간 통신 〈전송〉		IP주소(논리) : 고속전송, 비연결 패킷(데이터그램) 단위 경로설정(라우팅) – 최적의 경로	네트워크	3	인터넷	ICMP(제어메시지 생성), IGMP(그룹 관리)	
						IP(비연결형)	
						ARP(IP주소 → MAC주소), RARP(MAC주소 → IP주소)	
		순서·오류·흐름 제어, 동기화 이웃 노드 간 전송, 프레임 단위, MAC주소	데이터링크	2	네트워크 인터페이스 =네트워크 접속	LLC	PPTP, L2F, L2TP-터널링 HDLC, SLIP/PPP
		전송매체를 통한 비트열 전송 유선, 무선	물리	1		MAC	Ethernet (IEEE 802.3 CSMA/CD) FDDI(IEEE 802.5 토큰링), CSMA/CA
		기계적·전기적·기능적·절차적				물리	유선, 무선

THEMA 17 스니핑(sniffing)

스니퍼(Sniffer)를 이용하여 데이터를 도청하는 행위

스니핑	무차별 모드 (promiscuous mode)	• 기본적으로 PC에 설치된 네트워크 카드(NIC : Network Interface Card)에서 자신의 MAC주소가 아닌 패킷을 무시하는 필터링 기능을 가지고 있다. • 네트워크 카드를 무차별 모드(promiscuous mode)로 설정하면 내 MAC 주소가 아닌 패킷도 전달받게 된다.
	스위치 재밍 (switch jamming)	• 위조된 MAC 주소를 지속적으로 네트워크를 흘려보낸다. • 스위치의 MAC 주소테이블이 가득 차게 하면 스위치는 모든 네트워크 세그먼트로 트래픽을 브로드캐스트 하게 된다. • MACOF 공격이라고도 한다. • 스위치의 MAC 주소테이블 | 1 | IP1 | MAC1 | | 2 | IP2 | MAC2 | | 3 | IP3 | MAC3 | | 가짜정보 | IP4 | MAC4 | | 가짜정보 | IP5 | MAC5 |
스니핑 탐지	ping 이용	존재하지 않는 MAC주소로 위장하여 ping 명령 사용 시 응답을 받으면 해당호스트는 스니핑을 하는 것이다.
	arp 이용	존재하지 않는 IP주소를 이용하여 arp요청을 보냈을 때 응답을 받으면 해당호스트는 스니핑을 하는 것이다.
	dns 이용	존재하지 않는 IP주소를 이용하여 ping 명령 전송 후 해당 IP에 대한 도메인명 요청이 존재하면 스니핑을 하는 것이다.
	유인(decoy) 이용	존재하지 않는 ID와 패스워드를 유출하여 이를 사용하면 스니핑을 하는 것이다.
	arp watch 이용	내부 네트워크를 모니터링하여 MAC주소와 IP주소의 매핑을 감시한다.
스위칭 방식	컷스루 방식 (cut-through)	수신한 프레임의 목적지 주소를 확인하고 목적지 주소의 포트로 프레임을 즉시 전송한다. 지연시간이 최소화되나 수신한 패킷에 오류가 발생할 때는 목적지 장치에서 폐기한다.
	저장 후 전송 방식 (store & forward)	완전한 프레임을 수신하여 내부에 보관했다가 전체 프레임을 수신한 후 에러를 확인하고 정상 프레임을 목적지 포트로 전송한다.
	인텔리전트 스위칭 방식 (intelligent switching)	보통 컷스루 방식으로 작동하다가 오류가 발생하면 저장 후 전송 모드로 자동 전환하여 오류 프레임을 전송하는 것을 중지한다.

THEMA 18 스푸핑(spoofing)

스푸핑

- 네트워크에서 속임을 이용한 모든 공격을 지칭한다.
- 공격자가 마치 공격 대상자인 것처럼 행세하여 수신자가 받아야 할 메시지를 가로챈다.
- 공격자가 원래의 송신자인 것처럼 행세하여 송신자 몰래 어떤 메시지를 보낼 수 있다.

ARP 스푸핑

1번 단말 ARP테이블

1	IP2	MAC3
2	IP3	MAC3

2번 단말 ARP테이블

1	IP1	IP3
2	IP3	MAC3

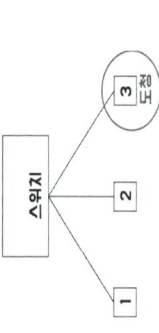

공격자 3번이 1번 단말에게 ARP테이블 갱신을 요청한다.
→ IP2인 것처럼 위장하여 MAC3으로 갱신 요청
공격자 3번은 2번 단말에게 ARP테이블 갱신을 요청한다.
→ IP1인 것처럼 위장하여 MAC3으로 갱신 요청
단말 1과 2가 서로 통신하는 내용을 항상 공격자 3번이 먼저 접하여 도청하게 된다.

ARP가 인증절차가 없다는 점을 약점을 이용한 공격으로 중간자 공격과 유사하다.

- arp -s IP주소 MAC주소 명령어
  : 해당 IP주소에 대한 MAC주소가 변경되지 않도록 정적 설정을 한다.

ICMP 스푸핑

- ICMP 자체적으로 인증 절차가 없는 약점을 이용하여 ICMP의 네트워크 제어 기능을 악용하는 공격 기법이다.
- 공격자는 ICMP 리다이렉트 메시지를 공격 대상에게 보내어 자신이 공격 대상자의 게이트웨이 되게 한다.
- 그 결과 공격 대상자가 보내는 모든 메시지가 공격자에게로 전달된다.

IP 스푸핑

- 공격자가 자신이 보내는 메시지 안의 IP 주소, 즉 IP 헤더의 출발지(source) IP 주소를 변조하여 속인다.
- 서비스 거부 공격(DoS)에서 공격자의 IP주소를 숨기기 위해 사용된다.
- IP주소 기반의 트러스트(trust) 관계를 맺지 않는다.

DNS 스푸핑

스니핑을 이용한 공격

공격 대상자의 패킷을 도청하다가 DNS요청 전달되면 정상적인 DNS 응답이 도착하기 이전에 변조된 DNS응답을 먼저 전달한다. 수신자는 가장 먼저 온 응답만을 신뢰하고 나머지는 버린다.

DNS 캐시 포이즈닝

DNS 서버 자체가 가진 IP 주소 자체를 변조시키는 공격

DNSSEC : DNS Security Extensions

DNS 응답 정보에 전자 서명 값을 첨부하여 보내고 수신측이 해당 서명 값을 검증함으로써 위변조를 방지하고 정보의 무결성을 제공한다.

THEMA 19 서비스 거부 공격(DoS)

공격 유형	설명
TCP SYN Flooding 공격	• 존재하지 않는 클라이언트(없는 IP주소로 위조된)가 서버별로 한정되어 있는 접속 가능한 공간에 접속한 것처럼 속여, 다른 사용자가 서버의 서비스를 제공받지 못하게 하는 것이다. • 대기 큐의 크기를 늘리거나 최대 접속 대기 시간을 줄인다.
ICMP 플러딩 : Smurf 공격	• ICMP 프로토콜과 브로드캐스팅 개념을 사용한 공격이다. • 공격대상 호스트의 IP주소로 위장된 소스 IP주소를 갖는 ICMP Echo 요청 메시지를 브로드캐스트 함으로써 많은 양의 ICMP Echo 응답 패킷을 공격대상 호스트에게 전송한다.
LAND 공격	• 소스 IP와 목적지 IP를 동일하게 보내 네트워크에 SYN패킷이 넘치도록 하는 공격이다.
Teardrop 공격	• 시스템에서 패킷을 재조립할 때 비정상 패킷이 정상 패킷의 재조립을 방해함으로써 네트워크를 마비시킨다. • IP 패킷의 헤더를 서로 중첩되도록 조작하여 IP 패킷의 재조립 과정에서 오류를 발생시키도록 한다.
Ping of Death 공격	• ICMP Echo 메시지를 이용하여 서버에서 처리할 수 없는 크기의 패킷을 세분화하여 보냄으로써 패킷의 재정렬에 시스템 자원을 고갈시키는 공격이다.
HTTP CC 공격	• 'Cache-Control : no-store, must-revalidate' 옵션을 사용하면 웹 서버는 캐시를 사용하지 않고 응답하므로 웹 서비스의 부하가 증가하게 된다. • 특정 웹 페이지를 동시에 여러 에이전트가 요청하여 웹 서버가 이를 감당하지 못하게 하여 서비스 거부를 일으키는 공격이다.
UDP 플러딩 : 플래글(fraggle) 공격	• 공격자는 공격 대상자의 IP 주소로 변조된 UDP 메시지를 보내는데, 이때 멀티캐스트 주소 방식으로 에이전트들에게 메시지를 보낸다. • 변조된 UDP 메시지를 전달받은 에이전트들은 메시지의 출발 주소인 공격 대상자에게 UDP echo 응답을 보낸다.

DoS	DDoS	DRDoS
• 공격자 단독 공격 • 비정상적인 요청	• 좀비 PC를 이용한 다수의 공격자 존재 • 비정상적인 요청	• 정상 서비스 중인 반사 서버를 이용한 다수의 공격자 존재 • 정상적인 요청

THEMA 20 세션 하이재킹(session hijacking)

세션 하이재킹

- 현재 연결 중인 세션(session)을 가로채기 위한 공격 방법이다.
- 서버와 클라이언트가 통신할 때 TCP의 시퀀스 넘버(sequence number, 순서번호)를 제어하는 데 문제점이 있음을 알고 이를 이용한 공격이다.
- 세션(session) : 컴퓨터 간의 활성화된 연결

〈정상적인 TCP 세션 성립 과정〉

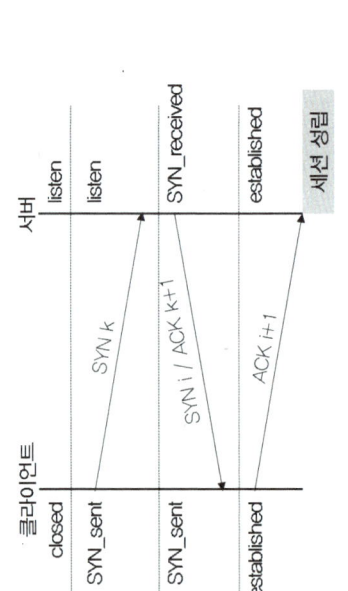

〈TCP 세션 하이재킹 공격 시 TCP 세션 변경 과정〉

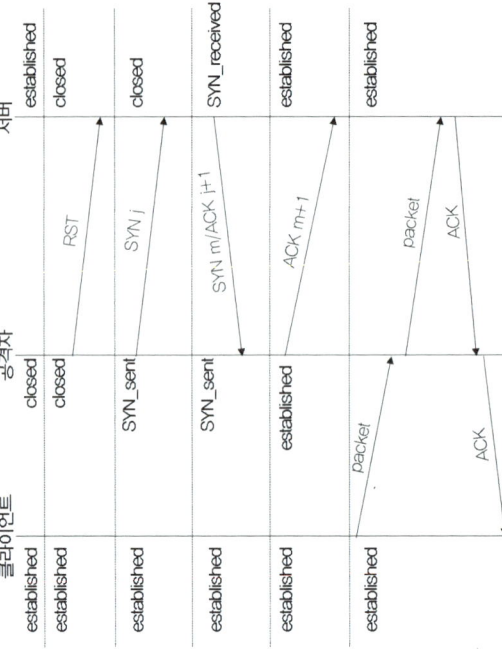

세션 하이재킹 공격 탐지

- 비동기화 상태 탐지
- ACK Storm 탐지
- 패킷의 유실과 재전송 증가 탐지
- 기대하지 않은 접속의 리셋(Reset)

THEMA 21 악성 소프트웨어

1 바이러스/웜/트로이목마 비교

	바이러스	웜	트로이 목마
자기 복제 유무	자기복제가 가능하나 바이러스의 주된 목적은 아님	매우 강함	없다.
전파 경로	사용자가 전송매체 통해 감염된 파일을 옮김	과부하 유발하여 가용성 공격 네트워크를 통해 스스로 전파	사용자가 정상 프로그램으로 오인하여 실행
형태	파일이나 부트섹터 등 감염대상 필요	독자적으로 존재	유틸리티 내 코드 형태로 삽입
주요 증상	해당 컴퓨터의 시스템 및 파일 손상	네트워크/컴퓨터 성능 저하	백도어 설치, 원격 제어 등 컴퓨터 성능 저하

2 바이러스 분류

	세대별 분류		감염 영역별 분류
1세대	원시형 바이러스	프로그램 구조가 단순하고 분석이 상대적으로 쉽다.	부트 바이러스 파일 바이러스 매크로 바이러스
2세대	암호화 바이러스	프로그램의 일부 또는 대부분을 암호화시켜 저장한다.	
3세대	은폐형 바이러스	기억장소에 존재하면서 감염된 파일의 길이가 증가되지 않는 것처럼 보이게 한다.	**은닉 전략에 따른 분류**
4세대	갑옷형 바이러스	백신 프로그램으로부터 숨기보다는 여러 단계의 암호화와 다양한 기법을 통해 바이러스 분석을 어렵게 하고 백신 프로그램 개발을 지연시켰다. 다형성(polymorphic) 바이러스 등이 있다.	암호화된 바이러스 바이러스 전체를 숨긴다. 스텔스 바이러스 감염시킬 때마다 모양을 변형한다. 폴리모픽 바이러스 감염시킬 때마다 모양과 활동 방법 모두 변형한다.
5세대	매크로 바이러스	운영체제와 관계없이 동작하는 응용 프로그램 내부의 매크로 기능을 이용하여 동작한다.	메타모픽 바이러스

3 악성 소프트웨어

크라임웨어(crimeware)	온라인을 통해 불법적인 행동(범죄)을 수행하기 위해 만들어진 프로그램
스파이웨어(spyware)	컴퓨터 사용자의 정보를 몰래 수집하기 위해 만들어진 프로그램
애드웨어(adware)	특정 소프트웨어가 설치된 후 또는 사용되는 도중에 자동으로 광고를 내려받거나 보여주는 프로그램
오토런 바이러스	'autorun.inf' 파일이나, 시스템의 레지스트리에 등록되어 자동 실행되도록 설정된 악성코드. 주로 USB와 같은 이동식 디스크에 복사되어 전파되는 바이러스
랜섬웨어(ransomware)	문서나 이미지 등의 중요 파일을 암호화한 후 도움 주변 파일의 암호화를 풀어준다는 식으로 파일을 볼모로 삼는 악성 프로그램
논리폭탄	정상적인 프로그램에 은폐된 루틴을 삽입하여 불법 행위의 대상이 되는 컴퓨터에서 루틴이 정하는 논리적인 조건이 이루어지면 루틴에 삽입된 명령을 실행
봇(bot)	사용자의 컴퓨터에 몰래 잠입해 있다가 해커의 조정에 따라 시스템에 감염시키는 악성행위를 하는 프로그램
백도어(backdoor)/트랩도어	시스템 접근에 대한 정상적인 절차를 수행하지 않고 시스템에 접근하도록 제작된 프로그램
브라우저 하이재커	브라우저를 하이재킹하여 홈페이지, 검색 페이지, 툴바를 통제하고 조작하는 프로그램
루트킷(rootkit)	관리자 권한을 획득할 수 있고 획득 후 설치된 프로그램을 숨기고 수 있도록 구성된 도구
다운로더(downloader)	컴퓨터를 감염시켜 사전에 공격자가 지정한 위치에서 악성 소프트웨어를 내려받게 하는 프로그램
훅스(Hoax)	거짓 정보나 피담 등을 실어 사용자를 속이는 가짜 컴퓨터 바이러스
악성 자바 코드	자바 스크립트나 자바 애플릿을 이용하여 악의적인 기능을 하는 코드
악성 ActiveX	ActiveX를 이용, 악의적인 기능을 수행하게 하는 코드
사이버 반달리즘	익명성을 악용해 특정인의 명예훼손 또는 거짓정보를 올리는 행위

THEMA 22 사회공학적 공격 / APT 공격

피싱(Phishing)	이메일 + 위조된 하이퍼링크	웹상에서 계좌번호, 신용카드번호, 주민등록번호 등과 같은 개인정보를 입력하도록 유도한다.
파밍(Pharmimg)	호스트(host) 파일 조작 DNS 캐시 포이즈닝	사용자 컴퓨터에 트로이 목마 프로그램을 심어 은행의 공식 인터넷 뱅킹 주소를 바꿔버린다. 고객이 자신의 거래은행의 인터넷 공식 사이트 주소를 입력하면 컴퓨터가 공식 사이트가 아닌 해커가 만든 은행 위장 사이트로 접속되게 만든다.
스미싱(Smishing)	문자메시지 + 위조된 링크	문자메시지를 보내 링크된 사이트로 접속을 유도한 후 소액결제나 개인정보를 획득한다.
인간기반 사회공학 기법	• 어깨너머로 훔쳐보기(Shoulder Surfing) • 쓰레기통 뒤지기(Dumpster Diving)	
이블트윈 공격	• 공격 대상의 지인이나 특정 유명인으로 가장하여 SNS 활동을 한다. • wi-fi 무선 네트워크에서 공격자가 Rouge AP(가짜 AP)로 사용자 정보를 중간에서 가로챈다.	
APT 공격	• 명확한 공격 대상 우선 지정 • 지속적인 연구 및 정보 수집 • 경제적, 정치적 목적을 달성하는 지능형 공격 기법	• 스턱스넷(Stuxnet) • 나이트 드래곤 • 오퍼레이션 오로라 • 워터링 홀

THEMA 23 방화벽(Firewall) - 침입차단 시스템

1 계층에 따른 분류

패킷 필터링 (Packet Filtering)	• 네트워크층(IP프로토콜)과 전송층(TCP프로토콜)에서 동작 • 다른 방식에 비해 처리속도가 빠르다. • 낮은 Layer에서 동작하므로 기존 애플리케이션과 연동이 쉽다. • 패킷에 미리 정해진 규칙을 적용하여 그 결과에 따라 전달/폐기한다.	
스테이트풀 패킷 검사 방화벽 (Stateful packet inspection)	• 패킷단위의 검사가 아닌 세션 단위의 검사 • 네트워크 계층에서 패킷을 처리하면서도 프로토콜 상태 정보 테이블을 유지	
응용 레벨 게이트웨이 방화벽 (Application Gateway)	• OSI모델 중 Application Layer에서 동작한다. • 방화벽의 Proxy를 이용한 연결 • 전용 Gateway에 많은 애플리케이션의 유연성이 부족하다.	• 종단-대-종단 TCP 연결 허용
회로 레벨 게이트웨이 방화벽 (Circuit Gateway)	• Session Layer에서 동작한다. • 전용 Gateway가 아닌 하나의 일반 Gateway로 모든 서비스 처리 가능	• 종단-대-종단 TCP 연결 허용하지 않는다. • NAT 기능 제공 • 강력한 사용자 인증 • 로그 기능 제공

응용 제공	→ 응용레벨	- 전용 프락시 (프락시 n개)
세션 제공	→ 회로레벨	- 공용 프락시 (프락시 1개) socks v5
전송 제공	→ 스테이트풀 검사 → 패킷 필터링	- 패킷 필터링
인터넷 제공		
네트워크 접속 제공		

| NAT
(Network Address Translation) | • 공인 IP주소 부족 문제 해결 : 시스템은 내부 네트워크에서 사설 IP주소를 소유하고 있다가 외부로 접근할 때 라우팅이 가능한 외부 공인 IP주소를 NAT 구성에 따라 할당받아 접속할 수 있다.
• 내부 시스템의 네트워크 구조를 노출하지 않는 보안상의 이점을 제공한다. | • 사용자 인증
• 로그관리
• NAT |

2 구성에 따른 분류

스크리닝 라우터
- 외부 네트워크와 내부 네트워크 경계
- 일반 라우터에 패킷 필터링 규칙 적용하여 방화벽 역할 수행

단일 홈 게이트웨이
- 베스천 호스트라고도 한다.
- 접근 제어, 프록시, 인증, 로깅 등 방화벽 기본 기능을 수행

이중 홈 게이트웨이
- 네트워크 카드를 둘 이상 갖춘 방화벽이다.
- 외부 네트워크에 대한 네트워크 카드와 내부 네트워크에 대한 네트워크 카드를 구분하여 운영한다.

스크린 호스트 게이트웨이
- 스크리닝 라우터에서 패킷필터링을 함으로써 1차 방어
- 베스천 호스트에서 2차 방어를 수행한다.
- 베스천 호스트는 스크리닝 라우터를 거치지 않은 모든 접속을 거부한다.

스크린 서브넷 게이트웨이
- 외부 네트워크와 내부 네트워크 사이에 완충 지대를 둔다.
- DMZ 네트워크에는 웹서버, DNS, 이메일 서버 등이 위치한다.
- 외부, 내부 네트워크에서 모두 접속이 가능해야 한다.

THEMA 24 침입 탐지 시스템(IDS : Intrusion Detection System)

구분	IDS	Firewall
주요 역할	탐지(Detection)	차단
물리적 위치	내부에서 불법사용자 감시(CCTV)	외부와 내부 경계에서 외부 출입자 방어(수위실)
설계 정책	명백하게 금지하는 것만 금지	명백하게 허용하는 것만 허용
시스템 장애시 네트워크 상태	네트워크 사용 가능	네트워크 사용 불능
관리비용	관리자 부담 없음	관리자의 역할이 중요
네트워크 부하	낮음	네트워크 병목현상 발생

침입 탐지 시스템 기능
- 사용자와 시스템 행동에 대한 모니터링 및 분석
- 시스템 설정과 취약성에 대한 감사 기록
- 중요 시스템과 데이터 파일에 대한 무결성 평가
- 알려진 공격에 대한 행위 패턴 인식
- 비정상적 행위 패턴에 대한 통계적 분석
- 보안 정책을 위배하는 사용자의 행위를 인식함으로써 운영 체제 감사 추적 관리

침입 탐지 시스템 단계

데이터 수집 ⇨ 데이터 필터링 및 축약 ⇨ 침입 분석 및 탐지 ⇨ 보고 및 대응

호스트 기반 (HIDS)
- 호스트의 자원 사용 실태를 분석하여 호스트에 대한 침입 여부 및 실제 침입 성공 여부를 식별하는 시스템이다.
- 운영체제에 부가적으로 설치되어 운용되거나 일반 호스트에 설치된다.
- 시스템 무결성 검사를 통해 비교적 정확한 탐지가 가능하다. : 트로이 목마, 백도어, 루트킷, 내부자에 의한 공격
- NIDS보다 관리 비용이 많이 든다.
- Tripwire 이용

네트워크 기반 (NIDS)
- 네트워크에서 하나의 독립된 시스템으로 운용된다.
- 네트워크 목적에 따라 선택적인 위치에 NIDS를 설치할 수 있다.
- HIDS로는 할 수 없는 네트워크 전반의 감사를 할 수 있다.
- 공격당한 시스템의 공격에 대한 결과를 알 수 없으며, 암호화된 내용을 검사할 수 없다.
- tcpdump, wireshark(패킷 캡처) 이용한 Snort가 대표적이다.

시그니처 분석
– 오용 탐지

- 시그니처(signature) : 알려진 공격이나 시스템 오용과 관련된 것을 규정한 패턴
- 사용자 행위가 시그니처 안에 포함되면 침입으로 간주한다.
- 시그니처의 업데이트가 필요하다.
- 제로데이(zero-day) 공격은 막지 못한다.

통계적 분석
– 이상 탐지

- 정상 통계 프로파일 : 정상적 사용에 대한 다양한 속성들을 판단하여 생성한다.
- 관점된 값이 정상적인 범위에 속하지 않을 경우 침입으로 간주한다.
- 평균 빈도와 다양성에 대한 측정을 위해 부동소수점 연산(실수 연산)을 사용하므로 시그니처 분석에 비해 느리다.
- 제로데이 공격도 탐지할 수 있다.
- 정상 범주에 속하는 침입은 실제지 설정이 쉽지 않다.

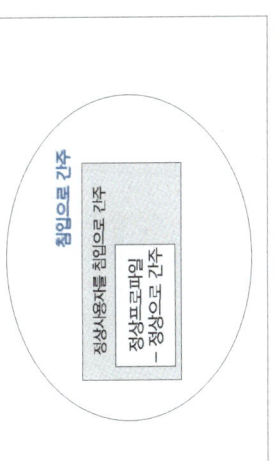

- False Positive(오탐) : 실제 침입 아니지만 침입이라고 탐지한다.
- False Negative(미탐) : 실제 침입이지만 침입이 아니라고 탐지한다.
- 오용 탐지는 False Negative 비율이 높고 이상 탐지는 False Positive 비율이 높다.

하니팟(honey pot)

- 공격 성향이 있는 자를 중요한 시스템에서 다른 곳으로 끌어내리고 설계한 유도 시스템이다.
- 중요한 정보처럼 꾸며진 위조 정보로 채워진다.
- 합법적인 사용자는 이곳에 접근하지 않는 시스템이기 때문에 하니팟에 접근하는 것은 의심스러운 행동이다.
- 하니팟에 대한 어떠한 공격도 성공적으로 보이도록 만들어졌으므로 관리자는 방어할 수 있는 시간을 벌 수 있고 실제 시스템이 노출되지 않아 공격자를 추적하고 기록할 수 있다.

THEMA 25 가상 사설망(VPN : Virtual Private Network)

가상사설망
- 전용선 대신 인터넷과 같은 공중망 서비스에 터널링(tunneling) 기법을 이용
- 전용선에서 유지될 수 있었던 보안과 서비스 품질을 보장한다.

특징
- 가상 사설망은 응용 프로그램 하단 계층에서 자동으로 작동하므로 응용 프로그램을 수정할 필요가 없다.
- 이미 구축되어 있는 사설망과의 연결, 모바일 환경, 외부와의 보안 통신이 가능하여 추가적인 구축비용이 적다.
- 인터넷이 연결된 곳이라면 사설망 내의 효과를 얻을 수 있다.

구현
원격 접속(Remote Access)	재택 근무자 및 이동 사용자 등과 같이 원격지에서 업무 서버 접근 가능
인트라넷(intranet)	기업 내부(LAN), 본사와 지사 간, 본사와 협력사 간 통신
엑스트라넷(extranet)	인트라넷 방식과 원격 접속 방식 결합

구현 기술

터널링 기술

PPTP	• Microsoft에 의해 개발 • 전화 접속 네트워크에 가상 사설 통신망 구축 기능 제공 • 빠르고 설치가 쉬우나 인증 및 암호화가 안전하지 않다.
L2F	• 시스코에서 개발 • 원격 호스트가 공중망을 통해 인트라넷에 접근할 수 있는 기능을 제공
L2TP	• PPTP와 L2F를 결합하여 만든 프로토콜 • UDP 포트 500을 사용하므로 NAT 방화벽에 의해 차단되기 쉽다. • 터널 인증은 제공하지만 패킷 단위의 제어, 키 관리, 암호화 기능을 제공하지 않는다. • 데이터 보안성(암호화)을 높이기 위해 주로 IPSec과 결합하여 사용한다.

암호화 기술/인증 기술
- 데이터 기밀성 제공을 위해 암호화 기술을 사용한다.
- 패킷 인증은 VPN 사용자 인증을 수행한다.

접근제어 기술
- 가상사설망 내의 자원에 대한 접근통제를 통해 보안 정책을 구현한다.

THEMA 26 IP보안 – IPSec

IPSec
- 현재 사용 중인 인터넷 프로토콜(IPv4나 IPv6)에 추가적인 헤더를 붙여서 보안 기능을 제공한다.
- 모든 트래픽에 대한 암호화와 인증을 IP 계층에서 할 수 있는 기능을 갖고 있기 때문에 클라이언트/서버, 전자메일, 파일 전송, 웹 접근 등을 포함하는 모든 응용이 안전해질 수 있다.

IPSec 서비스
- 접근제어(Access control)
- 비연결 무결성(Connectionless integrity)
- 데이터 발신처 인증(Data origin authentication)
- 재전송 패킷의 거부(Rejection of replayed packets)
- 기밀성(Confidentiality)-암호화

IPSec 영역

인증 헤더(AH)
- Authentication Header
- 메시지 인증을 제공하는 확장 헤더이다.

캡슐화 보안 페이로드(ESP)
- Encapsulating Security Payload
- 암호화 또는 암호화/인증의 결합을 제공하기 위해 사용되는 캡슐화 헤더와 트레일러로 구성된다.

인터넷 키 교환(IKE)
- Internet Key Exchange

보안 연관(SA)
- Security Association
- AH 또는 ESP와 같은 서로 다른 프로토콜을 위한 특정 알고리즘과 특정 매개변수들을 사용할 필요가 있을 때 필요한 데이터를 정하고 두 호스트 사이의 논리적 관계를 설정
- 내부적 및 외부적 보안 연관을 생성하기 위해 설계된 프로토콜
- IKE는 IPSec을 위한 SA를 생성하는 것이다.

인터넷 키 교환(IKE)

ISAKMP
- Internet Security Association and Key Management Protocol
- IKE에서 정의된 교환을 실제로 실행하는 미국 국가 보안국(NSA)에 의해 설계된 프로토콜

전송 모드(transport mode)

호스트 ↔ 호스트

- 전송 모드에서 IPSec은 네트워크층의 페이로드(payload)를 보호하지만 IP헤더를 보호하지 않는다.
- 전송 모드는 전체 IP패킷을 보호하지 않는다.
- 전송 모드는 보통 호스트-투-호스트(종단-투-종단) 데이터 보호를 필요로 할 때 사용된다.

터널 모드(tunnel mode)

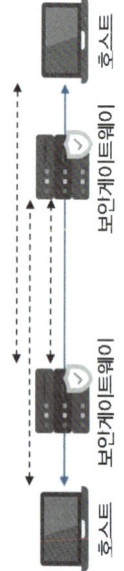

호스트 ↔ 보안게이트웨이 ↔ 보안게이트웨이 ↔ 호스트

- 터널 모드에서 IPSec은 전체 IP패킷을 보호한다.
- 헤더를 포함한 IP패킷을 취해서 전체 패킷에 대한 IPSec보안 방법을 적용한 후 새로운 IP헤더를 추가한다.
- 새로운 IP 헤더는 원래의 IP헤더와는 다른 정보를 갖는다.
- 터널 모드는 보통 두 개의 라우터 간, 호스트와 라우터 간, 또는 라우터와 호스트 간에 사용된다.
- ESP와 AH 중 하나만 설정 가능하다.

AH

IP 헤더	AH	Payload
	Next header	
	Payload length	Reserved
	Security Parameter Index(SPI)	
	Sequence Number Field	
	IP Authentication data(ICV)	

- AH는 발신지 호스트를 인증하고 IP패킷으로 전달되는 페이로드의 무결성을 보장하기 위해 설계되었다.
- ICV를 만들기 위해 해시함수와 대칭키를 사용한다.

ESP

IP 헤더	ESP 헤더	Payload	ESP 트레일러	ESP Auth
	Security Parameter Index(SPI)			
	Sequence Number Field			
	Payload data			
			Padding	
			Padding length	Next header
			Authentication data	

- ESP는 암호화 알고리즘을 사용하여 발신지 인증, 무결성 그리고 프라이버시를 제공하는 프로토콜이다.

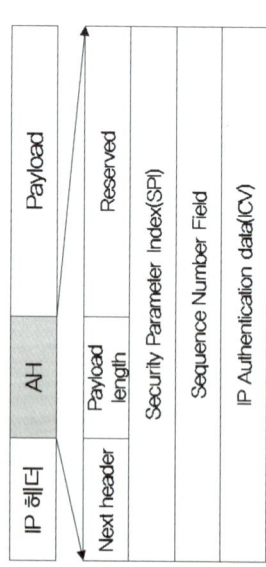

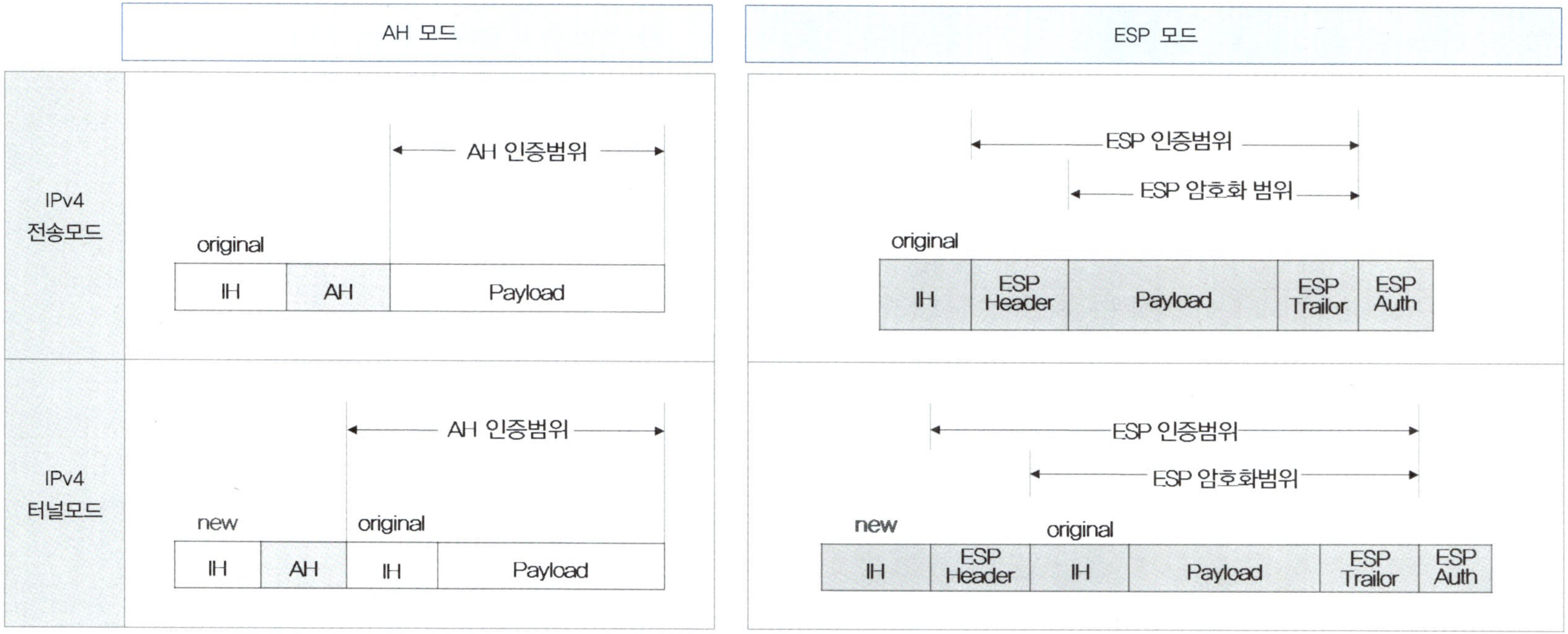

AH 모드

IPv4 전송모드

original | IH | AH | Payload
← AH 인증범위 →

IPv4 터널모드

new | IH | AH | original IH | Payload
← AH 인증범위 →

ESP 모드

IPv4 전송모드

original | IH | ESP Header | Payload | ESP Trailor | ESP Auth
← ESP 인증범위 →
　← ESP 암호화 범위 →

IPv4 터널모드

new | IH | ESP Header | original IH | Payload | ESP Trailor | ESP Auth
← ESP 인증범위 →
　← ESP 암호화범위 →

285

THEMA 27 이메일 보안

인터넷 메일 구조

	메시지 사용자 에이전트 (MUA)	사용자 에디(actor)와 사용자 응용 대신에 동작한다.
	메일 제출 에이전트 (MSA : Mail Submission Agent)	MUA와 같이 설치될 수도 있고 또는 분리된 기능 모델로 설치될 수도 있다.
	메시지 전송 에이전트 (MTA)	하나의의 응용-레벨 홉에 대해 우편을 중계(전달)한다.
	메일 배달 에이전트 (MDA : Mail Delivery Agent)	MHS에서 MS로 메시지를 전달하는 것을 책임진다.
	메시지 저장소 (MS : Message Store)	POP(Post Office Protocol) 또는 IMAP (Internet Message Access Protocol)을 사용한다.

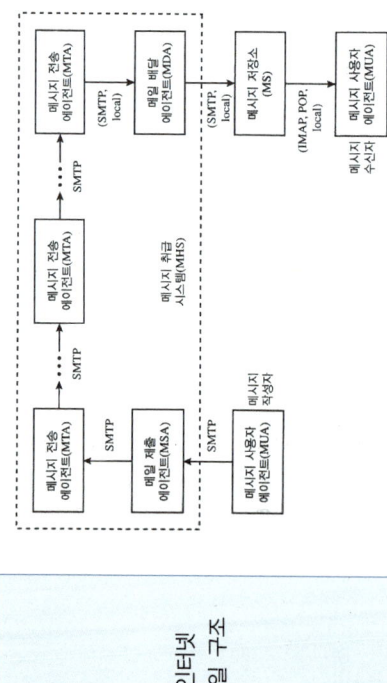

PGP 기능

메시지 암호화	IDEA, CAST, Diffie-Hellman, 3DES, RSA	• CAST, IDEA, 3DES의 세션키로 메시지를 암호화 • RSA로 세션키를 암호화하고 메시지에 첨부
전자 서명	DSS/SHA, RSA/SHA	• SHA-1로 메시지의 해시코드를 생성 • 송신자의 개인키로 DSS나 RSA를 이용해서 암호화하여 메시지에 첨부
압축	ZIP	저장하거나 송신하기 위해 ZIP을 이용해서 메시지를 압축
전자메일 호환성	기수-64변환 (Radix-64 Conversion)	• 전자메일 응용에 대한 투명성을 제공하기 위해서 • 암호화된 메시지를 기수-64변환을 이용해 ASCII 문자열로 변환
단편화	최대 메시지 크기까지 사용하기 위해서 단편화와 재조립 방법을 사용	

⟨PGP 공개키 신뢰 구조⟩

- PGP에는 인증기관을 구성하는 것이나 신뢰를 구축하는 것에 대한 규율같은 것은 없지만, 신뢰를 이용하는 법, 신뢰와 공개키를 연관시키는 법, 신뢰 정보를 이용하는 방법을 제공하고 있다.
- PGP는 인증 기관(CA)을 가지고 있지 않지만 신뢰를 사용하고 신뢰 공개키와 신뢰 정보를 활용하는 편리한 수단을 제공한다.

S/MIME

- Secure/Multi Purpose Internet Mail Extension
- RSA 데이터 보안 기술을 이용해 MIME 인터넷 전자메일 형식 표준을 보안적으로 강화시킨 것이다.
- RSA-DSI(RSA Data Security Incorporation)의 기술 기반

S/MIME 보안서비스

보안 서비스	보안 메커니즘	암호 알고리즘
메시지 기밀성	암호화	Triple-DES
메시지 무결성	전자서명/해시함수	DSA/SHA-1
사용자 인증	공개키 인증	X.509 V3인증서
송신 부인 방지	전자서명	DSA

- PGP와 달리 사용되는 공개키는 X.509 버전 3 규정을 준수하여 공개키 인증서를 사용한다.
- 단, 인증서는 인증기관에서 서명한다.

봉함된 데이터 (Enveloped data)	암호화된 임의 유형의 암호화된 내용과 하나 또는 여러 수신자를 위해 암호화된 내용 암호키로 구성된다.
서명된 데이터 (Signed data)	서명할 내용의 메시지 다이제스트를 구하고 서명자의 개인키로 그것을 암호화해서 전자서명을 생성한다. 서명된 데이터 메시지는 S/MIME 기능을 갖춘 수신자만이 볼 수 있다.
명문-서명 데이터 (Clear-signed data)	서명된 데이터로서 내용에 대한 전자서명을 한다. 전자서명만 base64로 부호화하고 내용은 부호화하지 않는다. S/MIME 기능이 없는 수신자가 서명을 검증할 수는 없지만 내용을 볼 수는 있다.
서명되고 봉함된 데이터 (Signed and enveloped data)	암호화된 데이터는 서명될 수 있고, 서명된 데이터나 명문-서명 데이터는 암호화될 수 있다.

THEMA 28 SSL/TLS (웹 보안)

SSL/TLS

- 안전 소켓 계층(SSL)은 TCP와 TCP를 사용하는 응용 사이에 보안 서비스를 제공한다.
- 인터넷 표준 버전: 전송 계층 보안(TLS)
- 대칭 암호를 이용해서 기밀성을 제공하고 메시지 인증 코드를 이용해서 메시지 무결성을 제공한다.
- 두 TCP 사용자로 하여금 그들이 사용할 보안 알고리즘과 보안 서비스를 결정하도록 하는 프로토콜 메커니즘이 포함되어 있다.
- HTTPS(SSL위의 HTTP)는 HTTP와 SSL을 합친 것으로서 웹브라우저와 웹서버 사이에 안전 통신을 구현한다.

보안 서비스

- 기밀성 서비스
- 메시지 무결성 서비스
- 클라이언트와 서버 간 상호 인증

구조

SSL 핸드셰이크 프로토콜	SSL 암호사양 변경 프로토콜	SSL 경고 프로토콜	상위계층 프로토콜
SSL 레코드 프로토콜			
TCP			

핸드셰이크 프로토콜	서버와 클라이언트가 서로를 인증하고 암호화와 MAC 알고리즘 그리고 SSL 레코드 안에 보낸 데이터를 보호하는 데 사용할 암호 키를 협상할 수 있다.
암호 사양 변경 프로토콜	암호 방법을 변경하는 신호를 통신 상대에게 전한다.
경고 프로토콜	핸드셰이크 과정에서 상대방이 제시한 암호화 방식을 지원할 수 없는 경우 등 오류 정보를 상대방에게 알릴 때 사용
레코드 프로토콜	메시지 기밀성과 메시지 무결성 서비스를 제공한다.

정보보호론

핸드셰이크 동작

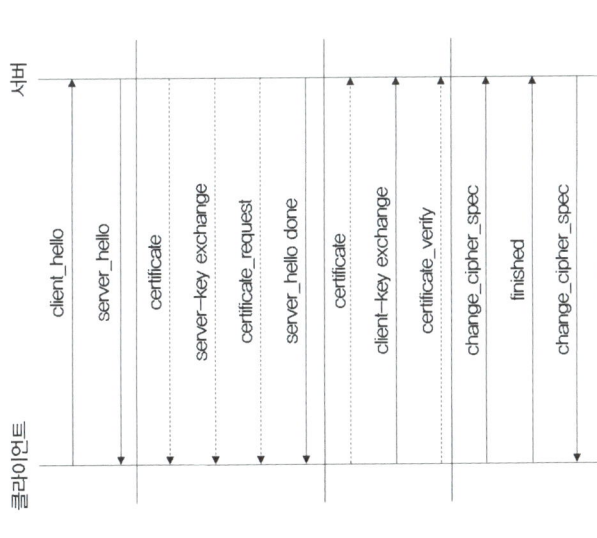

단계1 보안설정 단계
- client_hello(필수) : 버전, 난수, 세션ID, 암호도구, 압축방법 전달
- server_hello(필수) : 서버가 선택한 버전, 난수, 암호도구, 압축방법

단계2 서버 인증과 키 교환
- certificate(선택) : 서버의 인증서 전달
- server_key_exchange(선택) : 서버의 키 교환
- certificate_request(선택) : 클라이언트 인증서 요청
- server_hello_done(필수) : hello 메시지 단계 종료

단계3 클라이언트 인증과 키 교환
- certificate(선택) : 클라이언트의 인증서 전달
- client_key_exchange(필수) : 클라이언트의 키 교환
- certificate_verify(선택) : 인증서 확인정보

단계4 종료
- change-cipher-spec(필수) : 안전한 연결설정 완성
- finished(필수) : 핸드셰이크 프로토콜 종료

레코드 동작

단편화 (fragmentation) ⇨ 압축 (compression) ⇨ 메시지 인증 코드(MAC) 생성 추가 ⇨ 암호화 (encryption) ⇨ SSL 레코드 헤더 추가

HTTPS

〈HTTPS를 사용할 경우 암호화되는 통신 요소〉
- 요청문서 URL
- 문서 내용
- 브라우저 사용자가 입력한 브라우저 양식 내용
- 브라우저가 서버에게 보낸 쿠키와 서버가 브라우저로 보낸 쿠키
- HTTP 헤더 내용

〈쿠키(Cookie)〉
- 인터넷 웹사이트에 방문할 때 생기는 4KB 이하의 텍스트 파일
- HTTP의 state-less 성격을 보완하고자 사용자와 웹사이트를 연결해주는 정보 포함
- 웹사이트가 쿠키를 생성하여 사용자 컴퓨터에 저장한다.
- 사용자가 웹사이트에 접속할 때 쿠키를 웹서버로 전송한다.

289

THEMA 29 주요 웹 취약점 종류

SQL 인젝션

DBMS 조회를 위한 질의문(SQL)생성 시 사용되는 입력값과 조회결과에 대한 검증 방법(필터링 등)을 설계하고 유효하지 않은 값에 대한 처리방법을 설계해야 한다.

요구사항 내용

- 애플리케이션에서 DB 연결을 수행할 때 최소권한의 계정을 사용해야 한다.
- 외부 입력값이 삽입되는 SQL 쿼리문을 동적으로 생성해서 실행하지 않도록 해야 한다.
- 외부입력값을 이용해 동적으로 SQL쿼리문을 생성해야 하는 경우, 입력값에 대한 검증을 수행한 뒤 사용해야 한다.

XSS

웹 서비스(게시판 등) 요청(스크립트 캐시) 등과 응답결과(스크립트 포함 웹 페이지) 등에 대한 검증방법과 적절하지 않은 데이터에 대한 처리방법을 설계해야 한다.

요구사항 내용

- 사용자로부터 입력받은 값을 동적으로 생성되는 응답페이지에 사용하는 경우 크로스사이트스크립트(XSS) 필터링을 수행한 뒤 사용해야 한다.
- DB조회 결과를 동적으로 생성하는 응답페이지에 사용하는 경우 HTML 인코딩 또는 크로스사이트스크립트 필터링을 수행한 뒤 사용해야 한다.

XSS 종류

저장 XSS	게시판 등에 XSS코드를 작성하여 글을 올리면 클라이언트가 글을 열람하면서 공격 당한다. 스크립트를 포함한 글 등록 → 스크립트를 포함한 글 저장 → 공격자의 글 요청 → 공격자의 글 전송 → 스크립트 실행
반사 XSS	e-mail에 악성스크립트 링크 포함시켜 전송하면 클라이언트가 실행하여 공격 당한다. 이메일로 URL 전달 → URL을 클릭하여 요청 → 스크립트를 포함한 응답 전달 → 공격 스크립트 전달
DOM기반 XSS	서버의 취약점이 아니라 웹브라우저 페이지에 포함된 DOM 정보를 탈취 당한다. html을 조작하여 홈페이지 자체를 변조시킨다. *DOM : Document Object Model

CSRF

사용자 권한확인(인증 등)이 필요한 중요기능(결제 등)에 대한 웹 서비스 요청에 대한 유효성 검증방법과 유효하지 않은 요청에 대한 처리방법을 설계해야 한다.

요구사항 내용

시스템으로 전송되는 모든 요청에 대해 정상적인 사용자의 유효한 요청인지, 아닌지 여부를 판별할 수 있도록 해야 한다.

THEMA 30 전자상거래 보안

SET (Secure Electronic Transaction)

- 비자와 마스터카드가 합동으로, 인터넷상에서 신용카드를 이용한 상품구매시 안전한 대금결제과정 처리를 위해 만들었다.
- RSA 암호화와 인증기술을 이용하여 네트워크상에서 민감한 개인금융정보를 안전하게 전송하기 위해 개발되었다.

이중서명 프로토콜

- 사용자는 주문 정보는 상점의 공개키로 암호화하고 지불 정보는 은행이 공개키로 암호화하여 상점으로 전송함으로써 상점은 주문 정보만, 그리고 은행은 지불 정보만을 볼 수 있도록 한다.
- 해시와 서명을 사용하여 전송된 데이터의 올바른지를 점검할 수 있다.

전자화폐 특성

안전정보화	비트만의 기본 요소이다.
재사용 불가능	복사에 의한 부정사용을 할 수 없다.
프라이버시성	구매 이력이 노출되지 않는다.
오프라인성	은행이 개입하지 않는다.
양도성	개인간 양도가 가능하다.
분할 이용 가능성	액면 분할 이용이 가능하다.

블록체인(Block Chain)

신뢰를 부여하는 분산 데이터 저장 기술

- 근본적으로 P2P 방식을 기반으로 하는 분산 데이터 저장 기술이므로 쓰기와 읽기에 권한을 두지 않아 누구나 열람할 수 있고 수정할 수 있다.
- 실제 모든 데이터는 참여자들이 중복으로 소유한다.
- 각 참여자는 제안된 데이터가 유효할 경우에만 동의하고 본인의 데이터베이스(원장)를 업데이트한다.
- 동의한 참여자의 수가 많을수록 원장을 위변조하기 어려워지므로 더 많은 신뢰가 부여된다.

블록구조

헤더		데이터
버전(version)	해당 블록을 생성한 블록체인 코어의 버전	실제 저장하고자 하는 데이터
인덱스(index)	블록체인의 높이 척도	
이전 해시(previous hash)	이전 블록의 해시값	
타임스탬프(timestamp)	블록이 생성된 시점의 시간 정보	
머클 루트(merkle root)	데이터 필드의 요약	

정보보호론

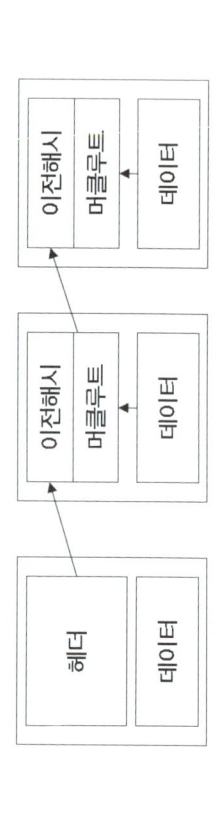

제네시스 블록	블록체인의 첫 번째 블록
블록 검증	• 블록 구조가 유효해야 한다. • 현재 블록의 인덱스는 이전 블록의 인덱스보다 정확히 1만큼 커야 한다. • 이전 블록의 해시값과 현재 해시값과 이전 해시값이 같아야 한다. • 데이터 필드로부터 계산된 머클 루트와 블록 헤더의 머클 루트가 동일해야 한다.
작업증명(PoW)	• 블록을 생성하는 노드가 작업(예 : 특정조건을 충족해야하는 해시연산 등 높은 비용/자원이 필요한 작업)을 통해 스스로의 신뢰성을 증명하는 합의 방식 • 일반적으로 노드간에 신뢰성이 낮은 공개 블록체인에서 사용된다.
지분증명(PoS)	• 블록을 생성하는 노드가 지분(예 : 자본 보유량, 거래량 등)을 통해 스스로의 신뢰성을 증명하는 합의 방식 • 일반적으로 노드 간에 신뢰성이 낮은 공개 블록체인에서 사용된다.

블록체인의 한계

51% 공격	규모가 작은 블록체인은 공격에 취약할 수 있다. 블록체인을 공격해 데이터를 위변조하려면 과반수을 넘는 합의가 필요하다.
중앙화 문제	탈중앙화를 공격하기 위해 설계된 보상 시스템으로 인해 새로운 중앙화가 발생했다.
확장성 문제	블록체인이 처리할 수 있는 트렌잭션의 양에 제한이 있음을 의미한다.
오라클 문제	오라클은 블록체인 밖에 있는 데이터를 블록체인으로 가져오는 중개인의 역할을 수행한다. 외부 데이터를 블록 체인에 기록하는 과정에서 발생하는 신뢰의 문제를 의미를 의미한다.

292

THEMA 31 무선 보안

주요 무선 랜

IEEE 802.11	2.4GHz / 2Mbps	최초의 무선 랜
IEEE 802.11b	2.4GHz / 11Mbps	WEP 방식의 보안
IEEE 802.11a	5GHz / 54Mbps	통신 단절 현상 심하다. 802.11b와 호환되지 않는다.
IEEE 802.11g	2.4GHz / 54Mbps	802.11b에 802.11a의 속도성능 추가
IEEE 802.11i	2.4GHz / 11Mbps	보안성 강화, WPA/WPA2 방식의 보안
IEEE 802.11n	2.4GHz, 5GHz / 최대 600Mbps	다중안테나 사용하는 MIMO 기술

무선 랜 취약점

도청	무선 AP에서 방송되는 전파가 서비스가 필요한 범위 이상으로 전달되는 경우 외부의 다른 무선 클라이언트에서 무선 AP의 존재 여부를 파악하고 무선 데이터의 수신을 통한 도청이 가능하다.
서비스 거부	무선 서비스를 제공하는 무선 AP 장비에 대량의 무선 패킷을 전송하는 서비스 거부 공격을 통해 무선랜을 무력화한다.
불법 AP	공격자가 불법적으로 무선 AP를 설치하여 무선자들의 전송 데이터를 수집한다. (Evil Twin)

AP 보안

- AP를 보호하기 위해 전파가 전물 내부로 한정되도록 전파 출력을 조정한다.
- AP 기본 계정의 패스워드를 반드시 재설정해야 한다.
- AP의 SSID(Service Set ID)를 변경하고 숨김 기능을 설정한다.
- AP에 대한 설정사항으로 DHCP를 정지하는 것이 좋다.
- AP에 접근 가능한 MAC주소를 기록하여 이 주소 이외의 접속을 차단하도록 설정한다.

인증 및 암호화

설정 방식		보안기술	인증	암호화
개인 모드		WEP	PSK	RC4(64/128bit)
		WPA		RC4-TKIP
		WPA2		AES-CCMP
기업 모드		WPA	IEEE 802.1x/EAP	RC4-TKIP
		WPA2		AES-CCMP

WEP	• Wired Equivalent Privacy • 현재는 암호 알고리즘 자체의 취약성이 많이 알려져 있어 사용이 권고되지 않는다.	
	암호화	• 무선랜 통신 암호화를 위해 802.11b 프로토콜에서부터 적용. • RC4 암호화 알고리즘 사용 - 64비트(40비트 키길이 + IV 24비트)와 128비트(104비트 키길이 + IV 24비트)
	인증	• 대칭키인 WEP키를 이용하여 사용자를 인증한다. : PSK
WPA	• WiFi Protected Access • 802.1x 인증과 TKIP을 수용하였다. • 새로운 장비의 교체 및 구매 없이 기존 H/W에 S/W의 업그레이드로 적용 가능하도록 구현된다.	
	암호화	• RC4 암호화 알고리즘 사용 • TKIP(Temporal Key Integrity Protocol) • 패킷당 키 할당, 킷값 재설정 등 기존 WEP 방식에 소프트웨어 패치만으로 안전성을 개선한 보안 기술이다.
	인증	• Pre-Shared Key를 가지는 802.1x 인증기능을 반드시 지원해야 한다. • EAP를 이용하여 별도의 인증서버를 통한 사용자 인증을 수행한다.
WPA2	• Wi-Fi Protected Access 2 • WPA2를 지원하는 하드웨어 장비가 구비되어야 한다.	
	암호화	• AES 블록 암호 알고리즘 사용 • CCMP(Counter Mode Encryption with CBC-MAC) • 기밀성, 메시지무결성, 키 관리기능을 수행한다.
	인증	• Pre-Shared Key를 가지는 802.1x 인증기능을 반드시 지원해야 한다. • EAP를 이용하여 별도의 인증서버를 통한 사용자 인증을 수행한다.

무선랜 보안

블루프린팅(Blueprinting)	서비스 발견 프로토콜(SDP : Service Discovery Protocol)을 통하여 블루투스 장치 검색
블루재킹(Blue-jacking)	휴대폰에 메시지가 프린터 근처의 다른 블루투스 휴대폰에 같은 메시지를 메일처럼 퍼트릴 수 있다.
블루스나프(BlueSnarf)	OPP(OBEX Push Profile) 기능을 사용. 블루투스 장치로부터 주소록 또는 달력 등의 내용을 요청해 이를 열람하거나 임의의 파일에 접근할 수 있다.
블루버그(BlueBug)	블루투스 기기에 전화걸기, 블루정 번호로 SMS 보내기, 주소록 읽기 및 쓰기 등을 통해 공격할 수 있다.

블루투스 취약점

THEMA 32 유닉스/리눅스 보안

리눅스/유닉스 구조

Kernel	• 유닉스 운영체제의 핵심으로, 메인 메모리에 상주하여 컴퓨터 자원을 관리한다. • 메모리 관리, 프로세스 관리, 파일 관리, 입출력 관리, 프로세스 간 통신과 같은 여러 서브시스템들로 나누어진다.
Shell	• Kernel과 사용자간의 인터페이스를 담당한다. • 사용자 명령어 입출력을 수행하며, 프로그램을 실행시킨다. • 본 셸(Bourne shell), 콘 셸(Korn shell), C 셸(C shell) 등이 있다.

디렉터리

/dev	프린터나 터미널 같은 장치를 다루기 위한 특수파일을 갖는다.
/kernel	커널에 관련된 모듈이다.
/etc	시스템 환경 설정 및 주요 설정 파일을 갖는다.
/bin	기본적으로 실행 가능한 파일을 갖는다.
/var	프로그램이 실행되면서 만들어낸 메시지들이 저장된다.
/tmp	프로그램 실행 및 설치 시 생성되는 임시 파일을 저장한다.
/lib	프로그램의 라이브러리를 담고 있다.
/home	각 사용자의 작업 디렉터리를 저장한다.
/(/root)	슈퍼사용자(관리자)의 홈 디렉터리이다.

기호	의미
.	현재(작업) 디렉터리
..	부모 디렉터리
~	사용자의 홈 디렉터리
-	바로 이전에 작업했던 디렉터리

블록 종류

부트 블록(Boot Block)	부팅 시 필요한 코드를 저장한다.
슈퍼 블록(Super Block)	• 전체 파일 시스템에 대한 정보를 저장한다. • 메타 블록의 개수, 실린더 그룹의 개수, 데이터 블록과 단편(Fragment)의 크기, 하드웨어 설명, 마운트 위치 등의 정보를 저장한다.
I-node 블록(I-node Block)	• 각 파일이나 디렉터리에 대한 모든 정보를 저장한다. • 파일의 소유자, 유형, 접근권한, 접근시간, 크기, 링크 수, 저장된 블록 주소 등의 정보를 저장한다.
데이터 블록(Data Block)	디렉터리별로 디렉터리 엔트리와 실제 파일에 대한 데이터가 저장된다.

리눅스/유닉스 부팅 순서

- 1단계 : POST(Power On Self Test) 실행
- 2단계 : 기본 부팅 관련 설정사항 로드
- 3단계 : MBR(Master Boot Record) 로드
- 4단계 : 부트 로더(Boot Loader) 실행
- 5단계 : 실행 레벨에 따른 서비스 실행

로그 (/var/log)

wtmp	사용자 로그인 정보/로그아웃 정보/시스템 재부팅 정보
utmp	현재 로그인한 사용자 상태정보
loginlog(btmp)	사용자 로그인 실패 정보
lastlog	사용자의 IP주소별 최근 로그인 정보
syslog	사용자 인증과 관련된 모든 로그/rlogin, FTP, telnet 접속기록 및 접속 실패 기록
sulog	su 명령에 대한 로그/성공·실패, 사용터미널 이름, 사용자 정보
acct/pacct	사용자 실행 명령 내역
history	사용자별 실행 명령 내역
xferlog	FTP 이용 파일 전송 내역
messages	시스템 장애에 대한 기록/보안취약점에 의한 공격 기록
dmesg	부팅시 하드웨어적 장애나 에러 사항 기록

/etc/passwd

root :	x :	0 :	0:	root :	/root	/bin/bash
①	②	③	④	⑤	⑥	⑦

① 사용자 계정 이름(대부분 ID)
② 사용자 비밀 번호(x : /etc/shadow에 암호화된 형태로 저장되어있다)
③ 사용자 UID (root → 0(UID))
④ 사용자 소속 그룹 GID(root → 0((GID))
⑤ 사용자 정보 (이름이나 연락처 같은 것을 적는 란)
⑥ 사용자 계정 디렉터리(계정 홈 디렉터리)
⑦ 로그인 시 선택한 사용자의 쉘을 정의한다.

/etc/shadow

gong	$uwZvLF9p$YTqg1bDFIo.vq0hMExA7s/	10917	0	99999	7	:	:	
①	②	③	④	⑤	⑥	⑦	⑧	⑨

① 사용자 계정 이름(대부분 ID 라고 부른다)
② 암호화된 사용자 패스워드
③ 마지막으로 패스워드를 변경한 날짜를 현재까지 경과한 일수로 표시
④ 패스워드를 변경하고자 하는 최소 일수(0의 의미는 즉시 패스워드 변경이 가능하다는 의미)
⑤ 패스워드를 변경하지 않고 사용가능한 최대 일수
⑥ 패스워드 최대 사용기간에 다가올수록 사용자에게 미칠 경고를 보낼지 일수를 지정
⑦ 계정에 대한 사용제한 설정으로 패킷 경고를 보낸 후에 완전히 사용 못하게 할 것인지 지정
⑧ 사용자가 시스템을 마지막으로 사용할 수 있는 만기일을 정함
⑨ 예약된 필드로 사용하지 않음

ls -l 명령

d	rwxr-xr-x	2	root	root	4096	Nov 10 17:22	alternatives
①	②	③	④	⑤	⑥	⑦	⑧

① 파일의 종류
② 파일에 대한 접근 권한을 표시한다.
③ 해당 파일에 링크(link)되어 있는 파일의 개수
④ 보통 해당 파일을 생성한 계정(소유자)
⑤ 생성한 계정이 속한 그룹
⑥ 파일의 크기
⑦ 최근 접근시간
⑧ 파일명

캐리지 엣샘타마 필다나

권한 변경	그룹의 읽기 권한을 제거한다.	$chmod g-r
	기타 사용자의 읽기 권한을 제거한다.	$chmod o-r
	소유자에게는 실행 권한을 추가하고, 그룹 및 기타 사용자에게 읽기 권한을 추가한다.	$chmod u+x, go+r
	소유자, 그룹, 기타 사용자에게 읽기와 실행 권한을 준다.	$chmod 555 grapes
	소유자와 그룹에 쓰기 권한을 추가한다.	$chmod 775 grapes
	그룹의 권한을 읽기와 실행 권한으로 변경한다.	$chmod 755 grapes

디폴트 퍼미션 : umask

파일(디렉터리) 생성 시 기본 권한을 부여하고 있는 umask값에 의해 결정된다.

| 파일 | umask 값 = 666 − 원하는 퍼미션 |
| 디렉터리 | umask 값 = 777 − 원하는 퍼미션 |

권한 상속		
SetUID	SetUID가 설정된 파일을 실행하면 해당 파일을 실행하는 동안에는 파일의 소유자 권한을 획득한다.	4(2진수 100)
SetGID	SetGID가 설정된 파일을 실행하면 해당 파일을 실행하는 동안에는 파일의 소유자 그룹 권한을 획득한다.	2(2진수 010)
sticky bit	Sticky bit가 설정된 디렉터리에 파일을 생성하면 해당 파일은 생성한 사람의 소유가 되며, 오직 소유자와 슈퍼사용자(root)에게만 해당 파일에 대한 삭제 및 변경 권한이 있다.	1(2진수 001)

THEMA 33 재난 복구 시스템

	장점	단점
미러사이트 (mirror site)	• Active-Active 모드 • 데이터 최신성 • 높은 안정성 • 신속한 업무재개	• 높은 초기투자비용 • 높은 유지보수비용 • 데이터의 업데이트가 많은 경우 과부하 발생
핫 사이트 (hot site)	• Active-Standby 모드 • 데이터 최신성 • 높은 안정성 • 신속한 업무 재개	• 높은 초기투자비용 • 높은 유지보수비용
웜 사이트 (warm site)	• 구축 및 유지비용이 핫사이트에 비해 저렴	• 데이터 부분적 손실 발생 • 초기복구수준이 부분적이다. • 복구 소요 시간이 비교적 길다.
콜드 사이트 (cold site)	• 구축 및 유지비용이 가장 저렴	• 데이터의 손실 발생 • 복구에 매우 긴 시간이 소요된다. • 복구 신뢰성이 낮다.
업무 연속성 계획 (BCP)	• 예방을 통하여 중단 없는 서비스 체제를 구축하기 위한 방법이다. • 각종 재해나 재난발생에 대비하여 핵심 업무 기능수행의 연속성을 유지하여 고객 서비스의 지속성 보장과 고객에 대한 신뢰도를 높이는 신속한 절차와 체계를 구축해 기업의 가치를 최대화 한다.	

THEMA 34 포렌식(Forensic)

디지털 포렌식

PC나 스마트폰 같은 디지털기기에 들어있는 데이터를 수집·추출한 뒤, 이를 바탕으로 범죄의 단서와 증거를 찾아내는 과학수사 기법

절차

증거수집(Gathering of proofs) 단계	컴퓨터 메모리나 하드디스크, USB 등에서 원하는 데이터를 무결성(integrity)을 보장하면서 수집할 수 있는 기술을 필요로 한다.
증거분석(Evidence analysis) 단계	수집한 데이터로부터 가치 있는 정보를 만드는 기술이다. 삭제된 파일 복구 기술/암호화된 파일의 해독 기술/문자열 검색 기술 등
증거생성(Documents Production) 단계	첫 번째 단계와 두 번째 단계를 거쳐 취합된 증거들을 보고서 형태로 만드는 과정이다.

원칙

정당성의 원칙	모든 증거는 적법한 절차를 거쳐서 획득한 것이어야 한다.
재현의 원칙	똑같은 환경에서 같은 결과가 나오도록 재현이 가능해야 한다.
신속성의 원칙	정보는 휘발성을 가진 것이 많기 때문에 비교적 신속하게 이루어져야 한다.
연계보관성의 원칙	증거는 획득되고, 이송/분석/보관/법정 제출 등의 과정들이 명확해야 한다.
무결성의 원칙	증거는 위조/변조되어서는 안 된다.

슬랙(Slack)	저장 매체의 물리적인 구조와 논리적인 구조의 차이로 발생하는 낭비 공간.
카빙(Carving)	파일 시스템의 메타데이터를 기반으로 복구하는 것이 아닌 파일 시스템의 도움 없이 파일들이 가지고 있는 고유한 정보(시그니처 정보, 파일의 논리적 구조, 저장되는 데이터의 형식)에 의존하여 삭제된 파일의 전부 혹은 그 일부를 복구하는 것을 의미한다.

THEMA 35 DRM(디지털 저작권 관리, Digital Rights Management)

DRM

- 전자책, 음악, 비디오, 게임, 소프트웨어, 증권정보 및 이미지 등 디지털 콘텐츠를 불법복제로부터 보호하고, 저작권 관련 당사자에게 발생하는 이익을 관리하는 서비스이다.
- 콘텐츠가 디지털화되면서 콘텐츠에 대한 불법 이동 및 복제가 급속히 증가하고 있어 더 진화된 개별적 보호 메커니즘이 필요하다.
- 디지털 콘텐츠 유통시장의 활성화를 위해서는 선진화된 DRM 보호기술의 개발 및 보급과 서로 다른 DRM 시스템 간 연동을 위한 인프라 구축이 필요하다.

DRM 흐름도

클리어링 하우스	저작권에 관한 사용권한, 라이센스 발급
패키저	콘텐츠를 메타데이터와 함께 묶어 암호화하는 프로그램
DRM 컨트롤러	배포된 콘텐츠의 이용 권한을 통제하는 프로그램
보안 컨테이너	콘텐츠 원본을 안전하게 유통하기 위한 전자적 보안 장치

디지털 콘텐츠 보호 기술

디지털 콘텐츠 추적 기술	저작자/소유권자 인증	워터마킹/핑거프린팅
디지털 콘텐츠 관리 기술	사용권한, 규격 통제, 과금 수행	DRM, MPEG-21
디지털 콘텐츠 식별 기술	콘텐츠 식별, 메타데이터 관리	DOI, INDECS

정보보호론

계리직 핵심 테마 톺아보기

DRM 기술요소		
암호화(Encryption)	콘텐츠 및 라이센스를 암호화하고 전자서명을 할 수 있는 기술
키 관리(Key management)	콘텐츠를 암호화한 키에 대한 저장 및 배포 기술
암호화 파일 생성(Packager)	콘텐츠를 암호화된 콘텐츠로 생성하기 위한 기술
식별 기술(Identification)	콘텐츠에 대한 식별체계 표현 기술
저작권 표현(Right Expression)	라이센스의 내용 표현 기술
정책관리(Policy management)	라이센스 발급 및 사용에 대한 정책 표현 및 관리 기술
크랙 방지(Tamper Resistance)	크랙에 의한 라이센스에 정의되지 않은 용도의 콘텐츠 사용 방지 기술
인증(Authentocation)	사용자 인증 기술
인터페이스(Interface)	서로 다른 DRM 플랫폼 간의 상호 호환성 인터페이스 기술
이벤트 보고(Event Reporting)	콘텐츠의 사용이 적절하게 이루어지고 있는지 모니터링 기술
사용 권한(Permission)	콘텐츠의 사용에 대한 권한을 관리하는 기술

디지털 워터마킹(digital watermarking)
- 저작권자의 정보를 콘텐츠 내에 삽입한다.
- 저작권자의 지적 재산권 보호가 목적이다.
- 비가시성(imperceptibility), 견고성(robustness), 유일성(uniqueness)

디지털 핑거프린팅(digital fingerprinting)
- 콘텐츠 구매자의 정보를 콘텐츠 내에 삽입한다.
- 불법 배포자의 추적이 목적이다.

THEMA 36 ISMS-P

ISMS-P 법적 근거

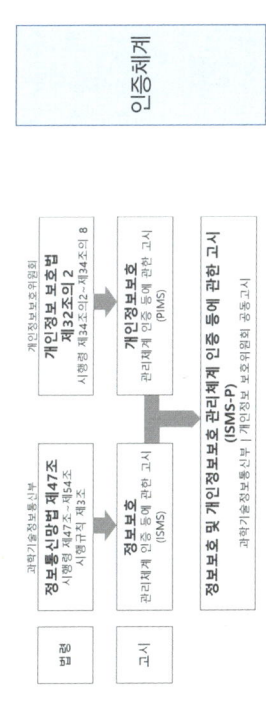

인증기준 개요

1. 관리체계 수립 및 운영
2. 보호대책 요구사항
3. 개인정보 처리 단계별 요구사항

- 정보보호 관리체계(ISMS) 인증을 받고자 하는 신청기관은 1. 관리체계 수립 및 운영, 2. 보호대책 요구사항 2개 영역에서 80개의 인증기준을 적용받게 된다.
- 정보보호 및 개인정보보호 관리체계(ISMS-P) 인증을 받고자 하는 신청기관은 3. 개인정보 처리 단계별 요구사항을 포함하여 102개의 인증기준을 적용받게 된다.

인증 대상

1. 자율신청자
   의무대상자 기준에 해당하지 않으나 자발적으로 정보보호 및 개인정보보호 관리체계를 구축·운영하는 기업·기관은 임의신청자로 분류되며, 임의신청자가 인증 취득을 희망할 경우 자율적으로 신청하여 인증심사를 받을 수 있다.

2. ISMS 의무대상자(정보통신망법 제47조 제2항)

구분	의무대상자 기준
	「전기통신사업법」 제6조 제1항에 따른 허가를 받은 자로서 서울특별시 및 모든 광역시에서 정보통신망서비스를 제공하는 자
ISP	정보통신망법 제46조에 따른 집적정보통신시설 사업자
IDC	
다음 조건 중 하나라도 해당하는 자	연간 매출액 또는 세입이 1,500억원 이상인 자 중에서 다음에 해당되는 경우 - 「의료법」 제3조의4에 따른 상급종합병원 - 직전연도 12월 31일 기준으로 재학생 수가 1만명 이상인 「고등교육법」 제2조에 따른 학교
	정보통신서비스 부문 전년도(법인인 경우에는 전 사업연도를 말한다) 매출액이 100억원 이상인 자
	전년도 직전 3개월간 정보통신서비스 일일평균 이용자 수가 100만명 이상인 자

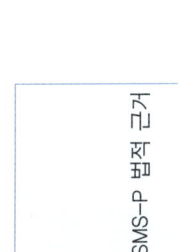

인증기준 구성

영역	분야	적용여부	
		ISMS	ISMS-P
1. 관리체계 수립 및 운영(16개)	1.1. 관리체계 기반 마련	○	○
	1.2. 위험 관리	○	○
	1.3. 관리체계 운영	○	○
	1.4. 관리체계 점검 및 개선	○	○
2. 보호대책 요구사항(64개)	2.1. 정책, 조직, 자산관리	○	○
	2.2. 인적 보안	○	○
	2.3. 외부자 보안	○	○
	2.4. 물리 보안	○	○
	2.5. 인증 및 권한 관리	○	○
	2.6. 접근통제	○	○
	2.7. 암호화 적용	○	○
	2.8. 정보시스템 도입 및 개발 보안	○	○
	2.9. 시스템 및 서비스 운영관리	○	○
	2.10. 시스템 및 서비스 보안관리	○	○
	2.11. 사고 예방 및 대응	○	○
	2.12. 재해복구	○	○
3. 개인정보 처리 단계별 요구사항(22개)	3.1. 개인정보 수집 시 보호조치	-	○
	3.2. 개인정보 보유 및 이용 시 보호조치	-	○
	3.3. 개인정보 제공 시 보호조치	-	○
	3.4. 개인정보 파기 시 보호조치	-	○
	3.5. 정보주체 권리보호	-	○

THEMA 37 정보시스템 평가 기준

TCSEC

- Trusted Computer System Evaluation Criteria
- 미 국방성의 전산시스템 보안 메뉴얼의 시행여부를 평가하기 위한 지침 : 오렌지북(Orange book)

등급	설명
A1	검증된 보호(verified design)
B3	보안 영역(security domain)
B2	제증 구조화된 정보보호(structured Protection)
B1	레이블된 정보보호(labeled security)
C2	통제된 접근보호(controlled access)
C1	임의적 정보보호(discretionary)
D	최소한의 보호(minimal)

- 수학적으로 완벽한 시스템이다.
- 보안에 불필요한 부분은 모두 제거하고, 모듈에 따른 분석 및 테스트가 가능하다.
- 시스템에 정형화된 보안 정책이 존재한다.
- 시스템 내의 보안 정책을 적용할 수 있고 각 데이터에 대해 보안 레벨 설정이 가능하다.
- 각 계정별 로그인이 가능하며 그룹 ID에 따라 통제가 가능한 시스템이다.
- 보안 감사가 가능하며 특정 사용자의 접근을 거부할 수 있다.
- 일반적인 로그인 과정이 존재하는 시스템이다.
- 보안 설정이 이루어지지 않은 단계

ITSEC

영국, 독일, 프랑스, 네덜란드 등 자국의 정보보호 시스템 평가기준을 제정하여 시행하던 4개국이 평가제품의 상호 인정 및 평가기준이 상이함에 따른 정보보호 제품의 평가에 소요되는 시간, 인력 및 비용을 절감하기 위하여 1991년 ITSEC v1.2을 제정하였다.

CC

ISO/IEC 15408로 공통평가기준(CC)은 국제 사회 내에 널리 사용되는 IT 보안의 평가기준을 개발한 것이다.

	고객	개발자	평가자
part 1 : 소개와 일반적 모델	배경 정보와 참고 목적을 위한 사용 PP를 위한 가이드 구조	요구사항 개발과 TOE를 위한 구체적 요구사항 식별하기 위한 배경정보와 참고를 위한 사용	배경 정보와 참고 목적을 위한 사용 PP와 ST를 위한 가이드 구조
part 2 : 보안기능 요구사항	보안 기능을 위한 요구사항과 진술을 구체화할 때 가이드와 참고를 위한 사용	기능 요구사항의 진술을 해석하고 TOE를 위한 기능 요구을 공식화할 때 참고를 위한 사용	TOE가 주장하는 기능이 있는지 여부를 결정할 때 평가기준의 필수 진술로서 사용
part 3 : 보안보증 요구사항	보증의 요구레벨을 결정할 때 가이드를 위한 사용	보증 요구사항의 진술 해석과 TOE를 위한 보증 접근법을 결정할 때 참고를 위한 사용	TOE의 보증을 결정할 때와 PP와 ST를 평가할 때 평가기준의 필수 진술로서 사용

CC 평가보증등급

EAL 1	기능적으로 검사됨(functionally tested)
EAL 2	구조적으로 검사됨(structurally tested)
EAL 3	체계적으로 검사되고 확인됨(methodically tested and checked)
EAL 4	체계적으로 설계되고, 검사되고, 재검토됨(methodically designed, tested and reviewed)
EAL 5	어느 정도 형식적으로 설계되고 검사됨(semiformally designed and tested)
EAL 6	어느 정도 형식적으로 검증된 설계와 검사(semiformally verified design and tested)
EAL 7	형식적으로 검증된 설계와 검사(formally verified design and tested)

보호프로파일(PP)과 보안목표명세서(ST)

구분	보호프로파일(PP)	보안목표명세서(ST)
구현성	구현에 독립적이다.	구현에 종속적이다.
제품군	제품군	특정제품
수용성	여러 제품 또는 시스템이 동일한 유형의 PP를 수용할 수 있다.	하나의 제품 또는 시스템이 하나의 ST를 수용해야 한다.
PP/ST 수용성	PP는 ST를 수용하지 않을 수 있다.	ST는 PP를 수용할 수 있어야 한다.

THEMA 38 법의 목적

정보통신망 이용촉진 및 정보보호에 관한 법률	정보통신망의 이용을 촉진하고 정보통신망을 이용하는 자를 보호함과 아울러 정보통신망을 건전하고 안전하게 이용할 수 있는 환경을 조성하여 국민생활의 향상과 공공복리의 증진에 이바지함을 목적으로 한다.
개인정보 보호법	개인정보의 처리 및 보호에 관한 사항을 정함으로써 개인의 자유와 권리를 보호하고, 나아가 개인의 존엄과 가치를 구현함을 목적으로 한다.
전자서명법	전자문서의 안전성과 신뢰성을 확보하고 그 이용을 활성화하기 위하여 전자서명에 관한 기본적인 사항을 정함으로써 국가와 사회의 정보화를 촉진하고 국민생활의 편익을 증진함을 목적으로 한다.
정보통신기반 보호법	전자적 침해행위에 대비하여 주요정보통신기반시설의 보호에 관한 대책을 수립·시행함으로써 동 시설을 안정적으로 운용하도록 하여 국가의 안전과 국민생활의 안정을 보장하는 것을 목적으로 한다.
지능정보화 기본법	지능정보화 관련 정책의 수립·추진에 필요한 사항을 규정함으로써 지능정보사회의 구현에 이바지하고 국가경쟁력을 확보하여 국민의 삶의 질을 높이는 것을 목적으로 한다.
전자정부법	행정업무의 전자적 처리를 위한 기본원칙, 절차 및 추진방법 등을 규정함으로써 전자정부를 효율적으로 구현하고, 행정의 생산성, 투명성 및 민주성을 높여 국민의 삶의 질을 향상시키는 것을 목적으로 한다.
통신비밀보호법	통신 및 대화의 비밀과 자유에 대한 제한은 그 대상을 한정하고 엄격한 법적 절차를 거치도록 함으로써 통신비밀을 보호하고 통신의 자유를 신장함을 목적으로 한다.
정보통신산업 진흥법	정보통신산업의 진흥을 위한 기반을 조성함으로써 정보통신산업의 경쟁력을 강화하고 국민경제의 발전에 이바지함을 목적으로 한다.
신용정보의 이용 및 보호에 관한 법률	신용정보 관련 산업을 건전하게 육성하고 신용정보의 효율적 이용과 체계적 관리를 도모하며 신용정보의 오용·남용으로부터 사생활의 비밀 등을 적절히 보호함으로써 건전한 신용질서를 확립하고 국민경제의 발전에 이바지함을 목적으로 한다.

편저자 **박 미 진**

현) 공단기 전산직 전임교수
전) 박문각 남부고시학원 전산직 전임교수
  서울고시학원 전산직 전임교수
  서울시 공무원시험 선제위원

〈저서〉
(전산직·계리직) 컴퓨터일반 이론서
(전산직·계리직) 컴퓨터일반 기출문제집
(전산직·계리직) 컴퓨터일반 동형모의고사
(7,9급 전산직) 정보보호론 이론서
(7,9급 전산직) 정보보호론 기출문제집
(7,9급 전산직) 정보보호론 동형모의고사
(7,9급 전산직) 컴퓨터일반·정보보호론 핵심테마(필답나)
(계리직) 컴퓨터일반 핵심테마(필답나)
(7급 전산직) 자료구조론 이론서
(7급 전산직) 데이터베이스론 이론서
(7급 전산직) 소프트웨어공학 이론서

계리직 컴퓨터일반
핵심 테마 필답나

발행일	2022년 9월 26일
편저자	박미진
발행인	㈜포러스 대표이사
발행처	도서출판 포러스
주 소	(07282) 서울시 영등포구 선유로13길 25, 420 (에이스하이테크시티2)
대표전화	02-6084-7730
팩 스	02-6919-1616
e-mail	forusbook@nate.com

ISBN 979-11-91321-57-9 (13560)

저자와의
협의하에
인지생략

이 책의 저작권은 출판사에 있으므로 무단전재 또는 복제행위는 저작권법에 의해 처벌될 수 있습니다.
파본은 구입처에서 교환해 드립니다.

정가 21,000원